Un estudio basado en el pensamiento de Pablo

Novedad de vida

"Así también nosotros andemos en vida nueva"
Romanos 6:4

RICHARD E. HOWARD

cnp

CASA NAZARENA DE PUBLICACIONES
Lenexa, KS (EE.UU.)

978-1-56344-719-8

Contenido

Preámbulo 5

Prefacio..7

Introducción 9

Parte I, El Hombre: Como Pablo lo ve..15

Capítulo 1. ¿Las ideas de Pablo o las nuestras? 17

Capítulo 2. ¿Qué es el hombre? 21

Capítulo 3. ¿Qué es la carne?...27

Parte II, El hombre viejo: En pecado.......................................33

Capítulo 4.El pecado es universal 35

Capítulo 5.El pecado domina al hombre 41

Capítulo 6. El pecado y la ley 49

Capítulo 7. El pecado y la muerte...55

Parte III, El hombre nuevo: En Cristo......................................59

Capítulo 8. La iniciativa divina..61

Capítulo 9. La respuesta humana...69

Capítulo 10. La nueva relación (unión) 75

Capítulo 11. El nuevo rango (posición) 81

Capítulo 12. La nueva creación (persona) 89

Capítulo 13. La vida nueva..99

Capítulo 14. El nuevo compañerismo (la iglesia) 105

Parte IV, El hombre nuevo: Bajo un imperativo..............................115

Capítulo 15. El interés que continúa 117

Capítulo 16. El indicativo y el imperativo 119

Capítulo 17. Considere el indicativo 127

Capítulo 18. Viva victoriosamente sobre el pecado 133

Capítulo 19. Viva por el Espíritu..139

Capítulo 20. Preséntense ustedes 149

Parte V, El nuevo hombre: Viviendo por el Espíritu.........................157

Capítulo 21. Una nueva capacitación 159

Capítulo 22. Produciendo frutos espirituales 163

Capítulo 23. Obrando la salvación 171

Capítulo 24. Conforme a Su imagen 179

Capítulo 25. Santos pero humanos...191

Capítulo 26. Terminemos la carrera 203

Preámbulo

En 1725, después de haber leído reglas y ejercicios para una vida y muerte santa, del obispo Taylor, Juan Wesley decidió hacer de si vida "un sacrificio a Dios". Durante los siguientes 12 años se dedicó tenazmente al solo fin de buscar la santidad. Su servicio a Dios y al prójimo a través del club santo, así como su ministerio en Georgia (colonia inglesa en América) fueron expresiones de esta búsqueda.

Después de regresar de su fracasado ministerio en América del Norte, Wesley conoció al Moravo Pedro Bohler, quien pacientemente le explicó por qué había fracasado su búsqueda de la santidad: Wesley había estado buscando cómo hacer de su vida un sacrificio a Dios antes de recibir a través de una forma sencilla los beneficios de la expiación de Cristo. Procuraba la santificación antes de haber sido justificado. Mas tarde en su ministerio Wesley hace referencia a la revolución que Bohler inició en su vida. Hablando acerca de su hermano y de él mismo, Wesley escribió:

> En 1729, dos jóvenes que leían la Biblia, descubrieron que no podrían ser salvos sin santidad (una alusión al club santo). En 1937 ellos descubrieron que la santidad viene por medio de la fe. También se dieron cuenta que los hombres son justificados antes de ser santificados.

"Los hombres son justificados antes de ser santificados." *El indicativo de la gracia al imperativo de la santidad*. Sólo hasta que hemos sido absueltos de la culpa y libertados del poder del pecado por medio de una confianza sencilla en la expiación de Cristo es que podemos presentar nuestros cuerpos como "un sacrificio ante Dios" y experimentar el poder de la santificación.

En este estudio erudito pero eminentemente práctico de la teología paulina, el profesor Howard muestra cómo esta distinción básica entre el indicativo de la gracia y el imperativo de la santidad constituyen la urdimbre y la trama del evangelio y en el salón de clase su investigación doctoral que presentó a la Universidad de Harvard. El autor nos presenta una mina de percepciones exegéticas de las epístolas paulinas. Su teología paulina encaja dentro del amplio cuadro de la teología bíblica, al mostrar cómo las doctrinas del apóstol sobre el hombre y el pecado tienen sus raíces en el pensamiento de Antiguo Testamento.

También Juan Wesley fue un teólogo bíblico. Constantemente ponía aprueba su interpretación de la Escritura por medio de la experiencia cristiana, la tradición y la razón. Desafortunadamente sus seguidores no siempre han sido tan cuidadosos. La teología wesleyana ha tendido a ser más sistemática que bíblica, y la predicación wesleyana se ha respaldado grandemente en la experiencia cristiana, siendo con frecuencia más sistemática que expositiva. Estas tendencias han sido motivo de preocupación para algunos de nosotros que creemos que la doctrina siempre debe inclinarse ante la Escritura, tanto en su expresión detallada como en sus bosquejos generales. Mientras que la básica relación bíblica de la justificación y la santificación ha sido preservada, y el mensaje de la plena salvación se ha proclamado con fidelidad, los profesores y predicadores wesleyanos no siempre has sido buenos exegetas. La hora ha llegado para que lancemos un vigoroso, y nuevo estudio exegético de las Escrituras en los círculos evangélicos.

El profesor Howard nos invita a esta clase de investigación. El tiene la convicción de que la Escritura debe ser el árbitro final de la doctrina. Se debe permitir que la Biblia moldee de nuevo las nociones que hemos atesorado y que de nueva expresión a frases tenidas en alta estima a través de los años. Si el mensaje de la santidad es verídico, no tenemos nada que temer sino mucho que ganar al someter nuestra teología al escrutinio honrado y riguroso del estudio bíblico, como lo tenemos en este volumen.

He conocido al autor durante muchos años, como un erudito y como un hermano en cristo. Hemos dialogado y debatido horas sin fin sobre algunos asuntos presentados en estas páginas. A pesar de que no hemos estado de acuerdo en todos los puntos, esas discusiones me has forzado vez tras vez a regresar a las Escrituras, y a una inmersión más profunda en el evangelio. Todo ellos tiene buenos resultados. "No podemos hacer nada contra la verdad, sino a favor de la verdad." La verdad del evangelio debe ser pasión que nos consume. Nadie le puede dar atención seria a este libro sin verse envuelto de nuevo en esa verdad.

Pronostico que esta obra no solo resultará ser de ayuda para predicadores y maestros sino también para laicos concienzudos que buscan cimientos bíblicos más fuertes para su fe y testimonio. Con alegría se la recomiendo para que la estudie guiado por un espíritu de oración.

William M. Greathouse,
Superintendente General Emérito
Iglesia del Nazareno

Prefacio

En el siglo pasado la teología wesleyana estuvo al frente del movimiento evangélico. Grandes líderes como Finney y Moody, fueron grandemente influenciados por el llamado a una vida interna y externa de santidad. Sin embargo, en la actualidad, en la mayoría de los círculos evangélicos en mensaje wesleyano es considerado extremista y hasta fanático. Al mismo tiempo ha habido un gran interés en la teología bíblica entre los evangélicos, primordialmente dentro de las tradiciones calvinista y reformada. En mi opinión hay una correlación vital entre estas dos corrientes. El wesleyanismo no ha mostrado suficiente interés en la teología bíblica. Es a esta necesidad que dirigimos este estudio.

Gran parte de este material fue preparado bajo la disciplina de la investigación doctoral. He tratado de quitarle todo lo técnico, para que sea legible a los que no tienen una preparación teológica.

La publicación de este material es el cumplimiento de un sueño, del que temo que en ocasiones se volvió una pesadilla. Había oído, y leído que escribir es difícil. Se le atribuye a Thomas Wolfe el haber dicho: "Escribir es difícil. Solamente meta una hoja de papel en la maquina de escribir y empiece a sangrar." Yo tenía las ideas claras y fue fácil hacer el bosquejo, pero cuando llegó el momento de anotarlas en el papel, fue otro asunto. Minutos, horas, y días fueron apretujados dentro de un horario muy atareado. Fue escribir, escribir y luego escribir y reescribir durante más de seis años y medio.

Después de terminar el primer borrador, mis amigos lo leyeron y lo criticaron con amabilidad constructivamente. Lo más difícil fue el "estilo" ¡casi llegue a aborrecer esa palabra! Después de predicar durante más de 30 años, el estilo literario fue muy difícil. Recordé lo que un profesor de Harvard me comentó amablemente: "Dick, usted usa los símbolos de exclamación como si fueran mazos." Mi amigo y más íntimo colega repetidamente me dijo que el por lo tanto estaba bien para un sermón, pero escrito se tornaba en una monotonía –una y otra vez—. Un bibliotecario amigo leyó cada palabra del primer borrador –en ocasiones bajo una luz mortecina—e hizo una crítica muy constructiva.

He probado la exégesis y la terminología en más de 20 iglesias. Cientos de mis estudiantes han escuchado la verdad del indicativo y lo atractivo del imperativo. Una docena de honestos y concienzudos estudiantes de postgrado criticaron el primer borrador en un seminario.

Después vino la revisión compleja que llevó más de tres años del tiempo libre (así llamado) de la vida de un profesor. Mi paciente esposa y profesora de inglés, Winifred, leyó cada palabra por le menos dos veces, y corrigió la ortografía y la sintaxis. A través de los años mis hijos Judith y Roy han tenido que compartir su padre con "el libro" por muchas, muchas horas.

¿Puede alguien entender adecuadamente (dejemos a un lado los reconocimientos), la deuda que tiene con sus maestros? Varios de ellos hicieron que el Nuevo Testamento cobrara vida ante mí, desde mi primer instructor (Ralph Earl en la Universidad Nazarena del Este) hasta mi último (Krister Stendhal en la Facultad de Divinidades en la Universidad de Harvard). Albert Harper y Edgar S. Brightman disciplinaron mi mente a través de la filosofía. Samuel Young y Nels Ferré abrieron las puertas a las profundidades de la teología.

Rob Staples, un amigo íntimo y colega, me instó y desafió a la vez que leyó ambos borradores del manuscrito. William Greathouse, siendo rector del Seminario Teológico Nazareno, quien también leyó ambos borradores e hizo sugerencias muy valiosas, tanto en el aspecto práctico como teológico.

Dos de mis secretarias pasaron a maquina gran parte del borrador, y la copa final fue escrita a máquina con gran precisión por Rita Lewis. La mayor parte del tedioso trabajo de lectura de pruebas (cotejando todos los pasajes bíblicos) fue hecho gustosamente por Ronoyce Grate.

¡Pero mi más profunda gratitud es hacia Dios! Durante más de 10 años yo sabía que debía haber escrito este material en forma de libro. Aunque seriamente dudé que valiera la pena su publicación, ¡debía escribir! Ocasiones sin número a entrada la noche y temprano en la mañana sentí si insistente ánimo. Sin su ayuda hubiera desertado este proyecto cientos de veces. Cualquier crédito que se logre es de Él.

Finalmente, estoy dedicando este volumen a mi madre, Catherine Howard, quien, aunque ya había pasado los 70 años de edad, encontró "novedad de vida" mientras se estaba preparando este volumen.

Richard E. Howard
Bethany, Oklahoma

Introducción

¿Es la Biblia pertinente? ¿Puede las Escrituras comunicarse con el hombre de hoy en su predicamento? Mucho se escucha acerca de que la generación moderna está presa en su confianza de sí misma y de la rebelión social. ¿Tiene algo que decir el evangelio de Jesucristo acerca de los explosivos asuntos de la guerra, la pobreza, los derechos humanos y la discriminación?

Trágicamente, algunos piensan que no. La iglesia habla pero ellos no escuchan. Han cerrado sus oídos a Dios. Él es exiliado de su universo, pero más frecuentemente es pasado por algo como algo indiferente e innecesario. La Biblia es considerada como algo pasado de moda, el residuo irrelevante de una cultura pasada. Para que habla otro idioma, que fracasa en comunicar su contenido. Esta fuera de contacto con los temas o asunto tan explosivos de nuestro día.

¿Por qué? ¿Qué es lo que está mal? ¿Podría ser que se ha confundido la voz de Dios con el dogma del hombre? ¿Han estado escuchando lo que los hombres piensan y no lo que Dios dice? Cuando los hombres han querido escuchar la Palabra divina, ¿han escuchado en su lugar la teología humana, sin ser capaces de establecer la diferencia?

Y, sin lugar a dudas, la teología es decisivamente necesaria. Es la manera como el hombre entiende a Dios. Todos tenemos una teología, aunque no la llamemos así. Pero la teología no se debe confundir con la revelación. Dios ha hablado por medio de las Escrituras que contienen hechos de la revelación. En una verdadera teología bíblica esta información es estructurada en dogma. Nuestra "teología" es la organización sistemática del pensamiento que mejor relaciona para nosotros *todas las verdades* de la Biblia[1].

La decisión que nos toca hacer no es la de escoger entre la teología y la revelación. Mas bien la pregunta tiene que ver con la autoridad. ¿Qué es primero, el dogma teológico o la revelación escritural? ¿Determina nuestra teología lo que la Biblia quiere decir, o determina la Biblia lo que nuestra teología será? Este es el asunto crucial de la autoridad.

Cuando aceptamos las Escrituras como nuestra autoridad, las implicaciones son asombrosas. ¿Estamos dispuestos –tenemos el valor y la fe— para permitir que la Biblia nos hable? Tal autoridad debe ser definitiva. Ningún otro criterio, tal como la razón o la experiencia o aun el dogma teológico, puede tener precedencia sobre ella.

Cuando nuestra teología provee el marco por medio del cual podemos entender mejor las verdades de la revelación bíblica, la teología necesariamente será dinámica. La Palabra de Dios es una fuente inagotable de verdad espiritual, y el fluir continuo de esas verdades reveladas imparte nueva vida a nuestra teología. Por otro lado, si el dogma cristiano es teológicamente o aún experimentalmente

---

[1] Es necesario ser francos. Gran parte de la teología bíblica se implica se basa en lo que se implica en las Escrituras y no en lo declarado explícitamente. Cualquier doctrina teológica dada es el modelo de pensamiento en el que el conocimiento objetivo se comprende mejor. La doctrina divergente es básicamente asunto de diferencia de comprensión y no el resultado de la ignorancia o el prejuicio.

orientado, el resultado será una esterilidad en aumento. Las páginas de la historia cristiana elocuentemente testifican de esta verdad.

Sólo la Palabra viviente de Dios puede mantener la doctrina con vida. Sin tal vida, la experiencia cristiana se torna en un formalismo vacío. ¿Podría ser esta razón por la que muchos creyentes están desinteresados y apáticos, y las multitudes incrédulas e insensibles?

Pero, ¿Qué se quiere decir con una autoridad? Muy poco negarían su lealtad a la Biblia, por lo tanto es necesario tener un entendimiento claro de la autoridad de las Escrituras. La Biblia es el *mensaje* de Dios para el hombre. Admitimos que ha sido recibido por medio de canales finitos. Sin embargo, puede ser un mensaje sólo cuando es usada contextualmente y no como un "libro de magia." No podemos extraer fragmentos como textos para probar algo y pretender que tienen poder y autoridad sobrenaturales.

El Nuevo Testamento debe entenderse primeramente dentro del contexto de su mensaje ala situación histórica específica que demandó su aparición. ¿Qué les estaba diciendo Dios a ellos *en su tiempo*? Preguntas tales como: ¿por qué?, ¿cuándo?, y "¿a quién?" fue escrita cualquier porción específica del Nuevo Testamento son de gran importancia. Los conceptos y costumbres cambian con las civilizaciones, y nosotros podemos perder la revelación de Dios si intentamos entender un mensaje de la antigüedad sobre la base de conceptos modernos. Usamos mal la Biblia cuando la modernizamos.

Empero, el milagro de la Biblia es que a medida que escuchamos y entendemos *lo que Dios dijo en otros tiempos*, también podemos *escucharlo hablando ahora*. Por medio de la iluminación y la dirección del espíritu Santo existe una aplicación del mensaje de la Escritura para nosotros hoy. Tiene una aplicación y cumplimiento para los hombres de hoy en día que la hace única. Este mensaje tiene el poder de la autoridad divina. Es el mensaje de Dios para nosotros y no puede ser rechazado, me nos preciado, o modificado sin que tal cosa resulte en una pérdida eterna para los que hacen tal cosa.

Un mensaje bíblico verdadero es mucho más que el uso de la Escritura para una ilustración o un tópico. En vez de eso, es la proclamación ungida del eterno mensaje de Dios al hombre, como lo revela su Palabra. Solamente entonces, ésta posee la autoridad de la revelación divina.

Si nuestra fe va a ser edificada sobre la autoridad de la Biblia, debemos familiarizarnos con la terminología escritural, la que es más que palabras. Es el uso de términos escriturales para describir conceptos bíblicos e ideas. Sólo en esta forma puede la gran mayoría de los creyentes relacionar la doctrina a las Escrituras.

Este estudio pretende examinar el pensamiento de Pablo[2] en el asunto vital de la salvación al tratar sus conceptos en su terminología. Es emocionante descubrir

---

[2] Cuando se hace referencia al "pensamiento de San Pablo", es importante recordar con claridad la naturaleza de sus escritos. Son cartas y no tanto tratados teológicos elaborados cuidadosamente. En estas cartas se encuentran muchos y diversos estados de ánimo determinados por las necesidades que la carta trata de suplir (cf. Ga., Co., Col., etc.). El pensamiento de San Pablo sobre cualquier tema dado puede ser determinado sólo por un examen de las diversas referencias del apóstol al mismo, recordando el contexto en el que se encuentra.

la pertinencia del pensamiento de Pablo para nuestro día. Cuando entendemos su terminología, encontramos que él tiene mucho que decirnos a nosotros.

¿Cómo veía Pablo al hombre? La terminología que él usó para presentar al hombre con frecuencia extraña para nosotros, hoy, y cualquier intento de entenderla produce confusión sin fin. Sin embargo, es sorprendente lo mucho que podemos aprender acerca de nosotros mismo cuando comprendemos el pensamiento de Pablo.

Sin embargo, Pablo no pensaba del hombre en términos teóricos. Todo lo contrario, él veía al hombre *como era*, ya fuera o en cristo. Su entendimiento del pecado y el poder de este sobre el hombre contienen una respuesta para muchas de las preguntas que no aquejan en nuestro día. ¿Por qué se rebela el hombre? ¿Qué es lo que el hombre busca? ¿Por qué con frecuencia el hombre es el peor enemigo de sí mismo? ¿Puede el hombre jamás "hacer lo que quiere"?

Empero, Pablo no le está escribiendo al hombre en pecado. Todo eso está en el pasado, visto sólo como una reminiscencia. En vez de eso, él se regocija con el nuevo hombre de fe, que está en Cristo. Con sus convertidos él está de pe –y de rodillas— maravillado ante la cruz. Está maravillado que Dios lo hubiera amado tanto. A medida que el hombre responde con fe a esa cruz de amor, está ante Dios justo y reconciliado. Por la gracia viene a ser una nueva criatura a medida que vive una nueva vida dentro de la familia cristiana.

Aquí se encuentra más que la respuesta a las preguntas del hombre. Este es el remedio para la necesidad del hombre. Toca la cuerda sensible en el corazón del "peregrino" moderno, ya sea un fariseo o un pródigo. En Cristo hay vida —¡novedad de vida!

Pero, para sorpresa nuestra, Pablo no está satisfecho. El hombre no llega a ser una persona completa cuando *encuentra* vida en Cristo. El sabio apóstol se da cuenta que el hombre debe *dar y recibir* para llegar a ser una persona "total". Por lo tanto, Pablo exhorta a sus convertidos –con repetidos imperativos— que le *regresen de vuelta a Dios* la nueva vida que han encontrado en Cristo. Solamente entonces podrán encontrar la verdadera libertad. Al perder sus vidas en Dios, ellos entonces las encontrarán totalmente. L clave es soberanía. Bajo el gobierno del Espíritu el hombre nuevo descubre el rico tesoro de la vida completa. Su vida es totalmente enriquecida con el fruto del Espíritu hasta que al fin encuentra cara a cara con su Señor.

Uno de los más grandes fenómenos espirituales del siglo XX ha sido el avivamiento de la teología bíblica. Desafortunadamente, esto, con mucha frecuencia, no ha salido de los salones de clase ni ha alcanzado más allá de la pluma del erudito. No es suficiente que el profesor de teología esté convencido que la única autoridad para la fe es la Biblia. Este mensaje debe ser proclamado en los púlpitos de la iglesia de hoy. Aún más, una fe bíblica verdadera debe ser la posesión del hombre que se sienta en la banca de la iglesia. Tal vez este estudio del pensamiento paulino produzca una modesta contribución para satisfacer esta necesidad vital.

Nota especial

Puede ser que este no sea el lugar para que usted empiece a leer este libro. La parte I intenta examinar brevemente la manera como Pablo entendía al hombre. Puede que esto sea un poco técnico para el lector que no haya estudiado teología. *Sin embargo, es importante*. Si vamos a comprender las ideas *de Pablo*, y no seguir sencillamente las nuestras, debemos entender la distinción que él hace del hombre interior y del exterior, y *su significado* de los términos *corazón, espíritu, alma, carne y cuerpo*. Al continuar con el estudio, se aclara cómo su entendimiento probará ser una calve vital que abrirá la puerta a muchas preguntas como estas: ¿Cómo trabaja el pecado? ¿Cuáles son los aspectos presente y futuro de la salvación? ¿Cuál es la distinción entre la debilidad humana y el fracaso pecaminoso?, etc. La confusión acerca de tales preguntas es el resultado, primordialmente, de la falta de entendimiento del punto de vista paulino acerca del hombre.

Así que, si estas páginas son muy técnicas para usted, pase a la parte II. Después usted podrá leer esta sección introductoria con mayor provecho.

—Richard Howard

PARTE I

EL HOMBRE: COMO PABLO LO VE

CAPÍTULO 1

¿Las ideas de Pablo o las nuestras?

Cuando leemos las cartas de Pablo, ¿lo hacemos a la luz de sus ideas o las *nuestras*? Desafortunadamente las dos no siempre coinciden. El gran apóstol vivió hace muchos años cuando los hombres no pensaban en el contexto del sistema de categorías científicas cuidadosamente definidas que han venido a ser parte natural del pensamiento moderno. En su lugar, la vida era vista desde una perspectiva más sencilla que podría describirse como "práctica" o hasta "funcional".

Para hacer más complicado nuestro problema, una transición decisiva ocurrió muy temprano en la iglesia. El Nuevo Testamento fue escrito por personas de ascendencia y educación hebrea, con la sola excepción de Lucas, quien a su vez recibió gran influencia de los otros escritores del Nuevo Testamento. En consecuencia, la Escritura fue canalizada por medio de sus ideas y conceptos, que en la actualidad son clasificados como "semíticos". Después hubo un marcado cambio de dirección, que empezó antes de que terminara el primer siglo. Los obispos, maestros, evangelistas y pastores eran escogidos principalmente de entre los convertidos griegos hasta que la dirección de la minoría judía de la iglesia desapareció por completo. Dos o tres generaciones después de que se escribió el Nuevo Testamento, éste era interpretado por hombres con diferentes, y a veces contradictorios, conceptos e ideas.

Varios problemas serios resultaron. Más y más de las doctrinas teológicas básicas fueron expresadas en conceptos griegos en lugar de hacerlo mediante las ideas semíticas con las que el Nuevo Testamento había sido escrito. Un ejemplo gráfico es el desarrollo de la doctrina de la inmortalidad del alma, que es básicamente un concepto griego que difiere grandemente de la verdad del Nuevo Testamento de la resurrección del cuerpo[3].

Esta confusión entre los conceptos griegos y semíticos se refleja en la manera en que ha sido entendido como veía Pablo al hombre. Su concepto del hombre es básicamente semítico[4] viendo al hombre en una manera *funcional*. El puede utili-

---

[3] Este concepto será examinado y explicado específicamente en un capítulo subsiguiente.

[4] Durante siglos, los eruditos en literatura paulina estuvieron convencidos de que la antropología del apóstol era básicamente helenista, que reflejaba la influencia de la cultura griega en la cual se había criado y educado. A principios del siglo XX, eruditos neotestamentarios británicos y alemanes desafiaron esa posición. Mediante un análisis detallado demostraron que la terminología del hombre usada por San Pablo no era helenista. Algunos eruditos llegaron a la conclusión opuesta, que era exclusivamente judía. Dos acontecimientos significativos sirvieron para modificar ambas posiciones extremas. El hallazgo de los Rollos del Mar Muerto (1947) confirmó una persuasión creciente de que había un grado extraordinario de sincretismo entre las culturas judías y helénicas en el modelo de pensamiento del primer siglo. Un segundo acontecimiento consistió en que, según revelaron estudios subsecuentes, aun

zar una parte del hombre para representarlo en su totalidad y viceversa. Un órgano físico puede representar funciones mucho más extensas (por ejemplo *el corazón, los intestinos*). Es un error el tratar de forzar el uso que Pablo hace de los términos, relacionados con el hombre, dentro de categorías cuidadosamente definidas y sistematizadas, que caracterizan el pensamiento griego y que son la base para mucho de los métodos modernos de la fisiología analíticas y la psicología. En vez de eso, Pablo sencillamente entendió al hombre tal como aparecía ser y actuar.

La verdad es que Pablo no estaba interesado acerca de lo que el hombre es — teóricamente. El no filosofaba acerca de la naturaleza del hombre, pues esto sería actuar como un "sabio (hombre) según la carne[5]" (1 Co. 1:26), y serían "filosofías y huecas sutilezas" (Col. 2:8) contra las que él continuamente advierte a sus lectores. Pablo no formuló una doctrina del hombre, per se, en sus escritos porque no estaba interesado en hacerlo.

En vez de ello, Pablo estaba profundamente interesado en la relación del hombre con Dios, y con sus semejantes. Su interés era religioso, por lo que su terminología está directamente relacionada con lo que él está pensando acerca del hombre ya sea que esté bajo la ira o bajo la gracia, antes o después de tener fe, en pecado o en Cristo, como el viejo o el nuevo hombre, etc.

Hay algo de complejidad en la terminología de Pablo porque él le añadió un significado muy de él a algunas de sus palabras claves, fuese que procedían de un antecedente hebreo o helénico[6]. En ocasiones Pablo usa un término general más con un significado parcial o técnico, generalmente dentro de un contexto limitado[7]. Sólo un estudio del contexto y del uso del término en otras partes de sus escritos puede revelar el tinte del significado del pensamiento del Apóstol. A menos que se descubra este significado modificado, el contenido de lo que está diciendo aparece confuso y puede perderse completamente.

Al acercarnos al estudio del pensamiento de Pablo primeramente intentaremos descubrir sus ideas acerca del hombre. Debió haber tenido un concepto de la naturaleza constitutiva del hombre que forma el antecedente para que ocurra el cambio transformador que siempre está presente en su pensamiento. Es un hombre quien es cambiado. Sin ese entendimiento básico su interés religioso podría

---

cuando San Pablo era lo que decía ser (hebreo de hebreos) y había recibido cierta influencia de la cultura helenista en la cual había vivido extensamente, ningún idioma o antecedente podía resumir en forma adecuada la vida y la experiencia que el apóstol conoció como cristiano. A todos los términos, griegos y hebreos, les dio un significado muy propio. "San Pablo no era judío ni griego. Quizá era deudor a ambos, en particular a los judíos; pero en el tema tan crucial de Dios y sus tratos con el hombre, era cristiano, nacido junto al camino a Damasco" (W. D. Stacey, The Pauline View of Man [Nueva York: St. Martin's Press, 1956], p. 241).

[5] Todas las citas bíblicas se han tomado de La Biblia de las Américas, a menos que se especifique de otra manera.

[6] Cf. la nota de pie 2 anterior.

[7] Rudolph Bultmann reconoció esta distinción y le llamó al uso técnico de los términos "ontic" terminología distinta de la "ontológica" (Theology of the New Testament, tr. Kendrik Grobel [Nueva York: Charles Scribner's Sons, 1955], 1:212, 227). El ejemplo sobresaliente de ello es el uso que hace San Pablo del término "carne" (sarx) en Romanos 8 y Gálatas 5.

ser más difícil, si no imposible de comprender. Aunque Pablo no formuló explícitamente un sistema de antropología (doctrina del hombre), nosotros intentaremos proyectar sus puntos de vista básicos.

Se sobreentiende que hay un peligro en tal proyección, específicamente, el peligro de modernizar a Pablo. La tendencia natural es permitir que nuestras propias ideas influyan sobre nuestro entendimiento de los términos y conceptos de otra persona. Esto es suficientemente serio cuando los que están involucrados son de la misma edad y cultura, pero el intento de entender a Pablo sobre las bases de nuestras ideas —reflejando las presuposiciones teológicas de casi dos mil años de disputas— es infructuoso. Debemos tratar de entender el pensamiento de Pablo dentro de su contexto original.

CAPÍTULO 2

¿Qué es el hombre?

El salmista preguntó: "¿Qué es el hombre, para que tengas de él memoria?" (Sal. 8:4). El estaba viendo al hombre en su condición miserable y pecaminosa y con justa razón se preguntó cómo era posible que Dios lo amara. En el estudio que sigue intentaremos dar una respuesta a toda esta pregunta, pero aquí estamos interesados sólo en la parte: "¿Qué es el hombre?"

Pablo, como el resto del Nuevo Testamento, usa dos términos para referirse al hombre. Aunque *anthropos y aner* tienen diferencias menores,[8] prácticamente son sinónimos, siendo el primer término el que Pablo usa con más frecuencia. Estos términos se refieren al hombre como un ser humano sin decirnos nada acerca de lo que el hombre, como un ser humano, es.

Pablo, sin embargo, usa términos que establecen lo que es el hombre, pero que el pensamiento moderno ha afectado grandemente por las ideas griegas. El resultado es que esos términos se entienden hoy con connotaciones que reflejan más las ideas griegas que específicamente las de Pablo.

En el pensamiento griego toda la realidad estaba dividida en dos partes, tales como espíritu y materia, el bien y el mal, la inmortalidad y la mortalidad.[9] Consecuentemente, los griegos pensaban del hombre en "dos partes". El cuerpo humano era enteramente físico y, como parte del mundo material, era malo y mortal. Por otro lado, el alma del hombre era vista como espiritual e inmortal, e intrínsecamente buena. Mientras viviera en el mundo, el alma estaba aprisionada en el cuerpo. La salvación era imposible en este mundo, y se daba sólo cuando el hombre escapaba del cuerpo a una vida pura en el espíritu.

En realidad la idea griega del hombre concluía en *dos hombres*. Más significativo aún, el hombre espiritual (el alma o la mente) puede existir, y un día existirá, separado del cuerpo como un alma que ha sido desalojada del cuerpo. El punto de vista griego del hombre se llama *analítico*, porque divide al hombre en partes separadas. En contraste, el concepto de Pablo del hombres típicamente semítico y

---

[8] Técnicamente, anthropos se relaciona con el hombre en su calidad de ser humano, a diferencia de otras formas de vida vegetal, animal, angelical, etc. Aner contrasta al hombre con la mujer (esposo y esposa, hombre y mujer) o a un solo hombre con una multitud. (Cf. W. F. Arndt y F. W. Gingrich, A Greek-English Lexicon of the New Testament [Chicago: University of Chicago Press, 1957]. Todas las referencias a este léxico se identificarán como "A y G").

[9] A este punto de vista se le llama "dualismo metafísico". Obviamente esta es una simplificación extrema. pero se puede llegar a la conclusión de que, en cierto grado, este dualismo metafísico es característico del pensamiento griego en general y que se desarrolló altamente en lo que se llegó a conocer como gnosticismo.

específicamente judío. El ve al hombre como una unidad, viviendo en varias *relaciones funcionales.*

Uno de los ejemplos más claros de la diferencia básica en las ideas griega y judía del hombre es visto en el uso del término alma (*psyche*). Pablo usa el término *alma* como se usa a través del Antiguo Testamento[10] y el Nuevo Testamento[11] para designar al hombre como algo completo. El *alma* es el sinónimo bíblico más cercano para el *yo o persona.* Pablo exhorta: "Sométase toda persona [psyche] a las autoridades superiores" (Ro. 13:1). En otras ocasiones el término significa la vida física del hombre, cuya pérdida es la muerte. Pablo usó el término *alma* cuando se refirió a la queja de Elías de que sus enemigos buscaban quitarle la vida (cf. Ro. 11:3).

En ocasiones no es claro si Pablo se refiere a la persona o a la vida física, ya que en ambos casos se acomoda bien al contexto (cf. 1 Ts. 2:8; 2 Co. 12:15). Sin embargo, es importante reconocer que cuando Pablo usa el término *alma* para significar vida, claramente está indicando vida *física.* Como el resto del Nuevo Testamento, Pablo también usa otro término, zoe, para vida en un contexto más amplio que significa vida eterna o espiritual.

Debido a la influencia del pensamiento griego, el término alma es instintivamente contrastado con el *cuerpo,* nosotros hablamos de salvarla o perderla en un sentido espiritual.[12] Pablo nunca habla de "salvar el alma"[13]. El no piensa en el alma como la parte interna e inmortal del hombre. Esta idea es básicamente griega y no semítica.

Podríamos preguntar: ¿Acaso Pablo y el Nuevo testamento no hablan de dos partes del hombre? ¿Cómo difiere esta manera de pensar de la idea griega? Es cierto que, Pablo y el Nuevo Testamento ven al hombre en dos partes; sin embargo, no son dos hombres, sino más bien dos lados o aspectos de un hombre. Por lo tanto Pablo puede hablar del hombre interior y del exterior. "Por tanto, no desmayamos; antes aunque este nuestro hombre exterior se va desgastando, el interior no obstante se renueva de día en día" (2 Co. 4:16).[14] Estos dos aspectos del hombre están vitalmente relacionados; el interior expresándose a sí mismo por medio del exterior y la actividad del exterior manifestando al interior. El hombre interior es conocido solamente por Dios y el hombre mismo, mientras que el hombre exterior es visto y conocido por otros hombres. De gran significado es la

---

[10] En el Antiguo Testamento hebreo es nephesh y en la LXX psyche.

[11] Cf. la nota de pie 6 que sigue

[12] En unos cuantos casos San Pablo usa la palabra alma para dar a entender propósito interno o voluntad, el cual es similar en significado a corazón (kardia) y se traduce incluso como "corazón" (Ef. 6:6 cf. Col. 3:23) y unánimes" (Fil. 1:27). Sin embargo, la palabra alma nunca es contrastada con cuerpo (soma) o carne (sarx) por San Pablo.

[13] Ha habido confusión innecesaria sobre Mateo 16:25-26: "Porque cualquiera que quisiere salvar su vida, la perderá; y cualquiera que perdiere su vida por causa de mí, la hallará. Pues, ¿qué provecho tendrá el hombre, si ganare el mundo entero y perdiere su vida? O ¿qué dará el hombre en cambio de su vida?" (LVL). La Versión Latinoamericana traduce apropiadamente psyche como "vida" tanto en el versículo 25 como en el 26, mientras que la Reina-Valera (y la BLA) traduce desafortunadamente psyche como "vida" en el 25 y como "alma" en el 26.

[14] . también Romanos 7:22; Efesios 4:16; Romanos 2:28-29.

verdad que no hay existencia sin ambos. El hombre no es hombre sin los aspectos interior y exterior de su ser. Por esta razón el presente hombre exterior un día será reemplazado con un nuevo hombre exterior a través de la resurrección. El hombre no puede existir sin un cuerpo.[15]

Debido a lo escondido del hombre interior, el contraste entre el hombre interior y el exterior también se describe en términos de oculto y manifiesto (cf. Ro. 2:28-29; 1 Co. 4:5; 14:25). Esta distinción es fundamental al concepto semítico del hombre, como lo vemos en la clásica declaración de Samuel cuando buscaba al que reemplazaría al rey Saúl: "El hombre mira lo que está delante de sus ojos, pero Jehová mira el corazón" (1 S. 16:7).

¿Qué términos usa Pablo para referirse a estos dos aspectos del hombre? Ya hemos sugerido algunos. Pero indudablemente el término que usa más frecuentemente para denotar al hombre interior es corazón (kardia).[16] Sin embargo, el significado semítico de corazón es muy diferente del concepto helénico que ha afectado extensamente las ideas modernas. Los griegos usaron el término corazón en referencia a las emociones o sentimientos para distinguirlos del intelecto (mente) y la voluntad (volición). Cuando el Nuevo Testamento utiliza el término corazón se refiere a todo el hombre interior.

Con frecuencia el término corazón es sinónimo de dentro, y por implicación contrasta con aquello que está fuera. "Y la esperanza no avergüenza; porque el amor de Dios ha sido derramado en nuestros corazones por el Espíritu Santo que nos fue dado" (Ro. 5:5).[17] Empero el corazón indica aún más el centro del hombre, y como tal es identificado con el entendimiento (cf. 2 Co. 3:15; Ef. 1:18; 4:18) así como con las emociones más hondas del hombre (cf. 2 Co. 8:16; Ro. 9:2; 10:1).

El corazón puede también describir lo que el hombre es y la motivación con que actúa su carácter y su conducta. En realidad, lo que el hombre es (en su corazón) determina lo que hace.[18] El Nuevo Testamento desconoce los conceptos modernos de psicología[19], pero reconoce que ciertas actividades vienen del corazón y otras no. Es la actividad del corazón, con pensamiento e intención, la que tiene una calidad moral. Aquí es donde se encuentra lo bueno o lo malo (cf. Ro. 6:17; 2 Co. 8:16; 2 Ts. 3:5).[20]

Qué significa la "mente" para Pablo (nous)? Interesantemente él es el único en el Nuevo Testamento que utiliza significativamente este término.[21] Aunque Pablo

---

[15] A esto se le llama "existencia somática" y, en términos filosóficos, monismo físico.

[16] Kardia es usado más de 150 veces en el Nuevo Testamento y es consistente en significado con sus antecedentes en el Antiguo Testamento.

[17] Cf. también 2 Corintios 1:22; Gálatas 4:6; Efesios 3:17.

[18] "El hombre bueno, del buen tesoro de su corazón saca lo bueno; y el hombre malo, del mal tesoro de su corazón saca lo malo; porque de la abundancia del corazón habla la boca" (Lucas 6:45).

[19] Cf. el estímulo ambiental, la respuesta involuntaria o inconsciente, la actividad volitiva, la voluntad consciente, etc.

[20] Cf. la identificación de Jesús de una mirada de lujuria como actitud de adulterio en el corazón (Cf. Mt. 5:28). Esto es cierto respecto a todo un catálogo de pecados (cf. Mr. 7:21-23).

[21] . El único lugar en el que se encuentra nous fuera de los escritos de San Pablo en el Nuevo Testamento es en Lucas 24:25; Apocalipsis 13:18; 17:9.

pidió prestada esta palabra del pensamiento griego, él le dio un nuevo significado. En el uso helénico se creía que la mente era intrínsicamente buena e inmortal. En capítulos posteriores veremos que la mente puede ser buena o mala, según lo entiende Pablo. El uso de este término es prácticamente sinónimo en significado a corazón, con la distinción de que recalca el proceso racional del hombre interior (cf. Ro. 14:5).[22] Sin embargo, no debemos confundir la mente con el cerebro. La verdad es que el cerebro es parte del hombre exterior, por medio de la cual la mente se expresa.

Un término final que se relaciona con el hombre interior es espíritu (pneuma). Los griegos concebían el espíritu del hombre como inmortal y bueno, comparable con el alma y la mente. Si el uso que Pablo le da a este término se entiende de esta manera, entonces se pierde uno de los más importantes aspectos de su pensamiento.

El Antiguo Testamento[23] y los Evangelios Sinópticos usan el término espíritu para describir al hombre interior, comparable con el corazón y la mente. En unos pocos casos Pablo parece usar el término de esta manera (cf. 1 Co. 5:5; 7:34; 2 Co. 7:1), pero el significado primordial de este término es distintivo, representando prácticamente una idea original. Donde los Sinópticos y Los Hechos claramente distinguen el espíritu humano del divino, Pablo une los dos conceptos en uno. Cuando habla del Espíritu Santo obrando por medio del hombre es difícil distinguir entre lo humano y lo divino a menos de que se identifiquen claramente[24]. En las referencias al espíritu humano siempre hay matices del Espíritu divino y viceversa. Por ejemplo: "La gracia de nuestro Señor Jesucristo sea con vuestro espíritu" (Fil. 4:23; NVI)[25].

¡Más esto no debe ser malentendido! Se explicará más claramente en capítulos subsiguientes, pero en este punto se debe recalcar que esta "invasión divina" no es una absorción o un panteísmo espiritual impío que destruye la identidad del hombre. En vez de eso, a menos de que espíritu sea identificado claramente como divino o humano (cf. Ro. 8:14-16), representa al nuevo hombre interior habitado por la Presencia divina. Como William Barclay lo explica:

> Para Pablo el espíritu de un hombre es donde habita el poder de Dios en dicho hombre, o, expresado en otra forma, es el Cristo resucitado residente

---

[22] Un versículo de Filipenses demuestra esta similitud de uso. "Y la paz de Dios, que sobrepasa todo entendimiento [nous], guardará vuestros corazones [kardia] y vuestros pensamientos [noema] en Cristo Jesús" (Fil. 4:7).

[23] La palabra hebrea que generalmente se usa es ruach.

[24] De inmediato se observa esto en la mayoría de las traducciones castellanas, por las variaciones de "espíritu" y "Espíritu". En los manuscritos (unciales) más antiguos todas las letras eran mayúsculas.

[25] Cf. 1 Corintios 5:3-5: "Ciertamente yo, como ausente en cuerpo, pero presente en espíritu, ya como presente he juzgado al que tal cosa ha hecho. En el nombre de nuestro Señor Jesucristo ... el tal sea entregado a Satanás para destrucción de la carne, a fin de que el espíritu sea salvo en el día del Señor Jesús." Aparentemente San Pablo se refería a estar presente en el Espíritu Santo y no en algún sentido nebuloso de "pensamiento", etc.

en él. El espíritu de un hombre es esa parte del hombre que tiene parentes-co con Dios.[26]

Hemos examinado varios términos que se relacionan con el hombre interior, pero, ¿qué acerca de los términos que se relacionan con el hombre exterior? Con toda naturalidad pensamos en la palabra cuerpo (soma), y es correcto que así pensemos, ya que es una de las palabras que se refieren al hombre exterior. Pero, ¿qué es lo que Pablo quiere decir con la palabra cuerpo? Otra vez, una gran parte de nuestra dificultad para comprender a Pablo reside en el hecho de que el concepto moderno del cuerpo está grandemente afectado por el pensamiento griego. Por ejemplo, nosotros distinguimos entre el cuerpo físico (y sus órganos) y lo no físico o funciones psicológicas de la mente o psique.

Básicamente el concepto de Pablo del hombre es semítico y no griego, sin embargo, su uso de cuerpo representa un desarrollo notable sobre el uso de dicho término en el Antiguo Testamento y a través del resto del Nuevo Testamento. En el Antiguo Testamento la palabra cuerpo se usaba para referirse a las diferentes partes del cuerpo, pero no hay un concepto del cuerpo como un todo comple-to.[27] Más tarde, en los Sinópticos, cuerpo principia a tener un significado colecti-vo, como lo vemos en la referencia de Jesús a "vestir el cuerpo",[28] pero con frecuencia significa un cuerpo muerto.[29] Los Hechos usa el término cuerpo una sola vez (9:40), y con este último significado.

¿Cómo usaba Pablo el término cuerpo? El habla de los miembros (mele) del cuerpo, que en algunos contextos parecen indicar órganos físicos (cf. 1 Co. 12:14s; Ro. 12:4s), pero en todas las otras partes se refieren a funciones más amplias (cf. Ro. 6:13, 19; Col. 3:5). Pablo también habla de los deseos del hombre (epithumia), pasiones o propensiones (pathemata), deseos (thelemata), y anhelos (orexis), pero éstos están primordialmente asociados con la carne (sarx). En el siguiente capítulo examinaremos la relación del cuerpo (soma) con la carne (sarx), particularmente con referencia al hombre exterior.

Pablo expresa el deseo urgente de que "como siempre, ahora también será magnificado Cristo en mi cuerpo [se han añadido las cursivas], o por vida o por muerte" (Fil. 1:20; cf. 2 Co. 4:10). También Pablo nos advierte que "todos nosotros comparezcamos ante el tribunal de Cristo, para que cada uno reciba según lo que haya hecho mientras estaba en el cuerpo [se han añadido las cursivas], sea bueno o sea malo" (2 Co. 5:10; cf. Ro. 8:13). Las obras del cuerpo que exaltan a Cristo y por las que el hombre será juzgado ciertamente han de ser más que meras funciones o actividades físicas.

---

[26] William Barclay, Flesh and Spirit (Nashville: Abingdon Press, 1962), p. 62.

[27] En el Antiguo Testamento, "cuerpo" es una traducción (R-V) de los siguientes términos: vientre, huesos, espalda, muslo, prepucio, cadáver, carne e incluso alma (nephesh). En la LXX, soma (cuerpo) traduce más de 10 palabras hebreas.

[28] Cf. Mateo 6:25 ss. Note el interesante contraste en este versículo en el que se asigna el comer y el beber a la vida (psyche) y el vestir para el cuerpo (soma). Cf. también Mateo 5:29-30; 6:22-23; Marcos 5:29.

[29] Cf. Mateo 27:52, 58-59; Marcos 15:43; Lucas 17:37. En algunos manuscritos antiguos soma (cuerpo), es cambiado a ptoma (cadáver); cf. Mateo 14:12; Marcos 15:43.

Cuando Pablo utiliza el término cuerpo se refiere al hombre exterior total y no a su organismo físico. Por medio de este cuerpo el hombre interior del corazón vive, y es con él y por medio de él que el hombre interior actúa, expresándose a sí mismo por medio de pensamientos, sentimientos, deseos, palabras, etc. El cuerpo es entonces directamente contrastado con el corazón, como el hombre exterior e interior (cf. Ro. 1:24). En términos sencillos, Pablo ve el cuerpo del hombre como el hombre exterior que se va desgastando o acabando (cf. 2 Co. 4:16).

Aunque nosotros podemos distinguir en nuestro pensamiento entre los deseos físicos del cuerpo y los instintos psicológicos o deseos de la mente o psique, la ciencia médica está cada vez más consciente de cuán difícil es, si no imposible, determinar la fina línea de separación entre las dos clases de deseos. Ha descubierto que muchos síntomas físicos tienen su origen en causas no físicas, y posiblemente viceversa. Para Pablo el cuerpo es esta persona psicosomática íntimamente entretejida, hecha de órganos físicos, el cerebro y su intrincado sistema nervioso, y todos los instintos humanos básicos. Si equiparamos cuerpo a la parte física del hombre el resultado será sólo la confusión.

Es de importancia especial el darnos cuenta de que Pablo y el resto de los escritores del Nuevo Testamento nunca usaron el término cuerpo (soma) en ninguna otra forma que como lo hemos examinado.[30] A este uso se le ha llamado antropológico. Aun la conocida alegoría de Pablo de la iglesia como el cuerpo de Cristo se basa en el cuerpo físico y humano con sus miembros, etc. (cf. 1 Co. 12:15s.) Arndt y Gingrich, en su autoritativo léxico del Nuevo Testamento, respaldan el uso antropológico exclusivo de soma por Pablo y el resto de los escritores del Nuevo Testamento. Más tarde se verá que esto tiene una importancia teológica significativa.

Hay otro término importante que Pablo usa para referirse al hombre[31] y esto es carne (sarx). Pero debido a su intrincado significado, hemos dedicado todo el siguiente capítulo para examinarlo.

---

[30] En Santiago 3:3 se hace referencia al cuerpo del caballo y en Hebreos 13:11 se mencionan cuerpos de animales. En el contexto de la enseñanza principal de San Pablo sobre la resurrección del cuerpo del hombre se refiere al cuerpo como a una semilla (1 Co. 15:38) y posiblemente al sol, la luna y las estrellas como cuerpos celestiales (1 Co. 15:40-41 algunos comentaristas hacen una interpretación diferente; cf. G. C. Findley, "1 Corinthians", Expositor's Greek Testament, pp. 935-36). Pero en cada caso el cuerpo representa la forma exterior y, en este sentido, puede ser clasificado como antropológico. En ninguna ocasión se usa soma para referirse a una masa de materia tal como un cuerpo de agua, etc.

[31] Sería innecesario y muy detallado considerar toda la terminología usada por San Pablo en relación con el hombre. Casi no se cuestiona el significado práctico de términos tales como conciencia, vida, voluntad, etc.

CAPÍTULO 3

¿Qué es la carne?

El último término que examinaremos, que Pablo usa en relación con el hombre es carne (sarx). Inmediatamente enfrentamos una confusión. Obviamente este término tiene muchos significados, de muy diversa variedad.[32] ¿Cómo sabremos con cuál de ellos se está usando el término? ¿Es posible evitar ser arbitrario? ¿Hay alguna idea básica que ate todos estos significados?

Como ya se ha sugerido, hay algo que debe siempre verse con claridad. Pablo no usa terminología en una manera teórica como si mirara al hombre en una vitrina. En vez de eso, él ve al hombre dentro de su situación actual. Esto es de significado particular en relación con carne, ya que en capítulos futuros veremos que hay una relación vital entre carne y pecado. Sin embargo, al examinar el uso que Pablo hace del término debemos tener la capacidad de descubrir su idea o concepto básico. No obstante, debemos recordar que esta es una proyección con el fin de nuestra comprensión.

Una razón por la que nos es difícil captar el significado de carne es nuestra tendencia a entenderla sencillamente como una parte del hombre. Veremos que tal cosa es definitivamente cierta, pero el término tiene un significado mucho más amplio que es diferente de cualquier otro término antropológico que hayamos examinado. Por ejemplo, podemos con toda propiedad describir al hombre como carne, pero no como corazón o mente o cuerpo. También el hombre tiene una relación con la carne a menudo descrita como viviendo "de acuerdo [kata] a la carne" que no se podría aplicar a esos otros términos.

Entenderemos mejor el término carne si comprendemos que tiene un fuerte significado descriptivo, que normalmente asociamos con un adjetivo. Con fines prácticos se usa como un adjetivo en un sentido absoluto. Lo que modifica no es enunciado, pero es provisto por el contexto. ¿Por lo tanto necesitamos primero preguntar qué es de carne?[33]

Nuestro problema es que no usamos el término carne en conversaciones común y corrientes, como lo hizo Pablo. Cuando nos referimos al término carne pensamos en las partes blandas del cuerpo de un hombre o de un animal, diferentes de su estructura ósea. Pero, ¿qué quiso decir Pablo con este término descripti-

---

[32] Cf. Cualquier diccionario de términos bíblicos o un léxico griego como A y G.

[33] El griego es un idioma definitivo y a menudo las distinciones son expresadas por palabras diferentes en lugar de adjetivos modificativos. Es común que un adjetivo sea usado nominalmente como sustantivo. La forma adjetiva de carne (sarkinos) es usada de esta manera (cf. 1 Co. 3:1).

vo? En su Primera Carta a los Corintios encontramos una indicación de su significado.

> De manera que yo, hermanos, no pude hablaros como a espirituales, sino como a carnales, como a niños en Cristo. Os di a beber leche, y no vianda; porque aún no erais capaces, ni sois capaces todavía, porque aún sois carnales; pues habiendo entre vosotros celos, contiendas y disensiones, ¿no sois carnales, y andáis como hombres? Porque diciendo el uno: Yo ciertamente soy de Pablo; y el otro: Yo soy de Apolos, ¿No sois carnales? (1 Co. 3:1-4, las cursivas son nuestras).[34]

Claramente carne aquí está unida al hombre que vive como hombre. Un término que usamos comúnmente describe atinadamente esta descripción. Es la palabra humano. Este término significa "aquello que está relacionado o es característico del hombre". Podría fácilmente representar lo que el hombre posee o produce.[35] ¡Para nuestra sorpresa no hay una palabra en griego cuya traducción sea "humana"! Además, el término humano ha tenido un desarrollo muy interesante. Hasta hace pocos años el término humano era estrictamente un adjetivo y era incorrecto usarlo sin un sustantivo que lo acompañara y que lo modificara. Pero se utilizó tan extensamente en un sentido absoluto sin un sustantivo que lo modificara que ahora los diccionarios lo describen como adjetivo y como sustantivo.[36] Todavía sigue teniendo un significado muy descriptivo y usted se debe preguntar ¿qué es humano?

Hay otro aspecto del significado del término carne que debemos examinar. Este siempre tiene significados terrenales. No incluye la idea de que la carne sea redimida o transformada para una existencia futura en una vida fuera de este mundo, como se cree del cuerpo. La carne siempre está relacionada con el hombre en su estado presente de su vida en la tierra.

El término carne, con su significado básico de "humano", puede examinarse en tres relaciones significativas con el hombre. La carne s algo que el hombre es. Es la descripción del hombre como un ser humano. El hombre es carne esto es la base de su existencia. Pablo le escribe a los romanos que "por las obras de la ley ningún ser humano será justificado delante de él".[37] Todo hombre existe como carne, como Cristo le dijo a Nicodemo: "Lo que es nacido de la carne, carne es" (Jn. 3:6). Cuando Juan describe la verdad de la encarnación, dice: "Y aquel Verbo

---

[34] Es significativo que la Reina-Valera traduzca el final del versículo 4: "¿No sois carnales?"

[35] La Nueva Versión Internacional traduce 1 Corintios 3:4 en forma muy significativa: "Porque, cuando uno dice: `Yo soy seguidor de Pablo', y otro dice: `Yo soy seguidor de Apolo', ¿no procedéis como meros hombres?" (se han agregado cursivas para dar énfasis).

[36] Las pocas veces que se usa la palabra terrenal (epigeios), el término carne o humano puede ser igualmente significativo. Compare 1 Corintios 15:40; 2 Corintios 5:1; Filipenses 2:10; 3:19. Compare 1 Corintios 1:26, en donde se usa sarx, con Santiago 3:15, donde se usa epigeios cambos se refieren a la "sabiduría terrenal".

[37] Romanos 3:20; cf. 1 Corintios 1:29; Gálatas 2:16. Esto va de acuerdo con el uso del término en otras partes del Nuevo Testamento; cf. Mateo 24:22; Lucas 3:6.

fue hecho carne, y habitó entre nosotros" (Jn. 1:14; cf. Ro. 8:3). Cuando Cristo se hizo hombre un ser humano se hizo carne.

La carne también es algo que el hombre tiene. Hay repetidas referencias a que el hombre posee la carne, y en ocasiones con ésta se usa el pronombre posesivo (mí, su, nuestra).[38] El hombre se mueve en esta esfera de existencia o es donde el hombre (interior) vive. Como tal, la carne frecuentemente es sinónimo del cuerpo humano, o el hombre exterior.[39] Pablo se refiere al "aguijón en mi carne" (2 Co. 12:7) y habla de la vida que vivió en la carne (Gá. 2:20). Como el cuerpo (soma), Pablo usa el término carne para describir el hombre exterior en contraste con el hombre interior del corazón (cf. Ro. 2:28-29; Col 2:5). Realmente el concepto total es el cuerpo carnal (humano).[40] Como tal, es la esfera en la que el hombre vive. Mientras que el hombre viva en este mundo, debe vivir en la carne.[41]

El cuerpo de carne (humano) posee instintos (epithumia), propensiones (pathemata), y deseos (thelemata),[42] los cuales pueden ser saciados o satisfechos (cf. Gá. 5:16; Col. 2:23).

Es de interés especial que por lo menos una vez Pablo habla de la carne como la esfera de la existencia del hombre en el sentido amplio del mundo en que vive. "Mas también si te casas, no pecas; y si la doncella se casa, no peca; pero los tales tendrán aflicción de la carne [sarx], y yo os la quisiera evitar" (1 Co. 7:28). Esto subraya la verdad de que la carne significa la esfera terrenal en donde el hombre vive, siendo su significado primordial el cuerpo humano.

Lo que hace que carne sea un concepto tan difícil para la mente moderna se debe a que ésta también representa algo que el hombre usa. La carne puede ser el medio o la base para vivir, revelando cómo vive el hombre. Con frecuencia esta relación peculiar es expresada por medio de la frase "de acuerdo a la carne" (kata sarka),[43] representando una variedad de significados.[44] Sin embargo, podemos ver, así como en los otros usos de la carne, el concepto básico de "humano".

---

[38] Cf. Efesios 2:3; Romanos 6:19. En griego, con frecuencia no se declara explícitamente este significado posesivo; cf. Gálatas 5:16, 19.

[39] Cf. los paralelos en 2 Corintios 4:10-11 y compare 1 Corintios 5:3 con Colosenses 2:5.

[40] . Cf. Colosenses 2:11, en donde San Pablo usa esta expresión exacta (somatos tes sarkos). Es interesante que también puede hablar de la "mente carnal" (tou noos tes sarkos), con el significado del hombre interior humano (cf. Col. 2:18).

[41] Esta relación con la carne es expresada con frecuencia por el caso dativo, el cual puede tener un fuerte significado locativo (esfera) (cf. 2 Co. 12:7; 1 Co. 7:28), o por la preposición "en" (en) con el caso dativo (en sarki) para subrayar el significado locativo (esfera) (cf. Gá. 2:20; Ro. 2:28; Fil. 3:3-4; 2 Co. 10:3).

[42] Cf. Romanos 13:14; Efesios 2:3; Gálatas 5:24. San Pablo usa la expresión "las concupiscencias de sus corazones" (epithumiais ton kardion) en Romanos 1:24. Estrictamente hablando, parece referirse a los deseos del cuerpo carnal (humano) que tiene el consentimiento del corazón (cf. la discusión en el capítulo previo sobre la actividad del corazón). Compare también Efesios 2:3: "deseos [thelemata] ... de los pensamientos [dianoion]."

[43] Esta relación con la carne también es descrita por la fuerza instrumental del caso dativo (cf. Gá. 3:3) y particularmente cuando este dativo de significado es fortalecido por la preposición en (cf. Ro. 7:5; 8:8-9; observe el contexto, particularmente 8:4-5). Se traduce mejor "por" o "por medio de".

[44] Cf. kata con el caso acusativo en A y G.

"Según la carne" puede representar una relación con otros del linaje humano (Ro. 4:1; 9:3) y maestros humanos (Ef. 6; 5; Col. 3:22). Esta frase también puede indicar similaridad y conformidad a una norma, significando así "de acuerdo a la carne" o aún más "para el fin de la carne". Pablo habla de sabiduría humana (1 Co. 1:26) e intención humana (2 Co. 1:17). Esta es la clave para entender el siguiente pasaje:

> De manera que nosotros de aquí en adelante a nadie conocemos según la carne [kata sarka]; y aun si a Cristo conocimos según la carne, ya no lo conocemos así. De modo que si alguno está en Cristo, nueva criatura es; las cosas viejas pasaron; he aquí todas son hechas nuevas (2 Co. 5:16-17).

Se ha escrito extensamente sobre si Pablo en este pasaje se refiere a haber conocido a Cristo antes de su muerte. Esto es poco probable. En cambio, él está describiendo uno de los resultados de ser una nueva criatura en Cristo como si tuviera una nueva base de conocimiento. No vemos a Cristo o a otras personas meramente sobre la base de un conocimiento humano. En cambio, conocemos a Cristo y a las personas de una nueva manera.

Usar la carne como la base para la vida es vivir por medio de nuestros propios esfuerzos, poder y recursos humanos por medio de una dinámica humana. En realidad, el vivir sólo puede resultar en debilidad como lo presentan las siguientes palabras de Pablo.

> Ruego, pues, que cuando esté presente, no tenga que usar de aquella osadía con que estoy dispuesto a proceder resueltamente contra algunos que nos tienen como si anduviésemos según la carne [kata sarka]. Pues aunque andamos en la carne [en sarki], no militamos según la carne [kata sarka]; porque las armas de nuestra milicia no son carnales, sino poderosas en Dios para la destrucción de fortalezas (2 Co. 10:2-4).

Aunque Pablo admite que anduvo en la carne (en sarki), como su esfera de existencia, él firmemente negó luchar de acuerdo a la carne (kata sarka), lo que habría significado haber usado la carne como medida para vivir. Él quería que se entendiera sencillamente que sus armas de lucha no eran carnales (sarkika).

Pablo consideraba los resultados y productos del vivir de acuerdo a la carne (kata sarka) como tareas y valores meramente humanos, los que él fuertemente hacía a menos. Si él hubiera confiado en su herencia judía y en su celosa tarea eso habría sido confiar en la carne como obras y valores humanos (cf. Fil. 3:3-7). Aun más significativamente, él consideró cualquier referencia a sus sufrimientos y sacrificios cristianos como ostentación de acuerdo a la carne porque todas las tales eran obras humanas (cf. 2 Co. 11:18).

En verdad cuando un hombre vive de acuerdo a la carne (kata sarka), el tal vive de acuerdo a sí mismo.[45] Debido a la naturaleza básica del hombre, esto quiere

---

[45] Es interesante que San Agustín reconociera esto: "El `vivir conforme a la carne' es equivalente en significado a `vivir conforme al yo', `conforme al hombre'" (De Civ Dei, xiv, 2-4).

decir que la persona que vive por la carne también vive para la carne. No solamente el tal vive por medios de propia fortaleza y recursos (medios humanos), sino que vive para sí mismo. La consecuencia es que el vivir kata sarka resulta en la satisfacción impropia de las demandas del cuerpo de carne (humano) sus instintos, propensidades y deseos. Veremos en los capítulos siguientes que esta es la arena de la lucha contra el pecado (cf. Gá. 5:13-25; Ef. 2:1-3; Ro. 7:5; 8:1-13). Esta es la razón por la cual la carne ha sido descrita en algunas versiones modernas como la naturaleza humana inferior.

Para algunos, el concepto semítico de Pablo acerca del hombre, que concibe al hombre como una unidad con diversidad de funciones, ha sido considerado tan primitivo y simple que, para esos críticos, tiene muy poco significado para el pensamiento contemporáneo. Sin embargo, es muy significativo que, mientras más se exploran los misterios del comportamiento psicosomático, más importancia cobra la interrelación del hombre interior con el exterior. Son aún más sorprendentes las teorías modernas de la personalidad, en la que el estilo interno de la vida está en relación directa con el yo creativo externo. La tendencia más importante de nuestro día del pensamiento psicológico es holístico.[46] Esto no es extraño al pensamiento de Pablo.

De mayor importancia, estas ideas poco conocidas acerca del hombre deben "traducirse" en conceptos que tienen significados teológicos y prácticos para el hombre de hoy día. A esta tarea nos embarcamos enseguida.

---

[46] Cf. Calvin S. Hall y Gardner Lindsey. Theories of Personality (Nueva York: John Wiley and Sons, Inc., 1957).

PARTE II

EL HOMBRE VIEJO:
EN PECADO

Hemos visto que Pablo ve al hombre básicamente desde la perspectiva religiosa. Está, ya sea "en Cristo" o "en pecado" —no hay un punto intermedio. Sin embargo, Pablo le está escribiendo al nuevo hombre de fe quien gozosamente había recibido el evangelio que él proclamaba. Por lo tanto su consideración del hombre "en pecado" es siempre a guisa de reminiscencia. Pablo ve hacia el pasado al lugar en donde un día anduvo —aun ocasionalmente él mismo. Esa vida pasada de pecado la describe en una manera muy pintoresca como "el viejo hombre" o "el hombre que una vez fuimos" (Ro. 6:6), y está en contraste directo con el "nuevo hombre" quien está en Cristo (Ef. 4:22-24; Col. 3:9-10).

CAPÍTULO 4

El pecado es universal

La conclusión de Pablo de que "todos pecaron, y están destituidos de la gloria de Dios" es bien conocida (Ro. 3:23). Él describe gráficamente el pecado del mundo gentil, no sólo como un fondo histórico para la presentación de las buenas nuevas del evangelio (cf. Ro. 1:18-32), sino con una íntima reminiscencia de la vida de la que habían sido libertados sus amados convertidos (cf. Col. 3:5-7). Aun el judío, con todos los beneficios de la santa ley, no dejaba de ser un trasgresor (Ro. 2:21-24). Así pues Pablo acusa "a judíos y a gentiles, que todos están bajo pecado" (Ro. 3:9).

¿No es esto verdad hoy? No se necesita un argumento elaborado para traer al perceptivo observador a la misma desalentadora conclusión. Algunas formas de expresión se pueden haber alterado a través de los siglos —aunque sorprendentemente no muchas— pero la verdad del pecado es muy aparente. Frecuentemente se ve manifestado en una grosera vulgaridad y disipación, mientras que en otros se viste con un hábito falto de naturalidad que va más de acuerdo a la moda social, las que en sí mismas están en un constante estado de degeneración moral. Todos han pecado —en nuestro día.

Pablo tiene una explicación perfectamente aceptable en cuanto a qué fue lo que causó la universalidad del pecado. Así como sus contemporáneos judíos, él trazó directamente la condición pecaminosa del hombre a Adán.[47] Empero Pablo sorprendentemente le presta muy poca atención al asunto. Su única clara referencia[48] a la relación entre la caída de Adán y el hombre en pecado es secundaria en naturaleza —como una ocurrencia adicional o tardía. En Romanos 5:12-21, el interés primordial de Pablo no está en trazar el origen del pecado. Si esa hubiera sido su intención, entonces tal discusión humana hubiera sido antes de considerar el pecado y sus consecuencias (1:18—3:19). Siguiendo adelante, si ese hubiera sido su objetivo, él falló en considerar dos de las más vitales preguntas — ¿cómo y qué? Los intérpretes de Pablo han cometido el repetido y desafortunado error de tratar de descubrir y explicar lo que Pablo nunca trató de decir.

---

[47] Cf. el breve pero profundo estudio de este asunto por William Sanday y A. C. Headlam en The Epistle to the Romans, International Critical Commentary (Nueva York: Charles Scribner's Sons, 1899), pp. 136-138, con su conclusión de que "no hay inconsistencia fundamental entre sus puntos de vista [de San Pablo] y los de sus contemporáneos".

[48] . Cf. 1 Corintios 15:21-22, donde San Pablo relaciona la muerte universal del hombre con Adán, pero no menciona el pecado. El tenor sobresaliente del capítulo consiste en que la vida (resurrección) se obtiene a través de Cristo.

Habiendo considerado el pecado y sus consecuencias (1:18—3:19), y el nuevo camino de la justicia por medio de la fe (3:30—5:11), Pablo concluye la comparación del pecado y la justicia con un vívido contraste. Esto se ve en su grandiosa conclusión: "Para que así como el pecado reinó para muerte, así también la gracia reine por la justicia para vida eterna mediante Jesucristo, Señor nuestro" (Ro. 5:21). Todas las consecuencias partiendo de la una transgresión[49] de Adán para todos los hombres fueron abundantemente remediadas por medio de un acto redentor de Cristo en favor de todos los hombres. "Porque así como por la desobediencia de un hombre los muchos fueron constituidos pecadores, así también por la obediencia de uno, los muchos serán constituidos justos" (Ro. 5:19).

Casi incidental a esto está el titubeo de Pablo —en medio de la frase[50] —a explicar[51] que por medio de Adán el pecado entró en el mundo (Ro. 5:12). "Por la desobediencia de un hombre los muchos fueron constituidos pecadores" (Ro. 5:19).

Esto no sería muy difícil de entender, sencillamente en términos de Adán quien puso en movimiento una cadena de actos pecaminosos, excepto por algunas verdades adicionales que empiezan a surgir. Tal vez la más importante es la ilustración básica —en paralelismo antitético.[52] Esta condición pecaminosa de todos los hombres es en cualquier forma originada de una sola desobediencia de Adán, así como un remedio de gracia para todos los hombres tienen su origen en una sola obediencia de Jesucristo. El problema pecaminoso del hombre no se debe simplemente a sus propias acciones. A esto es lo que Pablo posa o se detiene para explicar: "Todos pecaron. Pues antes de la ley, había pecado en el mundo; pero donde no hay ley, no se inculpa de pecado.[53] No obstante, reinó la muerte desde Adán hasta Moisés, aun en los que no pecaron a la manera de la trasgresión de Adán" (Ro. 5:12-14).

Estamos en lo cierto, el hombre pecó; pero antes de que la ley fuera dada en el monte Sinaí, no era igual a la trasgresión de Adán porque Adán había desobedecido un mandamiento expreso de Dios. Más significativo, la consecuencia universal de la muerte —que se extendió a todos los hombres— no fue causada por el propio pecado del hombre, sino por el de Adán. Pablo aclara bien esto por medio de un contraste gráfico que sigue (cf. vv. 15-19).

De más significado crucial es el cuadro del pecado que se presenta en el contexto siguiente. En Romanos 5:12—8:10, Pablo usa extensamente una sola palabra para pecado[54] y siempre en el número singular[55] y generalmente con el ar-

---

[49] El término griego (paraptoma) significa "caer" o "resbalar"; cf. A y G.
[50] La construcción griega muestra una frase interrumpida que San Pablo nunca completó. Es una prótasis sin apódosis.
[51] Aparentemente la explicación es una ocurrencia tardía. El hecho del contraste entre Adán y Cristo, como se describe en Romanos 5:12-21, ocupa un lugar central en el pensamiento de San Pablo.
[52] Aun cuando los actos sencillos con sus múltiples consecuencias de Adán y Cristo son directamente paralelos, la naturaleza tanto de los actos como de las consecuencias están en vívida antítesis.
[53] La palabra griega (ellogeo) es un término comercial, que significa literalmente "cargarlo a la cuenta de alguien"; cf. A y G.
[54] La palabra es hamartia y se usa 40 veces, lo cual es el doble de lo que se usa en todo el resto de los escritos de San Pablo.

tículo definido.[56] Por medio de una sucesión de casos en griego él aumenta la personificación del pecado; primero como la esfera y hasta el objeto personal de la acción del hombre,[57] en seguida como un agente posesivo,[58] y finalmente como un poder gobernador que reina sobre el hombre (6:12) como su amo o señor.[59] A la luz del uso de la palabra hamartia, es significativo que en el capítulo 5, aunque Pablo utiliza cuatro términos para describir la "caída"[60] de Adán, él nunca usa "hamartia". En su lugar, hamartia entró al mundo como resultado o consecuencia del acto de Adán. "Hay una contracorriente a través de este pasaje, que muestra cómo algunas veces algo más está en acción aparte de la culpa de los individuos."[61] Veremos que en este más extenso pasaje en la Biblia sobre el pecado (Ro. 5:12—8:10), éste (el pecado) se describe como mucho más que un acto. En cambio, se presenta como un poder irresistible que capta y controla al hombre, haciéndolo un esclavo impotente.

Pablo traza el pecado y sus consecuencias directamente a Adán. "Como el pecado entró en el mundo por un hombre, y por el pecado la muerte, así la muerte pasó a todos los hombres, por cuanto todos pecaron' (Ro. 5:12); y "por la desobediencia de un hombre los muchos fueron constituidos pecadores" (Ro. 5:19). Adán, una creación santa, cometió un acto de desobediencia, un traspaso o caída. Como resultado de esto se tornó depravado. En este sentido pecado, como poder gobernante (hamartia), vino al mundo. Consecuentemente todos los hombres (su posteridad) pecaron por el pecado que vino al mundo a través de Adán. La depravación de Adán fue al mismo tiempo la depravación de toda su posteridad. Esto en sí mismo le da su propio significado a la naturaleza de hamartia.

Hay, sin embargo, un sentido más en el que "los muchos fueron hechos pecadores". Pablo aclara que la muerte de los de la posteridad de Adán no era el resultado de su pecado, porque su pecado no era a la semejanza de la ofensa de Adán. Adán había transgredido o cruzado una línea. El hombre no podía transgredir porque no tenía un mandamiento (desde Adán a Moisés). La muerte del hombre, lo mismo que su pecado, era el resultado de la caída de Adán. La muerte no puede ser el resultado de la depravación (hamartia) —debe ser el resultado de la acción que trae culpa. ???? La exégesis indica que la posteridad de Adán pecó en Adán. Esta conclusión solamente a punta a la culpa y resultado de la muerte de Adán hasta Moisés. Por lo tanto los hombres fueron hechos pecadores en Adán en un sentido doble. Fueron depravados en Adán y fueron culpables en Adán — resultando en la muerte. Cualquier cosa que sea menos de esta explicación doble no le hace justicia a todas las facetas del pensamiento de Pablo. ¿No sería esta la

---

[55] La excepción es 7:5.

[56] El artículo definido (ho, "el, o la") es usado más de 30 veces.

[57] El caso dativo es usado; cf. 6:1-2, 6c.

[58] El caso genitivo es usado; cf. 6:6b; véanse también 6:17, 20, 22-23.

[59] El caso nominativo es usado; cf. 6:12, 14; 7:8-9, 13 (tres veces), 17, 20.

[60] . El usa paraptoma (traspaso, caída, resbalar) seis veces, parabasis (transgresión, el cruce de una línea), parakoe (desobediencia) y hamartano (pecar). El último término es la forma verbal de la raíz de la cual se deriva el sustantivo hamartia, pero es este último el que tiene significado técnico.

[61] Sanday y Headlam, Epistle to the Romans, p. 134.

razón por la que Pablo acusa confiadamente que todos los hombres están bajo pecado?

Esto todavía nos deja una pregunta muy intrigante — ¿Cómo? ¿En qué manera fueron todos los hombres depravados y culpables en Adán? Muchos han tratado de explicar esto teológicamente. La verdad sencilla es, sin embargo, que Pablo nunca intentó responder a esta pregunta. Esta no era su preocupación. En años recientes, estudiantes bíblicos y teológicos han encontrado por lo menos una respuesta parcial en el antiguo concepto de la solidaridad total de la humanidad.[62] Esto sencillamente significa que lo que le pasa o sucede a uno le sucede a todos. Cuando Adán transgredió, toda la humanidad se hizo culpable como él — y por lo tanto muere. Además, así como Adán cayó en la depravación como resultado de su trasgresión, así son todos los hombres.

Una reacción moderna inmediata es que esta no es la respuesta. Quizá es mejor admitir que no sabemos el cómo. Sin embargo la verdad sigue tan aparente para poder negarse. Nosotros, sus intérpretes, no podemos superar a Pablo, quien estaba contento con dejar esta pregunta en un manto de misterio. A menos que nosotros demandemos impacientemente una respuesta, recordemos que hay mucho en las buenas nuevas del evangelio que nosotros sabemos es verdad —pero no podemos explicarlo. ¿Cómo es un hombre hecho justo por la fe, o cómo muere uno en Cristo? ¿Podemos explicarlo? Estamos como Nicodemo en que no podemos entender el nuevo nacimiento.

Además, es obvio que Pablo no hizo ningún intento para explicar lo que es el pecado que entró al mundo a través de Adán. Se ha identificado anteriormente como depravación y culpa. Esta depravación, como hamartia, se describe gráficamente en Romanos 6—8 como un poder que reina y gobierna. Esta es precisamente la dificultad. Aunque Pablo describe lo que el pecado hace, nunca presentó una definición genérica de lo que el pecado es. Esto ha creado un problema desde su día hasta el nuestro. También con frecuencia se ha cometido el error de considerar una descripción como una definición.

Es necesario que nosotros "traduzcamos" la personificación dramática del pecado en conceptos que tengan significado para los hombres de nuestro día. En esta tarea debemos ser guiados por dos verdades que son reconocidas como básicas en la teología bíblica: (1) Este pecado es original, significando que el hombre nace con él. (2) Este pecado permanece en la vida del creyente regenerado. Comoquiera que nosotros entendamos el pecado, debe ser consistente con estas dos verdades.

Cuando el pecado original es identificado como una actitud o rebelión hacia Dios o enemistad hacia su semejante, es un asunto de confundir resultados con causas. El hombre no nace con estas actitudes y es difícil reconciliarlas con una experiencia de la regeneración. La rebelión y la enemistad son consecuencias del pecado original y no el pecado mismo.

---

[62] . Como representativo, cf. el comentario de William Barclay sobre Romanos 5:12-21, The Daily Study Bible (Filadelfia: The Westminster Press, 1959).

Algunas veces el pecado original es considerado equivalente con la llamada "naturaleza inferior" del hombre, queriendo decir la depravación del hombre exterior —sus deseos, pasiones, apetitos, propensidades, etc. Esto refleja una falla en la comprensión de la antropología paulina básica. El pecado original es una corrupción del hombre interior —el corazón del hombre. No nacemos con un hombre depravado exterior. En lugar de eso, también, es la consecuencia del pecado original.

El pecado ha sido descrito como un principio destructivo, algo malo, una corrupción de la naturaleza humana, una actitud o inclinación mala, una enfermedad heredada, hostilidad, etc. Todas estas descripciones reflejan una búsqueda tras el significado del pecado en términos de un intruso misterioso que ha invadido la personalidad humana.

Cuando se hace un intento de definir a este misterioso intruso, aparece una sorprendente similaridad. El pecado se ha definido como un autoengaño, confianza en sí mismo, oírse a uno mismo en lugar de Dios, dependencia del hombre mismo como rebelión contra Dios, confiar en uno mismo, haciéndose uno mismo el centro de su yo. No se puede encontrar una definición más clara que la dada por H. Orton Wiley en su consideración del pecado como injusticia (adikia): "El pecado, entonces, es auto separación de Dios en el sentido de descentralización, el lugar que Dios debía ocupar lo asume el yo."[63]

Se puede ver que, cuando se entiende, el pecado es una relación —una relación pervertida entre Dios y el hombre. ¿Cómo puede el pecado ser cualquiera otra cosa si está relacionado con personas? ¿Podría este entendimiento del pecado estar relacionado significativamente a las Escrituras —específicamente a la caída de Adán? ¿Qué nos revela el Génesis en cuanto al principio del pecado? Es bien sabido que la apelación de Satanás fue que se comiera del árbol prohibido —desobedecer el mandamiento explícito de Dios. La promesa seductora del tentador fue, que como resultado, "No moriréis; sino que sabe Dios que el día que comáis de él, serán abiertos vuestros ojos, *y seréis como Dios, sabiendo el bien y el mal*" (Gn. 3:4-5, se han añadido las cursivas). Cuando Eva reflexionó la promesa, se dio cuenta que el árbol *"era codiciable para alcanzar la sabiduría"* (Gn. 3:6, se han añadido las cursivas).[64] Lo que no se asocia generalmente con esto es la advertencia de Dios cuando sacó a Adán y Eva del Paraíso después que habían transgredido (o pecado, o quebrantado la ley). *"He aquí el hombre es como uno de nosotros, sabiendo el bien y el mal"* (Gn. 3:22, las cursivas son nuestras). Esta ocasión el diablo dijo la verdad. En la caída el hombre se tornó como Dios.

Esta pregunta surge de inmediato — ¿cómo se hizo el hombre como Dios por medio de esta transgresión? La respuesta, por supuesto, es porque llegó a conocer el bien y el mal. Esto no quiere decir el conocer la diferencia entre el bien y el mal per se, porque tal conocimiento es indispensable para el comportamiento moral. Más bien, ¿no significa esto el conocer (o presumir que se conoce) lo que

[63] H. Orton Wiley, Christian Theology (Kansas City: Beacon Hill Press, 1952), 2:84.
[64] Cf. Romanos 1:19-22, donde San Pablo describe la operación de esta "sabiduría".

es bueno o malo por mí mismo? Hasta ese tiempo Dios había sido el soberano y el hombre había sido el súbdito, pero en aquel acto de rebeldía el hombre usurpó su soberanía y se hizo el dios y señor de su propia vida. "El lugar que Dios debía ocupar, lo asumió el yo", como lo indicó Wiley.

Esta es la depravación que gobierna a todos los hombres —éstos nacen bajo la soberanía del yo. Veremos cómo este pecado gobierna al hombre, el que por sí mismo explica la universalidad del pecado.

Se han hecho algunas objeciones a este entendimiento de la naturaleza del pecado, sugiriendo que el pecado prácticamente es sinónimo del libre albedrío. Tal conclusión resulta del fracaso o falla de no ver la distinción básica —hasta la definición del diccionario. La soberanía es el poder de controlar, mientras que el libre albedrío es el poder de escoger. El hombre no puede ser hombre sin el poder de escoger. En ningún tiempo en su relación con Dios tal libertad es perdida o siquiera transgredida.[65] Fue precisamente ese poder de escoger lo que capacitó a Adán a cometer la transgresión —usó su libertad para rebelarse y así escogió gobernar o controlar su propia vida. El hombre en su estado más elevado de gracia, todavía posee ese poder de escoger, pero ha escogido rendirle a su Señor el poder de controlar su vida. Lo ha hecho Señor de su vida.

[65] La libertad de escoger no significa el poder para producir una acción recta. El hombre caído es esclavo del pecado. Cf. "la esclavitud de la voluntad" de San Agustín.

CAPÍTULO 5

El pecado gobierna al hombre

No tenemos que leer mucho en el Nuevo Testamento sin que lleguemos a un sorprendente descubrimiento acerca del pecado. Este no solamente es universal sino también tiene dominio completo del hombre. En lugar de la idea tan común de que el pecado es una serie de actos perversos o hasta pensamientos no relacionados entre sí, el pecado se ve como un poder maligno que controla al hombre. Jesús enseñó insistentemente que el hombre no es contaminado por algo superficial y externo, sino que la verdadera fuente del mal es el poder que controla al hombre en lo profundo de su corazón (cf. Mr. 7:1-23). Un examen cuidadoso del Sermón del Monte (Mt. 5:7) revela que el Gran Maestro trataba urgentemente de enseñar esta verdad básica.

En el pasaje del Nuevo Testamento que más trata con el pecado (Ro. 5:8), la palabra por pecado (hamartia) es personificada continuamente. El pecado gobierna al hombre haciéndolo un impotente peón de ajedrez. Usando dos metáforas vívidas, Pablo describe el pecado en Romanos 6:12 como "un rey que reina" (basileuo) y en 6:14 como "un señor que se enseñorea" (kurieuo). En la cultura de ese tiempo indicaba una servidumbre total. No solamente el pecado posee al hombre, haciéndolo un esclavo (cf. Ro. 6:17), sino que se aprovecha de él para lograr sus propios fines (cf. Ro. 7:8). Este poder es tan sobrecogedor que la víctima exclama: "De manera que ya no soy yo quien hace aquello, sino el pecado que mora en mí" (Ro. 7:17); y "(¡Miserable de mí! ¿Quién me librará de este cuerpo de muerte?" (Ro. 7:24). Aquí tenemos el completo concepto paulino del pecado un poder que domina y mantiene al hombre impotente como esclavo.

Este cuadro gráfico del pecado ha hecho que muchos piensen si Pablo, siguiendo las actuales ideas de su día, vio el pecado primordialmente como poderes diabólicos o malévolos.[66] Sin embargo, los eruditos del Nuevo Testamento concluyen generalmente que el lenguaje de esta vívida metáfora no debe ser literal y ciertamente no debe hacerse mitológico. El más fuerte respaldo para sacar esta conclusión es la manera en que Pablo relaciona el pecado a este concepto básico de los dos aspectos del hombre.

El hombre interior del corazón está vitalmente relacionado a su carácter y conducta. Un hombre es espiritualmente, moralmente y éticamente lo que es en su corazón, porque lo que es en su interior determina lo que hace en lo exterior. Es, por lo tanto, importante que se entienda lo que el pecado hace al corazón del

---

[66] Sanday y Headlam, Epistle to the Romans, pp. 143-46; también Colosenses 2:15.

hombre. El cuadro desalentador del pecado causando total confusión en el hombre en Romanos 1:18-32, los siguientes versículos son de significado especial.

> Pues habiendo conocido a Dios, no le glorificaron como a Dios, ni le dieron gracias, sino que se envanecieron en sus razonamientos, y su necio corazón fue entenebrecido ... Y como ellos no aprobaron tener en cuenta a Dios, Dios los entregó a una mente reprobada, para hacer cosas que no convienen" (Ro. 1:21, 28).[67]

El corazón fue entenebrecido y la mente fue depravada. Pero esto no era verdad solamente del pagano víctima del pecado. Pablo acusa a todos los hombres de estar bajo pecado, incluyendo también a los moralistas judíos con su ley santa. ¿Cuál fue la causa de la hipocresía de los judíos, teniendo como resultado el desprecio de la benignidad de Dios, su paciencia y longanimidad (cf. Ro. 2:4)? "Pero por tu dureza y por tu corazón no arrepentido, atesoras para ti mismo ira para el día de la ira y de la revelación del justo juicio de Dios" (Ro. 2:5). El problema era un corazón duro e impenitente.

¿Cómo se entenebrece y endurece el corazón del hombre? Esto se ve con claridad cuando el pecado original o la depravación se entienden como la soberanía del yo. Todo hombre nace con una inclinación o predisposición confiar en sí mismo y se aleja de Dios. Su relación con Dios está pervertida porque él mismo es señor de su propia vida. El presume saber lo que es bueno y malo por sí mismo. Desprovisto de la luz de la soberana presencia de Dios, su corazón es entenebrecido y endurecido. El único resultado posible es impenitencia y rebeldía contra Dios y enemistad contra el hombre.

Pero aquí es necesaria una palabra de precaución. El hombre no nace un rebelde; él se torna en un rebelde al ejercer su soberanía. Esta es una distinción vital que debe entenderse claramente. Rebelión y enemistad contra Dios no son el pecado original, sino el resultado del pecado original haciendo su tarea en el corazón del hombre. En términos teológicos, estas actitudes perversas del hombre interior son ejemplos de la depravación adquirida y no de la depravación original.

Este hombre interior, ahora doblemente depravado, encuentra expresión en el hombre exterior en donde el esclavizante poder del pecado se ve más gráficamente. El pecado reina como rey en el cuerpo mortal del hombre (cf. Ro. 6:12)) y sus miembros, obviamente del cuerpo, sirven a la impureza e iniquidad (cf. Ro. 6:19). Pablo habla en Romanos 6:6 del "cuerpo del pecado" (a soma tes hamartias), significando que el cuerpo del hombre (el hombre exterior) está bajo el completo control y dominio del pecado. Es un "cuerpo pecaminoso" o aun "cuerpo del pecado"[68] Es un error interpretar la palabra "cuerpo" (soma) con un

---

[67] En el versículo 28 existe un juego de palabras gráfico. Como no consideraron a Dios lo suficientemente bueno para ellos, El los entregó a una "mente reprobada", que significa en sentido literal una mente no capacitada o no acorde.

[68] El caso genitivo puede ser descriptivo o posesivo en significado. La personificación del pecado en el contexto donde se demuestra claramente que tiene carácter posesivo (cf. Ro. 6:16-17, 20) constituiría un fuerte argumento en favor del significado posesivo del genitivo. Cf. Marvin R. Vincent, Word Studies in the New Testament (Grand Rapids, Mich.: William B. Eerdmans Publishing Co., 1957), 3:69.

significado que no sea antropológico, como queriendo decir un "cuerpo místico del mal", o una "masa", "totalidad" o la "naturaleza" del pecado. Tal interpretación no tiene precedencia en el uso del sentido bíblico del término, y hay seria duda si hay una que se encuentre en el uso que no sea bíblico.[69] El pecado contamina y controla tanto el hombre exterior expresándose a sí mismo por medio de éste y usándolo que el cuerpo del hombre se describe como el mismo cuerpo del pecado.

El control del pecado del hombre exterior se ve más gráficamente en la descripción que Pablo hace de la carne como un instrumento del pecado. "Porque mientras estábamos en la carne, las pasiones pecaminosas que eran por la ley obraban en nuestros miembros llevando fruto para muerte" (Ro. 7:5). ¿Qué quiere decir Pablo cuando habla de un tiempo estábamos en la carne? La clara implicación es que no estaban en el tiempo presente. Obviamente no estaba hablando de la base o esfera de la existencia del hombre, porque tal relación a la carne no puede cesar por tanto tiempo como el hombre viva. En su lugar, se está refiriendo al tiempo cuando la carne era usada como la base o dinámica para vivir.[70]

Cuando el hombre usa su carne como la dinámica para vivir, el resultado es que "las pasiones pecaminosas ... obraban en nuestros miembros [de nuestro cuerpo]" (Ro. 7:5). ¿Que quiere decir Pablo con las pasiones pecaminosas? ¿Son las propensidades[71] de un pecador intrínsecamente perverso? ¿Cómo y cuándo estas propensidades humanas se tornan pecaminosas? ¿Qué sucede?

Nuestras propensidades y deseos son moralmente neutros per se pero rápidamente toman el carácter de su dirección para su cumplimiento y se predisponen en esa dirección.[72] El corazón pecaminoso del hombre encuentra su expresión en los deseos de la carne y así estos deseos vienen a ser perversos y pecaminosos. Los deseos del hombre no son perversos porque sean de la carne, sino porque el pecado obra en la carne (cf. Ro. 8:3). Teóricamente los deseos de nuestra carne son moralmente neutrales, pero en realidad porque el pecado los gobierna los deseos de la carne son malos. Y nosotros debemos siempre recordar que Pablo veía al hombre como en realidad es.

Las propensidades y deseos de la carne llevan las marcas de la corrupción de años (individuales) y siglos (de la raza) de pecado e indulgencia en el mal.

---

[69] Cf. el capítulo 2 y el tratamiento de soma (cuerpo).

[70] Cf. el capitulo 3 y las distinciones en el uso que hace San Pablo de sarx (carne). Esta relación es generalmente descrita como vivir kata sarka (conforme a la carne), como en Romanos 8:4-5, pero aquí se logra el mismo resultado por el caso dativo instrumental con en (en), en sarki. Cf. Romanos 8:8-9 para la misma construcción.

[71] La palabra es pathemata, la cual es usada para dar a entender una disposición pasiva o propensión en lugar de una manifestación de emociones. La traducción "propensión" es preferible a "pasión" debido a las modernas connotaciones de esta última, cf. Romanos 7:5; Gálatas 5:24. Cf. "pathos" en Romanos 1:26. San Pablo usó varios otros términos para describir los impulsos y deseos del hombre: epithumia ("deseos", Gá. 5:24; Ef. 2:3) thelemata ("voluntad", Ef. 2:3), orexis ("lascivia", Ro. 1:27).

[72] Resulta sorprendente descubrir que toda obra mala de la carne (Gá. 5:19-21) es una corrupción de una propensión potencialmente buena, la cual pudo haber tenido una expresión o realización apropiada y buena.

> La carne es el hombre (exterior) como el hombre se ha hecho a sí mismo en contraste de cómo Dios lo hizo … La carne representa el efecto total del pecado sobre el mismo hombre y por el pecado de sus padres y de todos los hombres que han ido antes que él. La carne es la naturaleza humana como ha llegado a ser a través del pecado.[73]

Por lo tanto, para que el pecador viva por la carne para satisfacer sus deseos y propensidades es vivir en pecado, porque el pecado lo gobierna por medio de su propia carne.

Es difícil para nosotros entender este cuadro porque naturalmente nosotros pensamos de nuestros deseos como de dentro de nosotros. Por supuesto que esto es cierto, pero en términos del Nuevo Testamento (las propensidades, deseos, pasiones, etc.) son parte de la carne, que es nuestro hombre exterior (vea el capítulo 3). Hablamos de deseos en el sentido de preferencia, propósito o intento, que es una actitud del hombre interior,[74] pero esto debe distinguirse muy bien de los apetitos básicos, instintos y deseos del hombre exterior.

Como vemos en Romanos 7:5, nuestras pasiones pecaminosas obran se expresan exteriormente en nuestros miembros o acciones exteriores. Este es el clímax trágico del gobierno o dominio del pecado. Primero, el pecado deprava nuestros corazones, produciendo actitudes y motivos perversos. Segundo, estas actitudes malas corrompen y guían erróneamente los deseos de nuestra carne. Finalmente, estos deseos, ahora pecaminosos, encuentran su expresión en hechos y acciones externas. Consecuentemente el pecado gobierna al hombre a través de su carne, haciéndolo un esclavo de sus propios deseos y propensidades hasta que él exclama: "¡Miserable de mí! ¿Quién me librará de este cuerpo de muerte?" (Ro. 7:24).

En ninguna otra parte vemos el cuadro de la inclinación pecaminosa de la carne mejor descrita como en Romanos 8:5-7

> Porque los que son de la carne [kata sarka] piensan en las cosas de la carne; pero los que son del Espíritu [kata Pneuma], en las cosas del Espíritu. Porque el ocuparse de la carne es muerte, pero el ocuparse del Espíritu es vida y paz. Por cuanto la mente carne es enemistad contra Dios, porque no se sujeta a la ley de Dios, ni tampoco puede.

Pablo usa aquí una palabra gráfica, tanto como verbo y nombre[75], que quiere decir decidir uno en la mente",[76] o traducida en una manera más exacta "apuntar", o "aspirar" o "esforzarse".[77] Cuando un hombre usa su carne para la dinámica de vivir por medio de la carne su meta o aspiración es muerte, es enemistad

---

[73] Barclay, Flesh and Spirit, p. 22.

[74] Cf. Romanos 7:15-25, donde San Pablo describe el deseo o la voluntad (thelo) como actitud de la nous (mente).

[75] Cf. phronema (sustantivo) en los versículos 6-7 y phroneo (verbo) en el versículo 5.

[76] Las palabras "piensan" y "ocuparse" en esta traducción no tienen el significado de la mente humana no se derivan de la palabra griega nous.

[77] Cf. A y G.

contra Dios, y no está ni puede sujetarse a la ley de Dios. Esto es lo que el pecado, que es una directa antipatía hacia Dios, ha hecho con la carne del hombre.

El único posible resultado de tal vivir es el producir las cosas de la carne que Pablo gráficamente describe como las obras de la carne.[78] Es significativo que este catálogo descriptivo es primeramente interesado con las relaciones entre los humanos, y subraya la verdad del pecado, en su esclavizador dominio sobre el hombre, que es horizontal lo mismo que vertical en sus dimensiones. No solamente Pablo ve al hombre como un impotente en relación con Dios, sino también con su semejante y consigo mismo. Aunque él no relaciona las dos dimensiones tan dogmáticamente como se encuentran en Santiago y en 1 de Juan, no hay duda en cuanto a que Pablo las ve en una interrelación directa. En casi cada carta, Pablo está interesado acerca del pecado en el plano horizontal que es obviamente doloroso.[79]

El vivir en la carne es estar bajo la esclavitud del pecado, con las pasiones del pecado causando confusión en nuestros miembros. La carne con sus insistentes deseos y propensidades es una fuerza irresistible y compulsiva hacia el mal. El hombre no puede sino exclamar: "Y yo sé que en mí, esto es, en mi carne, no mora el bien" (Ro. 7:18). El pecado controla al hombre por medio de su carne.

Es en este punto que se desarrolla una confusión muy seria. ¿Quiere decir que la carne es intrínsecamente mala, o para siempre es el peón de ajedrez del pecado? ¿Cómo vamos a entender la relación entre el pecado y la carne? ¿Es la carne pecado? En ocasiones la carne es comparada con el mismo nivel de la depravación total del hombre. Un punto de vista considera propiamente la carne como ser el hombre exterior, pero inapropiadamente concluye que debido a que el hombre vive en la carne no puede evitar vivir por y para la carne. En otras palabras, por tanto tiempo como el hombre sea hombre es una víctima impotente del pecado. Otro punto de vista compara la carne con el mismo nivel del principio interior del pecado que deprava el corazón del hombre, y sugiere que esta carne en el hombre puede ser limpia.

Ambos de estos dos puntos de vista erróneos tienen su base en una comprensión equivocada de la antropología básica de Pablo. Cada punto de vista ya sea totalmente pesimista u optimista en relación con la liberación de la carne tornaría las exhortaciones de Pablo relacionadas a la carne totalmente sin ningún significado.[80] También, no debemos olvidar que Jesús vino en la carne. "Porque lo que era imposible para la ley, por cuanto era débil por la carne, Dios lo hizo, enviando a su Hijo en semejanza de carne de pecado y a causa del pecado, condenó al pecado en la carne" (Ro. 8:3).

---

[78] . Cf. Gálatas 5:19-21, y el comentario del autor sobre el mismo en el volumen IX del Comentario bíblico Beacon (Kansas City; Casa Nazarena de Publicaciones, 1984).

[79] Cf. los siguientes ejemplos en los que se subraya lo interpersonal: Romanos 1:18-32; 1 Corintios 6:8-10, 16-20; 2 Corintios 12:20-13:2, Gálatas 5:14-15, 19-21; Colosenses 3:5-9; 1 Tesalonicenses 4:1-7.

[80] Esta cuestión se tratará en un capítulo subsecuente. San Pablo no aconseja ni desesperación ni liberación, sino disciplina.

Jesús vino en la semejanza de carne de pecado El vino en la carne pero sin pecado. Esto enseña claramente que la carne no tiene que ser pecaminosa. Su fin era condenar el pecado en la carne.

No, la carne no es pecado. En su lugar, el pecado usa la carne. Esta es su instrumento para esclavizar al hombre. El hombre es totalmente impotente para salvarse a sí mismo es una miserable víctima.

En ninguna otra parte esta servidumbre total se describe más vívidamente descrita como en el cuadro que el mismo Pablo pinta de su experiencia pasada.

> Porque no hago el bien que quiero, sino el mal que no quiero, eso hago. Y si hago lo que no quiero, ya no lo hago yo, sino el pecado que mora en mí. ¡Miserable de mí! ¿Quién me librará de este cuerpo de muerte? (Ro. 7:19-20, 24).

Es cierto que esta porción de romanos 7 (14-25) ha sido un campo de batalla teológico desde los días de la Reforma y aun más atrás desde el tiempo de los padres griegos y latinos. La pregunta crucial es la condición o posición de la persona identificada como "yo". ¿Está Pablo hablando acerca de sí mismo es una autobiografía? La mayoría de los eruditos del Nuevo Testamento están de acuerdo que este lenguaje íntimamente personal no podría ser de otra persona. Si en verdad Pablo está hablando de sí mismo, entonces, ¿a qué período de su vida se refiere? ¿Es ésta su experiencia como un judío no regenerado bajo la ley, o como un creyente recién convertido que lucha con el pecado? Algunas veces se ha sugerido que describe a Pablo como un cristiano "parcial", que ha sido salvo pero que no vive en la plenitud de la gracia. ¿Cómo se puede reconciliar esa desgracia espiritual total con la salvadora gracia de Dios?[81] En su lugar, es más posible que Pablo vea este cuadro gráfico como la vida que un día vivió bajo la ley pero ahora la ve con los ojos de una nueva vida en Cristo. La perspectiva del hombre hace una gran diferencia. Indudablemente esta no era su vida mientras él estaba viviendo en ella.

Sin importar cómo este pasaje crucial es entendido, no debe haber duda de que describe una esclavitud total al pecado. La incapacidad de hacer el bien deseado y la compulsión de hacer el aborrecido mal es en realidad esclavitud. Tal era la condición del hombre viviendo bajo el gobierno del pecado. La desgracia total es el único resultado posible mientras se vive en el cuerpo de muerte.

Pablo no solamente describe o representa el dominio del pecado en términos de esclavitud, sino también en la vívida figura de enemistad y separación. "Por cuanto la mente carnal es enemistad contra Dios ... ni tampoco puede" (Ro. 8:7). El pecador en realidad se ha hecho enemigo de Dios. El resultado es una separación gráfica. Pablo les recordó a los colosenses que "erais en otro tiempo extraños y enemigos en vuestra mente" hacia Dios (Col. 1:21). Incluida en esta

---

[81] Si este es el cuadro de un cristiano, entonces se trata de un creyente derrotado, derrota que resulta de tratar de vivir kata sarka. Este tema se tratará en un capítulo subsecuente.

descripción del perverso andar de los gentiles estaba el hecho que esa separación los alejaba de la vida de Dios (cf. Ef. 4:18).

El más extenso y revelador pasaje de los escritos de Pablo en cuanto a la separación de Dios como resultado del pecado está en Efesios 2:12-19:

En aquel tiempo estabais sin Cristo, alejados de la ciudadanía de Israel y ajenos a los pactos de la promesa, sin esperanza y sin Dios en el mundo. Pero ahora en Cristo Jesús, vosotros que en otro tiempo estabais lejos, habéis sido hechos cercanos por la sangre de Cristo. Porque él es nuestra paz, que de ambos pueblos hizo uno, derribando la pared intermedia de separación, aboliendo en su carne las enemistades, la ley de los mandamientos expresados en ordenanzas, para crear en sí mismo de los dos uno solo y nuevo hombre, haciendo la paz, y mediante la cruz reconciliar con Dios a ambos en un solo cuerpo, matando en ella las enemistades. Y vino y anunció las buenas nuevas de paz a vosotros que estabais lejos, y a los que estaban cerca; porque por medio de él los unos y los otros tenemos entrada por un mismo Espíritu al Padre. Así que ya no sois extranjeros ni advenedizos, sino conciudadanos de los santos, y miembros de la familia de Dios.

¡Que gráfico es el cuadro de extranjeros y apartados viviendo lejos de Dios como enemigos y extranjeros!

Sin embargo, ¡aquí hay una separación doble! El gentil no solamente está separado de Dios, sino también hay una barrera entre el gentil y el judío. Este punto crucial que es frecuentemente olvidado se considera el poder separador del pecado. Tal separación es en ambos planos: vertical y horizontal. Pronto veremos que uno de los intereses primordiales de Pablo es el resultado del pecado en las relaciones entre los humanos.

Frecuentemente se escucha entre la gente moderna que este cuadro bíblico es totalmente irrelevante y sin significado en nuestro día que no es otra cosa sino mito. ¡Pero detengámonos y considerémoslo! ¿Es motivo de sorpresa que el pecado se describa así en la Biblia? Sin el beneficio de la psicología moderna, ¿cómo se podría entender o ser explicado mejor a la mente primitiva? Cuando el cuerpo de una persona es atacado por una enfermedad maligna el hombre moderno altamente refinado frecuentemente lo considerará como un objeto que es atacado por un poder exterior cuyos tentáculos lo aprisionan trayéndolo a una sujeción e impotencia. Cuando el doctor Tom Dooley, el famoso médico misionero, fue atacado por el cáncer en el cenit de su brillante carrera, él describió su reacción a esta terrible enfermedad. La descripción gráfica de sus últimos días es una verdad objetiva de la malignidad como un poder contra quien él luchó desesperadamente porque lo estaba impulsando a dejar la tarea a la que estaba profundamente dedicado. Tal es así el poder compulsivo de que es objeto el alcohólico o el adicto a las drogas. ¿Es muy diferente acaso el poder del pecado?

Sin embargo, es de suprema importancia "traducir" esta extraña terminología de Pablo con su dramática personificación del pecado en conceptos que sean significativos al hombre de nuestro día. ¿Podría este dominio del pecado relacionarse a la conclusión del capítulo anterior en cuanto a la naturaleza del pecado original? Sugerimos que todo hombre nace en este mundo como soberano o señor de su propia vida con la voluntad para gobernarse. Algunas veces se cree que este es un entendimiento muy débil o anémico en la comprensión de la naturaleza del pecado. ¡Este es un terrible error! Esta relación pervertida pone al hombre en discordancia con Dios su Señor verdadero. Antipatía, enemistad, y hostilidad son inevitables. Al establecer el hombre su soberanía, su corazón se entenebrece y ciega, se endurece en rebeldía, se torna impertinente y de ningún valor.[82] Trágicamente esta condición se intensifica ante la depravación que ha ido en aumento a través de los siglos.

Al mismo tiempo, el hombre exterior es controlado por ese corazón pecaminoso es un esclavo impotente. Al ser el hombre impulsado por sus propios apetitos sus "instintos" en busca de estimación personal e indulgencia propia es consumido por la pasión suprema de satisfacerse a sí mismo. Esto es lo que motiva a todo pródigo estando en el país lejano o sentado hipócritamente en la banca de la iglesia. La naturaleza específica de la expresión del yo personal es determinada por los factores de herencia, medio ambiente, cultura, y educación a su falta. Esto se olvida con frecuencia ¡no todos los pecadores son iguales!

La realidad de esclavitud al pecado es bien conocida por la experiencia. Dentro del hombre está la soberanía del yo que lo hace que desobedezca a Dios, que desobedezca sus leyes y sea un transgresor de sus mandamientos y desdeñe y haga a un lado sus propuestas y súplicas. Los hombres dirigidos por tan perverso corazón encuentran ingeniosas maneras para pecar contra su prójimo. Otra vez, esto no es por medio de una malicia refinada. Frecuentemente los hombres se encuentran en las garras de hábitos miserables de cuerpo, lengua y mente, pero la esclavitud no es necesariamente vil y vulgar. Muchas veces se manifiesta por medio de la avaricia, celos, odio, mala voluntad, un corazón no perdonador, inquina, etc., se visten con el hábito de la respetabilidad y socialmente son aceptables. Cualquier intento de salvarse uno mismo se encuentra con un fracaso total y frustración. Aun el conocimiento de saber lo bueno y lo malo (la ley de la conciencia) no es suficiente para contrarrestar o vencer el poder del pecado, porque el hombre, usando la carne como su dinámica para vivir, es débil e impotente. La más terrible de toda esta trágica verdad es que el dominio y poder del pecado se intensifica, y no como una enfermedad maligna que enreda sus tentáculos casi en forma diabólica o demoníaca. Tal vida es verdaderamente una muerte en vida de completa desgracia, al enfrentarse el hombre a las posibilidades de una eternidad sin Dios.

¡Tal hombre es en realidad un esclavo! Está verdaderamente en las garras del pecado no importa que él desee bien ser libre. Así, el hombre es víctima de sus propias propensidades y deseos de una pasión suprema de ser indulgente consigo mismo y satisfacerse a sí mismo. ¡Sin ayuda solamente se destruirá a sí mismo!

---

[82] Cf. el significado de edokimasan en Romanos 1:28.

CAPÍTULO 6

El pecado y la ley

Hay una dimensión muy importante de la tiranía del pecado sobre el hombre que todavía no hemos considerado. Pablo escribe que "mientras estábamos en la carne, las pasiones pecaminosas que eran por la ley obraban" (Ro. 7:5). Y también escribió: "Porque sin la ley el pecado está muerto" (Ro. 7:8). Además Pablo recalcó: "El poder del pecado, la ley" (1 Co. 15:56). ¡Qué extraño nos suena a nosotros hoy día! Aunque esto fuera verdad en el tiempo de Pablo contra el fondo del judaísmo. ¿Qué significado tiene para nosotros? ¿Es la ley el poder del pecado en nuestro día en nuestras vidas?

Para comprender este extraño eslabón o atadura entre el pecado y la ley debemos ver lo que Pablo quiso decir por la ley (nomos). Como un judío, Pablo identificaba la ley con el pacto mosaico, dado en el monte Sinaí como una revelación divina.[83] ¡Empero Pablo hace una distinción crucial en el significado de la ley! En el pacto mosaico había un sistema legal de obras que contenía mandamientos, estatutos, reglas, ritos, sacrificios, etc., pero este sistema legal tenía la intención de ser un medio y no un fin en sí mismo. Como su Señor antes de él, Pablo vio los principios éticos fundamentales de la verdadera ley de Dios. Esta la voluntad divina la Regla de Dios o ética para el hombre que descansa detrás del sistema legal como su meta o fin.[84]

Esta distinción entre la ley como la regla divina y el sistema legal explica la aparente actitud paradójica de Pablo hacia la ley. Por un lado describe la ley como algo noble, espiritual, y santa, y la defiende con firmeza; mientras que por el otro lado en el mismo pasaje (Ro. 7:6-14) amonesta que la ley revela y promueve el

---

[83] Este es el significado primordial, si no exclusivo, de nomos para San Pablo; cf. Romanos 4:13-15; 7:9; Gálatas 3:10-24. Observe en particular Romanos 5:13-14; Gálatas 3:17, 19. En Romanos 2:14-15, San Pablo habla hipotéticamente al decir que, "cuando los gentiles que no tienen ley, hacen por naturaleza lo que es de la ley, éstos, aunque no tengan ley, son ley para sí mismos, mostrando la obra de la ley escrita en sus corazones, dando testimonio su conciencia, y acusándoles o defendiéndoles sus razonamientos". San Pablo no dice que los gentiles tienen la nomos, sino que "hacen por naturaleza lo que es" de la nomos, y "mostrando la obra" de la nomos. De ahí que la nomos, como pacto mosaico, sea básica para este pasaje. Aunque San Pablo reconoce que en alguna forma la voluntad de Dios para el hombre está escrita en el corazón de éste, desde la creación misma, tiene mucho cuidado de no llamarle a ello "nomos". Sin embargo, dice que los gentiles son una nomos para ellos mismos, pero muy distinta del pacto mosaico.

[84] Es posible distinguir entre las reglas civiles, ceremoniales y morales, pero están tan relacionadas que es virtualmente imposible separarlas por completo. Clasificaciones tales como "ética y de culto", "moral y ceremonial" e incluso "estatutos y principios", son muy difíciles de sostener. Es mejor comprender la distinción como entre un sistema legalista total de obras humanas y la norma divina que está detrás de este sistema.

pecado y dice haber muerto para la ley (cf. Gá. 2:19). La clave es si la ley es vista como la ética de Dios (la meta) o es un sistema de obras humanas (los medios). En esos dos sentidos, Pablo puede aun colocar la ley en antítesis directa a sí misma. ¿Dónde, pues, está la jactancia? Queda excluida. ¿Por cuál ley? ¿Por la de las obras? No, sino por la ley de la fe" (Ro. 3:27; cf. 3:21; 7:23).

Trágicamente, el judaísmo fue cautivado por los medios y perdió de vista los fines. El judío típico, en la práctica, veía la ley ambas, la ley escrita y la colección sin fin de tradiciones orales añadidas a ella sólo en términos de un legalismo rígido y externo que debía cumplirse obedeciendo ciegamente los mandamientos, ritos, etc. Como resultado, para los judíos, la ley era virtualmente sinónimo de esfuerzo y obras humanas.

Así que Pablo atacó este concepto judío común de la ley como obras humanas. Esto se ve primordialmente en sus cartas que escribió como polémicas contra los judaizantes, quienes buscaban la salvación por medio de las obras de la ley en lugar de la fe y la gracia.[85] Significativamente, en estas cartas Pablo usó primordialmente la palabra "ley" (nomos) como lo hicieron sus oponentes con fines argumentativos.[86] El argumentó que la mera posesión de la ley no era suficiente, porque sólo los hacedores de la ley serán justificados ante Dios (cf. Ro. 2:13). Los que viven por medio de la ley tienen la obligación de cumplir toda la ley. "Por que todos los que dependen de las obras de la ley están bajo maldición, pues escrito está: 'MALDITO TODO AQUEL QUE NO PERMANECIERE EN TODAS LAS COSAS ESCRITAS EN EL LIBRO DE LA LEY, PARA HACERLAS'" (Gá. 3:10).

El hombre encuentra esto imposible, al grado que la ley es un fracaso total como el medio para la salvación.

Entonces, ¿cuál era el propósito de la ley, como lo entendía el sistema legalístico mosaico? ¿Por qué la dio Dios a la nación judía si sólo trajo maldición y condenación? ¡Pablo argumenta que Dios nunca intentó que fuera permanente! Ningún hombre se puede justificar por las obras de la ley.[87] Si eso fuera posible, entonces no habría necesidad de Cristo. "Si por la ley fuese la justicia, entonces por demás murió Cristo" (Gá. 2:21; cf. 3:18, 21).

En su lugar Pablo dice que la ley es temporal con un fin específico. El pregunta: "Entonces, ¿para qué sirve la ley?" y contesta: "Fue añadida a causa de las transgresiones" (cf. Gá. 3:19). Aquí otra vez ocurre esa extraña unión entre el pecado y la ley. ¿Qué significa? Es sólo por medio de la ley que el hombre conoce el pecado (cf. Ro. 3:20). La verdad es que: "Donde no hay ley, tampoco hay transgresión" (Ro. 4:15; cf. 5:20). Pablo describe esto en forma gráfica de su experiencia personal:

---

[85] San Pablo usa nomos más de 100 veces en Romanos y Gálatas, pero menos de 15 en el resto de las cartas.

[86] Cf. Romanos 3:27 y el uso del término "obras" (erga) en lugar de "ley" (nomos) en Romanos 4:2, 6; 9:12, 32; 11:6; Efesios 2:9. Cf. también la expresión "obras de la ley" en Romanos 3:20, 28; Gálatas 2:16: 3:2, 5, 10.

[87] Cf. Romanos 1:17; 3:20; Gálatas 2:16; 3:11.

¿Qué diremos, pues? ¿La ley es pecado? En ninguna manera. Pero yo no conocí el pecado sino por la ley; porque tampoco conociera la codicia, si la ley no dijera: No codiciarás. Más el pecado, tomando ocasión por el mandamiento, produjo en mí toda codicia; porque sin la ley el pecado está muerto. Y yo sin la ley vivía en un tiempo; pero venido el mandamiento, el pecado revivió y yo morí. Y hallé que el mismo mandamiento que era para vida, a mí me resultó para muerte; porque el pecado, tomando ocasión por el mandamiento, me engañó, y por él me mató. De manera que la ley a la verdad es santa, y el mandamiento santo, justo y bueno. ¿Luego lo que es bueno, vino a ser muerte para mí? En ninguna manera; sino que el pecado, para mostrarse pecado, produjo en mí la muerte por medio de lo que es bueno, a fin de que por el mandamiento el pecado llegase a ser sobremanera pecaminoso (Ro. 7:7-13).

Como lo hemos visto en su testimonio, o confesión, la ley no sólo trae el conocimiento del pecado, ¡sino se torna en un inconsciente cómplice del pecado! "Pero la ley se introdujo para que el pecado abundase" (Ro. 5:20). Debido a las debilidades de la carne, el pecado "toma la oportunidad"[88] por medio de la ley, engañando y esclavizando al hombre. Pablo niega firmemente que esto haga que la ley sea pecaminosa. En su defecto, la ley revela la verdadera naturaleza del pecado, como él (el pecado) utiliza lo que es bueno (la ley) para lograr sus fines perversos.[89]

En manera más sorprendente Pablo sostiene que esta relación entre la ley y el pecado es con fines grandiosos. ¡Preparar al hombre para Cristo! La Escritura [la ley] lo encerró ... bajo pecado [al hombre] (Gá. 3:22), y estábamos encerrados para aquella fe (Gá. 3:23). Para ilustrar esto, Pablo pinta la ley como un esclavo que custodia o vigila,[90] un guardián o administrador,[91] que mantiene al hombre bajo vigilancia verdaderamente como un esclavo.

Así podemos concluir que Pablo vio esta extraña unión entre el pecado y la ley porque los hombres de su día fallaron en reconocer la relación tan crucial entre las demandas legales y la ética divina que está detrás de ellas. Cuando se ven como meras obras humanas, la ley resulta solamente en pecado. Trágicamente, esto ha sido mal entendido como si Pablo rechazara toda ley. ¡No hay verdad que esté

[88] La metáfora griega es muy vívida, con el uso del término militar aphorme, que significa "el punto de partida o base de operaciones para una expedición, por lo cual se refiere generalmente a los recursos necesarios para llevar a cabo una misión" (A y G).
[89] San Pablo también se refiere a "los rudimentos" (stoicheia) que habían esclavizado antes a sus convertidos gentiles y advierte que al adoptar la ley (nomos) regresarían a esa esclavitud (cf. Gá. 4:3-9; Col. 2:8, 21). Los eruditos neotestamentarios sustentan dos puntos de vista básicos respecto a lo que eran stoicheia, es decir, ya fueran principios rudimentales o espíritus elementales (incluso demonios). La asociación de stoicheia con la nomos (con funciones similares) sugiere fuertemente que la conclusión preferente consiste en que se refería a los ritos, reglas, ayunos, festivales, días santos, etc., mediante los cuales los paganos piadosos procuraban la paz con sus dioses.
[90] Cf. Gálatas 3:24-25. La palabra griega es paidagogos, la cual indica un esclavo cuyo deber consistía en llevar a un niño a la escuela, y traerlo de ella, así como supervisar su conducta en general. ¡No era un maestro! La Reina-Valera lo traduce (como "ayo", a diferencia de "mentor") acertadamente.
[91] Cf. Gálatas 4:2 y la discusión en CBB, vol. IX, in loc.

más lejos de la verdad! En el estudio que seguiremos, veremos la ley como la regla divina que puede y debe ser satisfecha. Pero ese cumplimiento no es por obras humanas. Es por la fe en Cristo y por medio de la vida en el Espíritu, que trae satisfacción en el amor.

¿Cómo se relacionaría el entendimiento de Pablo en cuanto al pecado y a la ley en su relación con el hombre de hoy, que particularmente es una cultura no legalista? ¿Es la ley el poder del pecado en la vida de cada hombre? ¿Observó Pablo la crucial relación tan importante entre el pecado y la ley que trasciende las culturas? ¿Podría este pensamiento dejar que el poder de la ley sea psicológica-mente significativo hoy?

El apóstol reconoció que entre los gentiles muchas de las cosas requeridas por la ley estaban escritas en sus corazones y traídas a la luz a través de sus conciencias (cf. Ro. 2:15). Intrínseca en la constitución del hombre está el conocimiento de la ley de Dios ¡en todo hombre!

Cuando se entiende la naturaleza esencial del pecado como soberanía de sí mismo, como se discutió previamente, entonces la relación del pecado a la ley es aparentemente clara. Cuando el hombre sostiene en sus manos las riendas de su propio gobierno ¿cuál es más grande amenaza? ¿Sería el mandamiento de Dios, contra el cual se rebela desafiante? No habría punto de conflicto, asunto, sin la ley. En el sentido verdadero, sin la ley no hay conocimiento de pecado. Es la soberanía de Dios que pone la soberanía del hombre mismo en una "suplantación cómica", al levantar el hombre su pequeño dedo y agitarlo en el rostro del Omnipotente. Sin embargo el misterio de misterios ¡la soberanía divina respeta la soberanía humana!

Es la mera presencia de la ley que ocasiona que el pecador intensifique su rebeldía. Su propia conciencia, unida con la presión moral externa de las demandas morales y costumbres sociales, como también la ley civil, desafía su voluntad a que gobierne. Su sola defensa es su confianza en sí mismo contra cualquier otra demanda. ¡Qué trágico se ve esto en la revolución social de mitad del siglo veinte! Más hondo que de cualquier causa racial, económica o social, está el problema del pecado, confrontado con la ley. Como resultado, el gobierno del hombre de sí mismo corre desenfrenado. El tema de esta revolución es la demanda violenta en favor de, y la ejecución de, los derechos del hombre, el que se interpreta como el más básico es el derecho de la anarquía y el desorden. Como lo veremos en capítulos siguientes, la única solución a este problema se encuentra en el rendimiento de la soberanía a Dios.

Sin embargo, la relación entre el pecado y la ley, como la ve Pablo, debe también verse desde una esfera totalmente diferente. No solamente la ley es el poder del pecado en el pecador rebelde, sino en el hombre que busca la salvación por medio de obras humanas. Claramente, este era uno de los intereses primordiales de Pablo. En nuestro día los hombres tienen sus leyes modernas o "cosas elementales" por medio de las cuales esperan hacer la paz con Dios. Con frecuencia se encuentra en la iglesia institucional, con sus ritos y reglas; pero no es anormal ver que algunos hombres buscan a Dios a través de un peregrinaje de soledad. Muchas veces los hombres rechazan todas las compulsiones eternas y reclaman alianza u obediencia a su propia conciencia. Mas el resultado siempre es el mismo. El camino de la ley puede guiar solamente a la esclavitud del pecado.

¡La explicación de Pablo sigue válida en nuestro día! El problema no está en la iglesia, ni en las demandas externas de la sociedad, o en lo interno de la conciencia. ¡El problema está en el hombre mismo! No se puede salvar a sí mismo, no importa que tan ansiosa o insistentemente lo intente. La naturaleza pecaminosa del hombre la soberanía que él hace de sí mismo utiliza la ley bajo la cual escoge vivir como un cómplice. En lugar de encontrar la paz, sólo descubre frustración, desesperación, condenación y culpa.

CAPITULO 7

El pecado y la muerte

¿Cuáles son las consecuencias o resultados[92] del control del pecado sobre el hombre? Pablo vio sólo una posibilidad ¡esta es la muerte! "Porque la paga del pecado es muerte" (Ro. 6:23). "Porque el fin de ellas [servidumbre al pecado] es muerte" (Ro. 6:21). ¿No sabéis que (si os sometéis a alguien como esclavos para obedecerle), sois esclavos de aquel a quien obedecéis, sea del pecado para muerte, o sea de la obediencia para justicia? (Ro. 6:16, se han añadido las cursivas. Esto da la apariencia de ser fácil de entenderse hasta que se hacen algunas preguntas. ¿Qué clase de muerte resulta del pecado? ¿Cuándo ocurre esta muerte?

Pablo trazó la muerte, aun como pecado, hasta Adán. "Mas ahora Cristo ha resucitado de los muertos; primicias de los que durmieron es hecho. Porque por cuanto la muerte entró por un hombre, también por un hombre la resurrección de los muertos. Porque así como en Adán todos mueren, también en Cristo todos serán vivificados" (1 Co. 15:20-22).[93] Parece haber muy pocas preguntas aquí, en el tratado más extenso de la resurrección del cuerpo (que incluye todo el capítulo), de que Pablo se refiera a la muerte como la terminación de la vida terrenal.

En otro pasaje, que relata la muerte a Adán, Pablo declara que la muerte, tanto como el pecado, entraron al mundo por medio de la transgresión de Adán.

> Por tanto, como el pecado entró en el mundo por un hombre, y por el pecado la muerte, así la muerte pasó a todos los hombres, por cuanto todos pecaron … No obstante, reinó la muerte desde Adán hasta Moisés … Porque si por la transgresión de aquel uno murieron los muchos … Pues si por la transgresión de uno solo reinó la muerte … así como el pecado reinó para muerte (Ro. 5:12-21).

Para que Pablo pudiera usar la muerte como una ilustración ésta debe ser muerte física que reinó desde Adán hasta Moisés, sobre aquellos que no se les cargaron sus pecados en su cuenta (vea el capítulo 4). Parece claro que Pablo trazó la mortalidad humana al pecado del hombre (en Adán).[94]

---

[92] El término pena o castigo nunca se usa en el Nuevo Testamento (ni en el Antiguo) en relación con el pecado. Es un concepto extrabíblico. Cf. cualquier concordancia bíblica normal.

[93] En estos cuantos versículos se encuentra la mayoría de las palabras que en el Nuevo Testamento se traducen como muerte: "muertos" (nekros), "durmieron" (koimao), "muerte" (thanatos) y "mueren" (apothnesko). La preposición griega día, traducida "por" ("la muerte entró por un hombre, también por un hombre") significa literalmente "mediante", "por medio de".

[94] . La creencia judía general de los días de San Pablo consistía en que Adán había sido creado como ser inmortal y que llegó a ser mortal por su transgresión.

Sin embargo, como se examina el contexto general (Ro. 5:13-8:39) se hace aparente que Pablo veía la muerte como mucho más que física en naturaleza.

> Las pasiones pecaminosas ... obraban en nuestros miembros llevando fruto para muerte ... Pero venido el mandamiento, el pecado revivió y yo morí. Y hallé que el mismo mandamiento ... a mí me resultó para muerte; porque el pecado ... me engañó, y por él [el mandamiento] me mató ... El pecado, para mostrarse pecado, produjo en mí la muerte por medio de lo que es bueno (Ro. 7:5-13).

Pablo le llamó al cuerpo del hombre, bajo el dominio del pecado, "miserable cuerpo de muerte".[95] De este pasaje se puede ver claramente que aquí se describe a la muerte como la experiencia de un hombre que sigue vivo físicamente. La muerte no es simplemente lo que se experimenta al fin de esta vida terrenal, sino se experimenta en esta vida. Otras referencias en los escritos de Pablo, pintan la muerte gráficamente como tal experiencia presente. "Estabais muertos en vuestros delitos y pecados ... aun estando nosotros muertos en pecados" (Ef. 2:1, 5). "Y a vosotros, estando muertos en pecados y en la incircuncisión de vuestra carne" (Co. 2:13).

Un examen más cercano de estas escrituras revela que la muerte es el resultado del pecado en todavía otra dimensión. No sólo hay la muerte física al final de esta vida y una muerte espiritual en esta vida, sino que también hay una muerte eterna después de esta vida. La muerte física hace eterna la muerte espiritual que existe en esta vida como consecuencia del pecado.

Hay ciertamente una relación de causa y efecto entre el pecado y la muerte, pero es un error muy serio el entender el pensamiento de Pablo aquí en términos impersonales.[96] La muerte del pecador debe estar directamente relacionada a la ira de Dios.

> Nadie os engañe con palabras vanas, porque por estas cosas viene la ira de Dios sobre los hijos de desobediencia (Ef. 5:6). Pero por tu dureza y por tu corazón no arrepentido, atesoras para ti mismo ira para el día de la ira y de la revelación del justo juicio de Dios (Ro. 2:5).

En ocasiones se puede ver la ira de Dios contra el hombre en esta vida. "Porque la ira de Dios se revela desde el cielo contra toda impiedad e injusticia de los hombres que detienen con injusticia la verdad" (Ro. 1:18). A este versículo le sigue un cuadro de la degradación y depravación humana que sobrepasa los límites de la descripción. La clave del pasaje es que Dios los entregó.[97] ¡Los abando-

---

[95] Cf. Romanos 7:24. En el griego no se encuentra apoyo para la traducción: "cuerpo sujeto a tal muerte" (NVI). Existe muy buena base para interpretar el genitivo (thanatou) como posesivo "cuerpo de muerte".

[96] La educación judía de San Pablo le imposibilitaría pensar en términos de una cadena impersonal de eventos de causa y efecto.

[97] Cf. Romanos 1:24, 26, 28. La palabra griega es paradidomi, que en este contexto significa "abandonar". Cf. A y G.

nó! El peor castigo que el pecador puede recibir es que Dios lo abandone en sus pecados. ¡Esto es muerte o infierno!

Pero este no es el fin del asunto. El pasaje termina con las siguientes palabras: "Quienes habiendo entendido el juicio de Dios, que los que practican tales cosas son dignos de muerte, no sólo las hacen, sino que también se complacen con los que las practican" (Ro. 1:32).

Hay un día de juicio para todos los hombres ¡La agencia moral lo demanda! "Porque es necesario que todos nosotros comparezcamos ante el tribunal de Cristo, para que cada uno reciba según lo que haya hecho mientras estaba en el cuerpo, sea bueno o sea malo" (2 Co. 5:10). El juicio sobre el pecador es muerte o sea una separación eterna de Dios. Dios debe debido a su naturaleza divina abandonar al pecador, para siempre. Nada revela lo serio del pecado tanto como la ira de Dios contra el pecado. La esperanza de todo cristiano es que sea salvo de esa ira. "Pues mucho más, estando ya justificados en su sangre, por él seremos salvos de la ira" (Ro. 5:9).

Mas es extremadamente importante que entendamos lo que es la ira de Dios. No es, como León Morris lo presenta:

> Una pasión irracional que explora en forma incontrolable sino un celo ardiente por la justicia unido a un aborrecimiento perfecto por todo lo malo. Puede ser que ira no es la palabra perfecta que describa tal actitud, pues no se ha sugerido una mejor, y debemos rehusar el utilizar otra alternativa que no exprese la verdad en cuestión.[98]

Ciertamente la ira de Dios no es caprichosa, que ventila la vindicación personal. El pecador no es castigado como mera tortura porque Dios quiera ponerse "a mano" o "hacerlo que pague" por su pecado. Tales ideas son vergonzosamente sacrílegas y reflejan un entendimiento erróneo de la naturaleza de Dios. Quizá esa sería la forma como nosotros trataríamos al pecador ¡pero no Dios! Nos encontramos con un predicamento al tratar de reconciliar la compasión y la ira, principalmente porque difícilmente se nota entre los hombres. Pero esa es precisamente la naturaleza de la ira de Dios ira compasiva. ¡Cuando Dios abandona a un pecador no lo hace con satisfacción sino con corazón roto!

Otra vez confrontamos la pregunta. ¿Tiene la clara enseñanza de Pablo sobre el pecado y la muerte un sentido significativo en nuestro día? La pregunta de la relación entre el pecado y la muerte física es puramente académica. No hay duda que todos los hombres en nuestro son mortales, sin importar cuál fue el origen de Adán. Tal mortalidad muy bien puede ser el resultado de lo pecaminoso de la raza humana empezando desde el principio del hombre.

¡Sin embargo, el asunto de la muerte, en un sentido no físico es otro negocio! Exactamente ¿qué significa para el hombre de hoy? Por más que sea el pensamiento paulino, la clave para entenderlo se encuentra en sus conceptos antitéti-

---

[98] The Apostolic Preaching of the Cross (Grand Rapids, Mich.: Wm. B. Eerdmans Publishing Co., 1965), p. 209.

cos. El significado completo de la muerte se puede recibir solamente cuando se ve en una posición contraria a la vida.

Hay un concepto claro que es fácilmente aceptable y significativo para el hombre de hoy. ¡El pecado enajena o separa! Cuando se entiende el pecado como que el hombre se gobierna a sí mismo, esta verdad se puede ver con claridad. ¡El gobierno de sí mismo conduce a la "soledad" alejamiento de Dios y del hombre! ¡Ningún hombre puede vivir totalmente separado de la humanidad, mas la esencia del pecado es vista en el eterno intento de que así sea en la vida del hombre! El único resultado posible es la destrucción de sí mismo. Esta es la razón porque el peor enemigo del pecador es él mismo, ya que el pecado levanta una formidable barrera impasable entre él y Dios. No hay cuadro más trágico que el ver a un hombre que se destruya a sí mismo, al cortarse él mismo de todo lo que le trae realidad y satisfacción o logros. Lo que él equivocadamente concibe como logro de sí mismo prueba ser la destrucción de sí mismo.[99] Sin embargo, esa es la esencia natural del pecado.

Esto fue lo que Pablo quiso decir por muerte una vida de muerte e infierno. ¡Si la vida espiritual es unión con Dios, entonces la muerte espiritual es separación de Dios! La horrible realidad es que esta caverna cavada por el pecado se hace más y más honda. Por cada día que pasa, Dios se separa más y más. Es sorprendente que multitudes que encuentran su vida como la muerte y un infierno insoportable que busquen escaparse siguiendo el camino del suicidio.

Sin embargo ¡Esta es la ironía más trágica! No hay escapatoria porque sólo hay muerte después de esta vida. Tal es el estado eterno de la condición espiritual experimentada por la muerte física. La muerte eterna es la separación eterna de Dios. Como Cristo Jesús la describió: "Una gran sima está puesta entre nosotros y vosotros, de manera que los que quisieren pasar de aquí a vosotros, no pueden, ni de allá pasar acá" (Lc. 16:26).

¡Tal es el cuadro tan negro y nada prometedor! Mas debemos recordar que solamente para tal fondo del cuadro real del pecado se puede ver la plena luz del mensaje del evangelio. Esto debe ser motivo de alabanza y esperanza para aquellos a quienes Pablo le estaba escribiendo habían sido librados del dominante poder del pecado. El "viejo hombre en pecado" ¡había sido una verdad del pasado! En su lugar era ahora "nuevos hombres en Cristo" un estudio que ahora seguiremos adelante.

---

[99] Olin A. Curtis describe vívidamente la realidad de la muerte: "La muerte le dice al pecador: `No quieres obedecer a Dios, no amas a tus prójimos, vives para ti mismo, quieres todo sólo para ti "¡RECIBE TU MERECIDO!" (The Christian Faith [Nueva York: Eaton and Mains, 1905], p. 297.) Cf. su discusión del significado de la muerte, pp. 295-99.

PARTE III

EL NUEVO HOMBRE: EN CRISTO

¡El evangelio de Jesucristo es buenas noticias! Por medio de Cristo específicamente su crucifixión y resurrección Dios Todopoderoso ha provisto el remedio para la trágica condición que el pecado ha causado entre los hombres. A través de los siglos los hombres han llegado a comprender con más claridad la grandeza de esta "gran salvación". Pero hay una distinción básica entre provisión y posesión. La Reforma Protestante clarificó, para todas las edades, la verdad de que la fe es lo único que puede lograr que la provisión y la posesión se encuentren. Las obras del hombre nunca pueden ameritar el don de gracia de Dios. Sin embargo, hay también la distinción más grande, igualmente crucial, entre el status [posición] objetivo con Dios y su estado subjetivo espiritual. El creyente no es solamente un pecador perdonado, sino también una nueva creación.

Mucha de la controversia teológica de los siglos intermedios ha girado alrededor de estas ideas básicas. El interés que motiva este estudio del pensamiento de Pablo es un sentido de necesidad de relacionar estas ideas teológicas a las Escrituras en conceptos y términos. ¿Habiendo considerado todo esto, ahora debemos confrontar la pregunta: Es este mensaje de las buenas nuevas pertinente para nuestro día? La historia muestra inequívocamente que, en varias instancias, ha revolucionado al mundo de otro día. ¿Podría repetir su actuación en este mundo presente que está a la orilla de caer en su propia destrucción? Si la Escritura es en realidad el mensaje eterno de Dios para el hombre, la respuesta sólo puede ser "sí". ¿Es posible que un gran segmento de la sociedad moderna aun en alto grado una gran parte de la iglesia que clama el nombre de Cristo se haya apartado burlonamente de su única fuente de redención? ¿Esta no sería la primera vez? ¡Sin embargo, esta es la primera generación atómica!

CAPÍTULO 8

La iniciativa divina

Hay algo—un solo algo—que hace al cristianismo absolutamente único entre todas las religiones conocidas al hombre. ¡El Dios todopoderoso actuó primero para salvar al pecador! En todas las otras religiones la acción de Dios es en respuesta al acercamiento del hombre, pero en el cristianismo todo lo que el hombre hace es en respuesta a lo que Dios hizo primero. ¡Dios tomó la iniciativa para salvar al hombre! Pablo entendió esta iniciativa divina en términos de amor (ágape). "Pero Dios, que es rico en misericordia, por su gran amor con que nos amó" (Ef. 2:4). Una cosa solamente fue lo que conmovió el corazón de Dios hacia una raza de hombres pecadores ¡amor!

Este amor se manifestó en una expresión concreta. "Mas Dios muestra su amor para con nosotros, en que siendo aún pecadores, Cristo murió por nosotros" (Ro. 5:8). Este es el equivalente paulino al "texto de oro" de la Biblia "Porque de tal manera amó Dios al mundo, que ha dado a su Hijo unigénito, para que todo aquel que en él cree, no se pierda, mas tenga vida eterna" (Jn. 3:16). Lo que Juan describe gráficamente, Pablo lo declara específicamente: "También Cristo nos amó y se entregó a sí mismo por nosotros, ofrenda y sacrificio a Dios en olor fragante" (Ef. 5:2). "Porque Cristo, cuando aún éramos débiles, a su tiempo murió por los impíos" (Ro. 5:6). El Dios todopoderoso expresó su amor por los pecadores por medio del don de amor de su Hijo, quien a su vez "me amó y se entregó a sí mismo por mí" (Gá. 2:20).

Es significativo y sorprendente que, en contraste con los Evangelios, el mensaje de Pablo no es acerca del nacimiento, la vida, las enseñanzas, y los milagros de Cristo. En vez de ello, él ve el amor de Dios en la muerte y resurrección de Cristo. La cruz, y la resurrección que la vindicó, eran absolutamente centrales para Pablo. "Pues me propuse no saber entre vosotros cosa alguna sino a Jesucristo, y a éste crucificado" (1 Co. 2:2).[100]

Pero, ¿que es la cruz? A través de los siglos de la era cristiana la cruz ha venido a ser un símbolo dramático que se comparte con alegría, es respetada, reverenciada y hasta adorada. Su uso como un emblema sagrado en el mobiliario de la iglesia y en el ritual, y en el uso personal como un adorno, ha causado que los hombres pierdan de vista lo que la cruz realmente significa. No había nada atractivo en una cruz romana ¡era fea! En el primer siglo era uno de los métodos más crueles de ejecución inventados por hombres con mentes diabólicas, y era preservada

---

[100] Cf. 1 Corintios 1:17, 23; Gálatas 6:14.

para ejecutar a los más despreciados criminales. Pablo no hace el intento de describir los horrores causados por tal muerte ese no es su interés.

La cruz sencillamente representa la manera de dar muerte. En otra era y bajo diferentes circunstancias pudo haber sido el morir apedreado o colgado en la horca, la cámara de gas o la silla eléctrica. Lo que representa es una vergonzosa y deshonrosa ejecución.

En ocasiones Pablo habla de la muerte de Cristo en términos de sangre. "En quien tenemos redención por su sangre, el perdón de pecados según las riquezas de su gracia" (Ef. 1:7). [101] Cuando más adelante veamos las metáforas de la muerte de Cristo, en particular las relacionadas con su sacrificio, el significado de esta descripción se verá con más claridad. Sin embargo, se debe recalcar aquí que el significado total de la sangre es que representa la dádiva de la vida o sea la muerte. [102] Algunas veces la sangre se ha dramatizado y literalizado demasiado tanto en los sermones como en los himnos hasta que la verdad central se ha perdido.

¡Lo que ha hecho que la cruz sea un símbolo tan querido es que el que murió en ella era inocente! Cristo murió en la cruz por los pecadores. "Porque primeramente os he enseñado lo que asimismo recibí: Que Cristo murió por nuestros pecados, conforme a las Escrituras" (1 Co. 15:3). En este pasaje, y en muchos otros, el griego vívidamente declara que Cristo murió en favor del hombre (sus pecados). [103] En este capítulo se tratará de explicar las enseñanzas de Pablo en cuanto a lo que esto significa. Es suficiente el decir en este punto que cuando Cristo murió por el hombre El tomó el lugar del hombre y sufrió las consecuencias de los pecados del hombre. Lo que le esperaba al hombre Cristo lo sufrió. El murió la muerte que le espera al pecador.

Cuando se comprende que tal muerte es más que física, entonces se puede ver la inmensidad de la muerte amorosa de Cristo, como se indicó en el capítulo anterior. En la cruz, Jesucristo sufrió la muerte espiritual separación de su Padre celestial. Esto es lo único que explica su agonía en el jardín Getsemaní (cf. Mt. 26:30-50) y el gemido desde la cruz: "Dios mío, Dios mío, ¿por qué me has desamparado?" (Mt. 27:46). Al decirlo, Jesucristo no estaba rehuyendo el sufrimiento físico y la muerte, sino la confrontación con el "infierno" de la separación de su Padre. Sin embargo, se debe recordar que esta separación era de doble dirección, midiendo el amor como don del Padre y el Hijo. Sin embargo gracias a Dios la muerte no pudo aprisionarlo; El se levantó triunfante de la tumba. En uno de los más grandes misterios que el hombre sabe, Cristo derrotó y destruyó la muerte, el infierno y la tumba.

---

[101] Cf. Romanos 3:25; 5:9; Efesios 2:13; Colosenses 1:20.

[102] Cf. Morris, The Apostolic Preaching of the Cross, pp. 112-28, en las cuales concluye con la sentencia de J. Behm: "La 'sangre de Cristo' es como la 'cruz', sólo otra expresión más clara para referirse a la muerte de Cristo en su significado de salvación."

[103] La palabra griega es huper. Cf. su uso también en Romanos 5:6, 8; 14:15; Gálatas 1:4; Efesios 5:2, 25. Los eruditos griegos generalmente llegan a la conclusión de que no hay diferencia significativa entre huper (a nombre o en favor de) y anti (en lugar de); cf. C. F. D. Moule, IBGNT, p. 64. Cf. el uso de día (debido a, por) en Romanos 4:25; 1 Corintios 8:11.

Pablo usa varias metáforas para describir el significado y el valor de la muerte de Cristo como la expresión del amor de Dios hacia el pecador. Son meras ilustraciones, pero tenían un significado muy rico para aquellos a quienes Pablo les estaba escribiendo. Al ver su valor, nuestro entendimiento de la iniciativa divina será grandemente enriquecido.

Uno de los primeros resultados del pecado fue la esclavitud en la que tenía cautivo al hombre (cf. c. 5). El hombre viejo en pecado es impotente e incapacitado de poder escapar de su triste estado. Este es el fondo detrás de la presentación de Pablo de una de sus más vívidas metáforas de la obra salvadora de Cristo en la cruz. La esclavitud era una realidad de la vida bien conocida por todos. Un esclavo pertenecía a su amo, quien lo había comprado, en ocasiones a un precio muy elevado. La única escapatoria posible de esa esclavitud era el pago de esa deuda o hacerse responsable de pagar tal deuda, de lo cual había muy poca esperanza humana.

Sin embargo, había tanto en el pensamiento hebreo como griego el concepto de escapatoria o liberación en términos de redención. En el Antiguo Testamento está la nunca olvidada figura de Dios liberando a su pueblo de la esclavitud egipcia: "Y os *redimiré* con brazo extendido" (Ex. 6:6, se han añadido las cursivas). Dios pagó el precio de la liberación de su pueblo de la esclavitud de Egipto. En el mundo griego la costumbre de la "manumisión sacramental" era bien conocida. Por medio de un esfuerzo casi sobrehumano, de vez en cuando un esclavo lograba ganarse algunas monedas para sí, además del servicio a su maestro. Depositaba ese dinero en un templo. Si el esclavo lograba ahorrar lo suficiente, se le pagaría al amo el dinero de manumisión y el esclavo sería puesto en libertad y entonces él sería la propiedad comprada del dios del templo.

Con esto claramente en mente, Pablo ve la muerte de Cristo como precio por la compra de la esclavizada y pecadora humanidad. ¿O ignoráis ... que no sois vuestros? Porque habéis sido comprados por precio" (1 Co. 6:19-20).[104] Íntimamente unida a la idea de compra está la de "rescate". "Porque el Hijo del Hombre no vino para ser servido, sino para servir, y para dar su vida en rescate por muchos" (Mr. 10:45).[105] El concepto de la libertad asegurada o comprada por medio de un rescate es entendido claramente en nuestra cultura moderna. Pablo habló de la libertad a la que un esclavo era llamado, usando una expresión técnica que indicaba la compra de un esclavo.[106]

El más vívido de todos estos términos es la palabra misma que significa redención (apolutrosis). Esta palabra algunas veces se refiere a la esperanza futura de la redención del cuerpo por medio de la resurrección,[107] pero Pablo la usa particu-

---

[104] El término griego es *agoradzo*, que significa "comprar u obtener por dinero". Cf. 1 Corintios 7:23; Gálatas 3:13; 4:5.

[105] El término griego es *lutrón*, que significa "rescate" o "el precio del rescate". Cf. 1 Timoteo 2:6.

[106] La frase griega es *ep eleutheria*, Gálatas 5:13; cf. Gálatas 5:1.

[107] Cf. Lucas 21:28; Romanos 8:23; Efesios 1:14; 4:30.

larmente para describir significativamente la amorosa muerte de Cristo. "En quien [Cristo] tenemos redención" (Ef. 1:7).[108]

¡La metáfora es vista con claridad! El hombre, dominado o sujeto en la esclavitud del pecado, no puede por sí mismo pagar el precio de su libertad. Pero "¡Jesús lo pagó todo!" Por medio de su muerte en la cruz, Cristo asumió las obligaciones de todos los hombres y pagó el precio del rescate por su libertad. El compró, rescató y redimió a cada ser humano con su preciosa sangre. Libró a los hombres de la deuda que no podían pagar.

El pecado también separa al hombre de Dios (cf. c. 5). La rebeldía y desobediencia colocan al hombre en la nada envidiable posición de ser enemigo de Dios. Su pecado se torna en una barrera impasable y trae como resultado la separación, alejamiento, temor y frustración. Veremos que uno de los gloriosos aspectos de la salvación es la restauración del compañerismo con Dios. En la cruz, Jesús hizo eso posible al derrumbamiento de toda barrera y cuando abrió el camino a este compañerismo.

La provisión que Cristo hizo en la cruz para traer al hombre a un compañerismo con Dios es descrita por Pablo con la metáfora de la reconciliación. La separación y enemistad era la actitud aceptable y aprobada de la vida en el tiempo del apóstol. Había una hostilidad abierta entre los grupos culturales y raciales griegos contra bárbaros, judíos contra gentiles, libres contra esclavos. Como resultado obvio, es el resultado de las relaciones entre los individuos.

El término reconciliación (katallage) es ocasionalmente usado con referencia a que el hombre se reconcilie con el hombre,[109] pero es una de las figuras favoritas de Pablo para describir la restauración de la relación entre el hombre y Dios.

> Porque si siendo enemigos, fuimos reconciliados con Dios por la muerte de su Hijo, mucho más, estando reconciliados, seremos salvos por su vida. Y no sólo esto, sino que también nos gloriamos en Dios por el Señor nuestro Jesucristo, por quien hemos recibido la reconciliación (Ro. 5:10-11).

Los que han sido reconciliados han sido comisionados para compartir el ministerio de la reconciliación.

> Y todo esto proviene de Dios, quien nos reconcilió consigo mismo por Cristo, y nos dio el ministerio de la reconciliación; que Dios estaba en Cristo reconciliando consigo al mundo, no tomándoles en cuenta a los hombres sus pecados, y nos encargó a nosotros la palabra de la reconciliación. Así que, somos embajadores en nombre de Cristo, como si Dios rogase por medio de nosotros; os rogamos en nombre de Cristo: Reconciliaos con Dios (2 Co. 5:18-20).

El pecado produce una separación doble en los planos vertical y horizontal.[110] "Pero ahora en Cristo Jesús, vosotros que en otro tiempo estabais lejos, habéis

---

[108] Cf. Colosenses 1:14; Romanos 3:24.
[109] Cf. Hechos 7:26; 1 Corintios 7:11.

sido hechos cercanos por la sangre de Cristo" (Ef. 2:13). Como se indicó en el capítulo 5, esta es una doble reconciliación entre el hombre con el hombre, y el hombre con Dios. En este pasaje Pablo introduce otra idea que enriquece el concepto de la reconciliación. "Porque por medio de él [Cristo] los unos y los otros [judíos y gentiles] tenemos entrada por un mismo Espíritu al Padre" (Ef. 2:18). La idea de "acceso" (prosagoge) es una que provee los medios o el camino de acercamiento. El término tiene el significado técnico de introducir a una persona a otra, y aun más específicamente de traer a alguien ante la presencia de un rey. Cristo por medio de su muerte amorosa, abre el camino para que todos los hombres se alleguen a Dios.

El hombre fue hecho para que tuviera compañerismo y amistad con Dios, pero su pecado ha producido desobediencia, rebeldía, enemistad y temor. Como resultado de ello, él está separado de Dios por la barrera creada de su propio pecado. Por medio de la amorosa muerte de Cristo en la cruz la separación se ha sanado y se ha tendido un puente a través del abismo. Se ha abierto un camino para regresar a Dios. El, y Jesús están listos a conducir al hombre a la presencia de Dios. El hombre y Dios se han reconciliado.

Un cuidadoso examen de los pasajes bíblicos dados anteriormente revelará que Dios reconcilia al hombre consigo mismo. Definitivamente no se trata de que el hombre esté apaciguando o aplacando a Dios y mitigando así la ira o enojo divino. Dios actúa en la amorosa muerte de Cristo como una iniciativa divina. Sin embargo, no es verdad decir que el efecto de la cruz fue enteramente sobre el hombre y nada sobre Dios. Desde luego que la actitud de Dios hacia el hombre ha sido eternamente una de amor, como el Calvario abundantemente lo demuestra. Sin embargo, debido al pecado del hombre y a pesar del amor divino, Dios estaba separado del hombre como también el hombre de Dios. La cruz no cambió el corazón de Dios de ira a amor pero sí hizo posible que el amor se expresara en perdón.

Esta verdad, algunas veces llamada reverentemente el "dilema divino", se ve mejor por medio de una tercera metáfora. El amor de Dios insiste en que el hombre sea perdonado, pero la justicia divina demanda que su pecado sea castigado. Dios no puede ser fiel a sí mismo y pasar por alto el pecado sin castigarlo. Así que la pregunta crucial es: ¿Cómo puede ser Dios justo y ser perdonador al mismo tiempo? La respuesta es que, en la cruz, Cristo se volvió una ofrenda o sacrificio por el pecado.

En la iglesia primitiva, la muerte de Cristo era vista como el cumplimiento de la profecía del Antiguo Testamento relacionada con el sacrificio. "Porque primeramente os he enseñado lo que asimismo recibí: Que Cristo murió por nuestros pecados, conforme a las Escrituras [Antiguo Testamento], (1 Co. 15:3)[111] En el

---

[110] Cf. Efesios 2:15-17. Cf. también Colosenses 1:20-22, donde la reconciliación no sólo se extiende a personas, sino a toda la creación incluso las que están en los cielos. Esta es reconciliación cósmica.

[111] La mayoría de los eruditos del Nuevo Testamento entienden esto como referencia a pasajes tales del Antiguo Testamento como Isaías 53:5-12; cf. Hechos 8:32-35.

Libro a los Hebreos se presenta a Cristo como el nuevo y mejor sacrificio.[112] Juan presenta a Cristo como "el Cordero de Dios",[113] e identifica el "viernes santo" como el día de preparación (de la Pascua) lo que presenta a Cristo siendo crucificado en la misma hora en que los corderos pascuales eran sacrificados en el templo.

En completo acuerdo con esta comprensión de la muerte de Cristo, Pablo escribió: "Porque nuestra pascua, que es Cristo, ya fue sacrificada por nosotros" (1 Co. 5:7); y, "Como también Cristo nos amó, y se entregó a sí mismo por nosotros, ofrenda y sacrificio a Dios en olor fragante" (Ef. 5:2). "Al que no conoció pecado, por nosotros lo hizo pecado, para que nosotros fuésemos hechos justicia de Dios en él" (2 Co. 5:21). Cristo se hizo a sí mismo ofrenda por el pecado del hombre.

El más gráfico de todos los cuadros que Pablo pinta de Cristo es el de un sacrificio propiciatorio. "[Cristo] a quien Dios puso como propiciación por medio de la fe en su sangre" (Ro. 3:25). Por siglos el término "propiciación" (hilasterion) ha sido un campo de batalla teológico. Exactamente ¿cuál es la metáfora? Hay dos dificultades primordiales. Esta es la única vez que este término se usa en relación con Cristo.[114] Además, la construcción gramatical es ambigua puede ser un nombre o un adjetivo. Como nombre hilasterion puede significar ya sea "un sacrificio para expiar el pecado", o "el lugar en donde se hizo o se hace". La segunda sugestión encuentra su significado en el asiento de la misericordia en el templo, en donde se llevaba a cabo el sacrificio. Como un adjetivo, hilasterion" podría significar "capaz de hacer expiación por el pecado". Obviamente el concepto está atado al templo, y todas las sugestiones anteriores apuntan a la idea del sacrificio. En armonía con la clara referencia a Cristo como el sacrificio del hombre por sus pecados aún el Cordero Pascual este significado parece ser central. Sin embargo, no es necesario escoger entre los posibles matices de su significado. ¿Podría esta ser la razón por la que hay ambigüedad? Cristo es todos los tres significados. El ciertamente demostró ser capaz para hacer el sacrificio, y no sólo es el lugar del sacrificio, pero es el sacrificio mismo.

Como se sugirió, no es un asunto de que la amorosa muerte de Cristo aplaque o satisfaga la ira de Dios. Dios fue el que hizo el sacrificio y no el hombre. Aquí es donde las figuras del templo del Antiguo Testamento son sobrepasadas. Sin embargo, el Nuevo Testamento enseña claramente que, a pesar de su amor, Dios no podía perdonar al pecador y seguir siendo justo. La cruz hizo algo por y para el pecado del hombre. Lo que le debió haber sucedido al hombre le sucedió a Cristo.

Cuando Cristo, que no conoció pecado, "se hizo pecado" por el hombre, El ofreció hacerlo un sacrificio expiatorio por el pecado y sufrió las consecuencias del pecado del hombre. Expresado en palabras sencillas, la cruz sola hizo posible

---

[112] Cf. Hebreos 9:14; 28: 10:14.
[113] Cf. Juan 1:29, 36; cf. 1 Pedro 1:19.
[114] Hilasterión también se usa en Hebreos 9:5, pero se refiere allí al propiciatorio en el tabernáculo y no tiene referencia directa a la cruz. Cf. 1 Juan 2:2; 4:10, donde se usa un término relacionado: hilasmos.

que Dios perdonara al pecador. William Barclay dice al respecto: "Pablo vio en la muerte de Cristo Jesús una acción de Dios mismo, por medio de la cual Dios hizo posible que el pecador pudiera venir a casa, a Él, y posible que Él mismo pudiera aceptar al pecador cuando llegara."[115]

Por eso Pablo pudo escribir: " ... a fin de que él [Dios] sea el justo, y el justifica al que es de la fe de Jesús" (Ro. 3:26).

Siempre se debe recordar, sin embargo, que la iniciativa divina se detiene ante la soberanía del hombre. Antes que la provisión de gracia y amor pueda tornarse en posesión, el hombre debe responder, que viene a ser el tema del siguiente capítulo. En la cruz, Cristo compró y redimió al esclavizado pecador, pero el hombre no es puesto en libertad sino hasta que recibe el don gratuito de gracia. Se ha construido el puente sobre el abismo de la separación, y Cristo espera para presentarle el pecador a un Padre perdonador, pero el hombre debe actuar. Cristo sufrió las consecuencias del pecado de cada hombre y hace posible ahora que Dios pueda justamente perdonar, pero cada persona debe venir por sí misma a la "cruz del calvario". Expiación universal no es salvación universal. Dios ha actuado en favor de todos los hombres; ahora cada hombre debe actuar por sí mismo.

Admitimos que mucho del significado de estas metáforas de la expiación es inseparable de la cultura de la era apostólica. El hombre moderno conoce muy poco por experiencia de la esclavitud y sacrificio del templo. Sin embargo, las figuras de separación y reconciliación hablan el idioma universal. Con cuánta frecuencia el hombre moderno perdido, frustrado, culpable, desesperado ha preguntado: ¿Cómo pudo Dios haberme perdonado a mí? El hombre que no se puede perdonar a sí mismo encuentra muy difícil creer que Dios le puede perdonar. Ciertamente el hombre no es digno de que se le perdone es culpable y no merece perdón y compañerismo. Igualmente es infructuoso el interpretar el amor de Dios en términos de indulgencia el ignorar el pecado. El hombre no quiere tal clase de Dios porque no lo podría respetar. Ese fue uno de los errores fatales del liberalismo de otra generación. Así como el niño descubre que le es imposible amar verdaderamente a un padre consentidor, así el hombre moderno ha dicho: Si Dios es así no lo puedo amar y no lo necesito.

Mas los evangelios no proclaman tal Dios. En su lugar, el Dios del Nuevo Testamento ama al hombre tanto que Él hizo por el hombre lo que éste no puede hacer por sí mismo. Él construyó un puente de reconciliación y restauración. Al mirar el hombre a la cruz, esto es la que él ve amor redentor, de sacrificio y reconciliador. ¿Es esto un misterio? ¡Por supuesto que lo es! Pero cuando todo se ha hecho y dicho, ¿quién puede adecuadamente explicar el amor? Todo lo que se conoce por cierto es que cuando uno se arrodilla al pie de la cruz uno ve un camino abierto ¡hasta el mero corazón de Dios! El no entiende cómo o porqué, pero de cualquier manera él sabe con certeza que Dios le perdonará.

---

[115] The Mind of St. Paul (Londres: Collins, 1958), p. 82.

Empero un Dios sabio sabe que el hombre debe tener responsabilidad para que se respete a sí mismo como a Dios. Así que para esta iniciativa divina debe haber una respuesta humana.

CAPÍTULO 9

La respuesta humana

Una de las más grandiosas revelaciones en el evangelio es que el Dios Todopoderoso —habiendo tomado la iniciativa para salvar al hombre por medio de la cruz— se detiene ante la soberanía del hombre. El Creador y Sustentador del mundo, el poderoso Rey de reyes y Señor de señores, toca a la puerta del corazón del hombre y espera la respuesta humana. Si el hombre ha de ser salvo jamás, él debe abrir la puerta.

Para Pablo, esta respuesta humana es la fe. Este fue uno de sus términos favoritos[116] y lo usó con muchos significados. Lo que uno cree le llama su fe— "Aquel que en otro tiempo nos perseguía, ahora predica la fe que en otro tiempo asolaba" (Gá. 1:23). Frecuentemente la fe se relaciona a las bases para la continuidad de la vida cristiana —"Y lo que ahora vivo en la carne, lo vivo en la fe del Hijo de Dios, el cual me amó y se entregó a sí mismo por mí" (Gá. 2:20). Además, la fe es descrita como algo que puede producir milagros —"Aquel, pues, que os suministra el Espíritu, y hace maravillas entre vosotros, ¿lo hace por las obras de la ley, o por el oír con fe?" (Gá. 3:5).

Sin embargo, el uso más significativo del término fe es su identificación como la respuesta humana, a la iniciativa divina que trae salvación al hombre. En los capítulos siguientes examinaremos la salvación desde sus diferentes perspectivas. Aquí nuestro énfasis está en sencillamente identificar la fe como una respuesta humana.

Exactamente, ¿cuál es esta fe que es la respuesta humana a la iniciativa divina? Una contestación casi automática es que "la fe [es] la certeza de lo que se espera, la convicción de lo que no se ve" (He. 111). Sin embargo, si vemos más de cerca esta declaración se ve más como una descripción que una definición de la fe, puesto que declara lo que la fe hace y no lo que la fe es. Esto sucede frecuentemente. Si, por ejemplo, dijéramos que "el agua está mojada", esto sería una descripción de lo que el agua hace (humedece o moja algo) en lugar de lo que la definición de lo que el agua es (H20). El escritor en Hebreos 11:1 trata de recalcar que la fe provee o produce seguridad y convicción. Estas son en realidad el testimonio que viene como la respuesta divina a la fe humana.

No hay una definición genérica de la fe en los escritos de Pablo —o en todo el Nuevo Testamento. Sin embargo, es posible, distinguir tres elementos distintivos en la fe.

---

[116] El sustantivo (pistis) es usado más de 180 veces y el verbo (pisteuo) es usado más de 40 veces.

1. La fe es un consentimiento mental, un acuerdo en la mente, o una persuasión intelectual que se expresa como creencia.[117] Esto se ve claramente en el tratamiento que Pablo hace del delicado problema de las leyes y reglamentos de los alimentos. La clave del consejo de Pablo es la fe de los que están envueltos (cf. Ro. 14:22-23). La referencia está relacionada con la persuasión mental del creyente —lo que él cree en su mente— relativa al asunto moral de las leyes de la comida.[118]

2. Empero la fe es más que un asentimiento moral; incluye una acción decisiva sobre la base de aquello a lo que uno está mentalmente comprometido. La fe es la aceptación de aquello que uno cree, que necesita el rendimiento o el doblegarse de la voluntad. En muchas partes en los escritos de Pablo se recalca este elemento vital de la fe, pero en ninguna más significativamente que en el siguiente:

   Que si confesares con tu boca que Jesús es el Señor, y creyeres en tu corazón que Dios le levantó de los muertos, serás salvo. Porque con el corazón se cree para justicia, pero con la boca se confiesa para salvación. Pues la Escritura dice: "Todo aquel que en él creyere, no será avergonzado" (Ro. 10:9-11).

3. Hay otra dimensión de la fe que es de vital importancia. Es dependencia en aquel, lo que hemos aceptado porque creemos en ello. La fe es confiar, fiar, depender. Este parece ser el aspecto que Pablo tiene en mente cuanto les recuerda a los corintios el mensaje que ha predicado entre ellos: "para que vuestra fe no esté fundada en la sabiduría de los hombres, sino en el poder de Dios" (1 Co. 2:5). Aunque es posible distinguir estos elementos esenciales en el concepto de Pablo de la fe, sin embargo —como sucede con frecuencia en el pensamiento de Pablo— su concepto es compuesto. En lugar de usar un solo significado, y excluir los otros, hay generalmente sugestiones de los otros matices de significados cuando uno va en ascenso.

El significado total del concepto de Pablo se puede ver muchas veces en sus antítesis. Particularmente en Romanos y Gálatas, en donde Pablo combate el legalismo, la fe es contrastada con las obras.[119]

Sabiendo que el hombre no es justificado por las obras de la ley, sino por la fe de Jesucristo, nosotros también hemos creído en Jesucristo, para ser justificados por la fe de Cristo y no por las obras de la ley, por cuanto por las obras de la ley nadie será justificado (Gá. 2:16).

Este es el contexto en el que Pablo repite el énfasis de la fe como la base para la justificación del pecador.

---

[117] Este es un caso en el que el castellano es más definitivo que el griego. Las palabras fe, fidelidad y fiel son traducciones de la misma palabra griega (pistis).

[118] Cf. la forma en que trata San Pablo el tema de comer carne sacrificada a los ídolos (1 Co. 8:1-13; 10:19-33), donde recalca el conocimiento y la conciencia.

[119] Como se observó anteriormente, la ley (nomos) se iguala primordialmente con las obras humanas en estas dos cartas.

Con la mira de manifestar en este tiempo su justicia, a fin de que él sea el justo, y el que justifica al que es de la fe de Jesús. ¿Dónde, pues, está la jactancia? Queda excluida. ¿Por cuál ley? ¿Por la de las obras? No, sino por la ley de la fe. Concluimos, pues, que el hombre es justificado por fe sin las obras de la ley (Ro. 3:26-28).

Cuando Pablo identifica la fe como la respuesta humana que hace la provisión de la iniciativa divina la posesión del creyente, él quiere decir la creencia del hombre en, aceptación de, y confianza en el amor de Dios expresado en la muerte de Cristo en la cruz. Todo esto es un contraste notable con la dependencia del hombre sobre sus propias obras como los medios de salvación.

Una pregunta crucial acerca de la fe es si es la actividad o las obras de Dios o del hombre. Sin duda la referencia bíblica a la que con más frecuencia se alude es Efesios 2:8: "Porque por gracia sois salvos por medio de la fe; y esto no de vosotros, pues es don de Dios." La dificultad está en la ambigüedad de la palabra "esto" ¿Se refiere "esto" a gracia, a fe, o a ser salvo? En el margen de la versión en inglés NASB [New American Standard Bible] se explica que definitivamente se refiere a la salvación.[120] Este versículo ciertamente no puede funcionar como la base escritural para la enseñanza de que la fe es el don de Dios.

Pablo dice que la fe es por el oír. "Así que la fe es por el oír, y el oír, por la palabra de Dios" (Ro. 10:17; cf. Gá. 3:2). La fe es la respuesta humana a la palabra de Cristo. Es la predicación de la cruz que el Espíritu Santo usa para mover al hombre a la fe. Empero la fe es la actividad responsable del hombre.[121] Es su contestación a la iniciativa divina de amor en la cruz —es lo que hace que la provisión de Dios se vuelva su posesión. Dios no tiene fe para ningún hombre. Esto es la responsabilidad del hombre ante Dios. Como se definió, la fe no son obras,[122] sino simplemente la respuesta receptiva de lo que Dios graciosamente ha provisto por medio de la cruz. El hacer de la fe el don o actividad de Dios mueve el punto de responsabilidad de escoger por parte del hombre un paso más lejos como la condición para recibir la gracia de Dios, a menos que uno acepte la insostenible doctrina de que Dios arbitrariamente concede su gracia sólo a quien El escoge.

Hay, además, otros prerrequisitos para la fe que son indicados en el Nuevo Testamento. Tal vez este es el punto en donde se aquieten los temores de los que niegan que la fe sea prerrogativa del hombre. El hombre no decide súbitamente,

---

[120] Es el pronombre demostrativo neutro touto y se traduce casi siempre en forma literal como "esta cosa". No puede referirse ni a gracia (charis) ni a fe (pistis), porque ambos son de género femenino y más bien parece referirse a todo el concepto de la salvación por la gracia mediante la fe.

[121] Hay cierto sentido, por supuesto, en el que toda la vida y la actividad humana se deben a la capacitación divina, por lo cual se consideran como don de Dios. La habilidad para responder en fe es "de gracia", no tanto "natural". El hombre puede responder en fe sólo por la gracia "preveniente" de Dios dada gratuitamente a todo hombre.

[122] La fe no constituye obras humanas en el sentido contra el cual reaccionaron tan fuertemente los reformadores con temor comprensible. Juan Wesley luchó con este problema y en su sermón sobre "La vía escrituraria de la salvación" hizo distinción entre obras como condición y como mérito (Sermones, por Juan Wesley, II: 262).

voy a tener fe en Dios para mi salvación. Tal idea menosprecia completamente la naturaleza del pecado y del predicamento lamentable como esclavo del pecado. Antes que el pecador pueda tener fe salvadora se debe arrepentir.[123] En 2 Corintios 12:21, Pablo expresa interés por "los que antes han pecado, y no se han arrepentido de la inmundicia y fornicación y lascivia que han cometido". Aunque el arrepentimiento en 2 Corintios 7:9-10[124] tiene referencia primordial a la actitud de los creyentes de Corinto hacia Pablo y no hacia Dios, aun así ata el arrepentimiento al dolor o tristeza "según Dios", que de acuerdo al Nuevo Testamento, obra para salvación. Esta tristeza piadosa es contrastada directamente con la tristeza del mundo que obra para muerte. Así que ambas referencias apuntan a la naturaleza básica del arrepentimiento. El término griego literalmente significa "cambio de mente".[125] Este término incluye el apartarse del pecado y abandonarlo (cf. He. 6:1), y volverse a Dios (cf. Hch. 20:21). El arrepentimiento está correctamente unido al abandono del pecado, con la genuinidad del arrepentimiento del hombre reflejada en su rompimiento con el pecado, por lo menos en la actitud de la mente. El pecador verdaderamente arrepentido aborrece su pecado.

Pablo recalca el cambio de parte de los corintios porque habían experimentado una tristeza piadosa.

Porque he aquí, esto mismo de que hayáis sido contristados según Dios, ¡qué solicitud produjo en vosotros, qué defensa, qué indignación, qué temor, qué ardiente afecto, qué celo, y qué vindicación! En todo os habéis mostrado limpios en el asunto (2 Co. 7:11).

Fue esta clase de tristeza lo que Pablo deseaba que expresaran hacia Dios (cf. 2 Co. 12:21).

Antes que el pecador pueda experimentar una tristeza piadosa que conduzca al arrepentimiento debe ser abrumado por una convicción. Esta es precisamente la razón por la que un pecador no se puede arrepentir a su antojo, sino solamente cuando es movido al arrepentimiento por la convicción del Espíritu Santo. Tal convicción, o sentido de necesidad, viene en muchas maneras. Pablo le preguntó a los santurrones judíos que vivían en Roma, y que eran críticos excesivos de los gentiles: "¿O menosprecias las riquezas de su benignidad, paciencia y longanimidad, ignorando que su benignidad te guía al arrepentimiento?" (Ro. 2:4). Muchos pecadores han sido convencidos por la bondad de Dios. ¡Qué bueno es Dios para todos los hombres (cf. 5:43-48)! Otras personas son traídas a un sentido de necesidad por medio de las adversidades de la vida (cf. Lc. 15:14-19). En la reve-

---

[123] Resulta interesante observar que el arrepentimiento constituye un concepto menor para San Pablo, en comparación con los Sinópticos y el kerygma de la iglesia primitiva. Las únicas referencias claras son Romanos 2:4; 2 Corintios 7:9-10; 12:21: 2 Timoteo 2:25. Un examen cuidadoso de estas referencias aparentemente indicaría que el arrepentimiento es secundario ante el tema principal.

[124] "Ahora me gozo, no porque hayáis sido contristados, sino porque fuisteis contristados para arrepentimiento; porque habéis sido contristados según Dios, para que ninguna pérdida padecieseis por nuestra parte. Porque la tristeza que es según Dios produce arrepentimiento para salvación, de que no hay que arrepentirse; pero la tristeza del mundo produce muerte" (lit.).

[125] Metanoeō es un compuesto de la palabra para mente (nous). Otra palabra griega (metamelomai) significa lamentarse más que arrepentimiento e indica un cambio de sentimiento más que mental (cf. Mt. 21:30). Judas sólo "sintió remordimiento" (metamelomai, Mt. 27:3, NVI) y terminó suicidándose.

ladora lucha del cuadro pintado en Romanos 7:14-25, se ve la convicción viniendo a través de la frustración causada por la ley, al grado que Pablo escribe en otra parte: "Porque yo por la ley soy muerte para la ley, a fin de vivir para Dios" (Gá. 2:19).[126] Cualquiera que sea la manera en que la convicción viene —y un Dios que todo lo sabe, y que es todo amor, sabe cuál es la mejor manera— debe producir la frustración de sí mismo y la desilusión de uno mismo antes de que se tenga la realización de uno mismo en Cristo. El pecador debe ver el rostro iracundo de Dios antes de que pueda ver su rostro de misericordia.

La respuesta humana que hace la provisión de la iniciativa divina de amor en la cruz para posesión del hombre es la fe. Tal fe es la actividad responsable del hombre, pero es posible solamente cuando el hombre es convencido de su necesidad de ser perdonado, y en arrepentimiento se vuelve del pecado y hacia Dios.

---

[126] Debe recordarse que el encadenamiento y la esclavitud de la ley que conduce a la frustración en Romanos y Gálatas ha de entenderse en el contexto de un pecador que procura salvarse por obras humanas. Por tanto, en cierto sentido ya es un pecador declarado culpable (cf. Romanos 7:14-25), y el concepto de la ley como paidagogos en Gálatas 3:22-4:9 debe entenderse contra este antecedente (cf. capítulo 6).

CAPÍTULO 10

La nueva relación (unión)

¿Qué sucede cuando un hombre responde por fe a la iniciativa divina en la cruz? Tal hombre entra en una nueva relación. Su pasada relación con el pecado llega a su fin deja de ser el viejo hombre en pecado. Entra en una nueva relación con Dios a través de Cristo es ahora el nuevo hombre en Cristo.

Pero, ¿qué es exactamente esta nueva relación? Inmediatamente pensamos en las palabras de Pablo: "De modo que si alguno está en Cristo, [él] nueva criatura es; las cosas viejas pasaron; he aquí todas son hechas nuevas" (2 Co. 5:17). Esto nos habla de la sustancia o resultados de la nueva relación, lo cual será el asunto que trataremos en los capítulos que faltan en esta sección. En este capítulo examinaremos la naturaleza de esta nueva relación ¿qué significa?

Pablo describe al hombre de fe al decir que está "en Cristo". Con sorprendente frecuencia Pablo usa esta fórmula,[127] con pequeñas variaciones,[128] y viene a ser muy obvio que tiene un significado muy especial para él. Algunos eruditos han intentado meter a la fuerza este significado especial en cada uso,[129] pero generalmente se ha llegado a la conclusión que no más de la mitad las veces en las que Pablo usa esta fórmula tiene tal significado técnico.[130] Sin embargo, él usa la frase con marcada frecuencia, en este sentido técnico especial, que correctamente podemos identificarla como la clave para entendimiento que Pablo tenía de la nueva relación del hombre de fe.

Desde el tiempo de la Reforma algunos han visto la enseñanza de Pablo sobre la justificación por la fe como su entendimiento fundamental del evangelio. Sin embargo, examinándolo más de cerca vemos que su concepto es básicamente restringido, ciertamente con grado alguno de prominencia, a los romanos y gálatas, entre quienes Pablo quiere combatir el legalismo como el medio de salvación. Aun en estas cartas Pablo sigue adelante y pone énfasis en la vida por el Espíritu (cf. Ro. 8; Gá. 5). Veremos en los capítulos siguientes que la postura o posición objetiva que el hombre de fe tiene con Dios, o sea, la justificación por la fe, es sólo un aspecto del evangelio de Pablo. El creyente recibe también una experien-

---

[127] "En Cristo" (en Cristo) "en [el] Señor" (en Kurio), "en él" (en auto), etc.

[128] Cf. John B. Nielson, In Christ (Kansas City: Beacon Hill Press, 1960) para un análisis excelente de la forma en que usa San Pablo esta frase. En el apéndice A identifica 95 casos del uso de la frase con variaciones menores.

[129] Cf. la famosa monografía por Adolf Deismann, Die neutestamenliche Formel in Christo Jesu.

[130] Cf. John Knox (Exégesis), Interpreter's Bible (Nueva York: Abingdon-Cokesbury Press, 1951), 9:573; C. F. D. Moule, The Cambridge Greek Testament Commentary, The Epistle of Paul the Apostle to the Colossians and to Philemon (Cambridge: The University Press, 1957).

cia subjetiva con Dios por medio de Cristo, que puede caracterizarse como un compañerismo interno. El concepto de Pablo del evangelio, resumido en una frase, se expresa mejor como "una unión con Dios". Es tal unión lo que la frase "en Cristo" trata de expresar.

Sin embargo, cuando intentamos expresar precisamente lo que Pablo quiere decir con la frase "en Cristo", se hace aparente la dificultad. Algunas veces la unión del hombre con Dios, como lo describe esta frase, ha sido entendida en una manera sacramental; por decir, que es a través de los sacramentos que el creyente está en Cristo inicialmente en el bautismo y perpetuamente en la Santa Cena. En el capítulo 14 examinaremos el significado de los sacramentos, pero con toda seguridad concluimos aquí que Pablo quiso decir mucho más que la participación de los sacramentos cuando habló de estar "en Cristo". No fue sino hasta más tarde en el desarrollo de la iglesia que se les dio tal lugar de prominencia a los sacramentos.

En años más recientes, con una apreciación más completa de la relación estrecha entre el pensamiento de los dos Testamentos, el concepto judío de la solidaridad racial ha sido usado para explicar la frase de Pablo de "en Cristo". El apóstol contrasta el pecado y la muerte del hombre (como la consecuencia del traspaso de Adán) con la justicia y la vida que viene al hombre debido a la amorosa muerte de Cristo.[131] Sobre la base de esto se subraya que el viejo hombre "en Adán" (en pecado) ha de ser contrastado con el nuevo hombre "en Cristo"; y la "vieja humanidad" sobre la cual reina el pecado ha de ser contrastada con la "nueva humanidad", en la que la justicia reina.[132] Una declaración bíblica que se cita con frecuencia es: "Porque así como en Adán todos mueren, también en Cristo todos serán vivificados" (1 Co. 15:22).[133]

Pero exactamente, ¿qué se da a entender cuando se dice que todos los hombres están en Adán o en Cristo? Si se toma a solas, esto podría sugerir que exactamente así como todos los hombres estaban en Adán, asimismo estarán también todos los hombres en Cristo. Hasta un limitado conocimiento con las enseñanzas de Pablo revelará que tal contraste no es válido. No todos los hombres son vivificados en Cristo, en la forma en que todos los hombres murieron en Adán. ¡Pablo enseñó que el pecado es universal pero ciertamente no enseñó que la salvación en Cristo es universal!

Es verdad que todos los hombres están incluidos en la provisión que Cristo hizo en la cruz. Esto se puede considerar como solidaridad y hasta universalismo.

---

[131] Cf. Romanos 5:12-21; cf. capítulo 4.

[132] Ciertas personas (cf. C. H. Dodd, The Epistle to the Romans, The Moffat New Testament Commentary [Nueva York: Harper and Brother Publishers, 1932], pp. 100-101) negarían la existencia histórica de Adán y considerarían a Adán simplemente como un nombre que representa la antigua personalidad corporal de la humanidad. La negación de que tal punto de vista arroja dudas sobre la existencia histórica de Cristo no es muy convincente. La antítesis de San Pablo, Adán contra Cristo, es demasiado precisa. Si Adán es sólo un nombre, de igual manera Cristo puede ser sólo un nombre para la nueva personalidad corporal de la humanidad. No es necesario, por tanto, considerar así a Adán para encontrar alguna verdad y valor en el concepto de solidaridad.

[133] El contraste es exacto en forma: "en Adán" (en to Adam) contra "en Cristo" (en to Christo).

Pero claramente distinguido de esto está la apropiación (por la fe) que hace de la provisión universal una posesión particular del hombre. La relación de estar "en Cristo" es el resultado de la apropiación de la fe y no se refiere a la provisión universal. ¡No todos los hombres están en Cristo!

¿Qué significa entonces el contraste "Así como en Adán todos mueren ... en Cristo todos serán vivificados"? Puede significar solamente que como todos los hombres que están en Adán comparten su pecado, así también todos los hombres que están en Cristo comparten su justicia. Es la unión —ya sea con Adán o Cristo— lo que trae los resultados correspondientes. Hay un interesante paralelo en cómo se lleva a cabo esta unión. Así como todos los hombres están en Adán por su nacimiento físico (Adán significa "el hombre" o "la humanidad"), así los que están en Cristo lo están por un nacimiento espiritual.

Todavía estamos frente a la pregunta de cómo el concepto de la solidaridad de la raza le da una explicación significativa a la frase "en Cristo". ¿Hace algo más que reconocer que lo que le sucede (afecta) al uno (Adán o Cristo) les sucede a todos los que están unidos a él? ¿Qué nos dice la solidaridad en cuanto a la naturaleza de la unidad del hombre con Cristo? Aun desde el mejor punto de vista, la relación es descrita en términos nebulosos y casi místicos, tales como "incorporados en Cristo" o "identificación con Cristo". ¿Qué significado experimental proveen tales descripciones? ¿En qué manera está el hombre de fe unido con Cristo? El concepto de solidaridad racial no provee una respuesta.

Además, el término de solidaridad racial o aun personalidad corporativa tiene matices fuertes de un panteísmo y deificación paganos. El punto de vista paulino de la individualidad y la personalidad del creyente es vista mejor en una expresión tal como personalidad inclusiva, lo que sugiere la relación de una persona dentro de una persona.

Hay un vital aspecto de sociedad de la salvación en Cristo que no debe ser pasado por alto, y trataremos detalladamente en el capítulo 14. Basta aquí recalcar que el hombre en Cristo es miembro de la familia de Dios. Vive en un compañerismo corporal pero sigue siendo un ser humano responsable y total. Pero la relación de sociedad es exclusivamente interna dentro de la iglesia. No tiene una relación corporal con el mundo. En vez de eso, el mundo encuentra a Cristo solamente en las vidas de los individuos cuando éstos son nutridos y vivificados por El y por su relación de los unos con los otros.

Debemos buscar un poco más para hallar una comprensión más significativa de la frase "en Cristo". Pablo la concibió como una consciencia muy profunda de ser uno con Cristo, una unidad de personas que resulta en una verdadera unión de voluntades, pensamientos y emociones. El creyente y su Señor están unidos por eslabones espirituales hasta que los dos son uno en propósito, metas, emociones, y proceso racional. Parecen actuar, y hasta vivir, no como dos sino como una persona. (En un capítulo más adelante analizaremos esto teológicamente).

Mas esto no debe pensarse en términos metafísicos impersonales, como el panteísmo y la deificación enseñada en los cultos de misterio paganos, en los cuales el adorador buscaba llegar a ser parte de su dios. En su lugar, es la permeación de una personalidad sobre la otra hasta que el resultado es una "personalidad inclusiva".

¿De dónde vino un concepto como éste? Por supuesto que Pablo fue inspirado por el Espíritu Santo, pero la realidad de esta nueva relación era el espejo de su propia experiencia. Pablo podía expresar el deseo "para que habite Cristo por la fe en vuestros corazones" (Ef. 3:17) porque también podía testificar: "Con Cristo estoy juntamente crucificado, y ya no vivo yo, mas vive Cristo en mí: y lo que ahora vivo en la carne, lo vivo en la fe del Hijo de Dios el cual me amó y se entregó a sí mismo por mí" (Gá. 2:20).

Esta nueva relación con Cristo incluía una unión tan completa que Pablo podía decir: "Ya no vivo yo." En su lugar: "Cristo vive en mí." El orden literal del griego es más agudo: "ya no vivo yo, pero en mí vive Cristo."[134] Está diciendo ya no vivo yo como un día viví, pero en una nueva manera no más "yo", ahora Cristo vive en mí El es el Señor de mi vida nueva. Por lo tanto pudo escribir en otra parte: "Porque para mí el vivir es Cristo, y el morir es ganancia" (Fil. 1:21).

¡Aquí está el evangelio de Pablo! El nuevo hombre de fe está en Cristo. Aunque se haga un intento racional de explicarlo, cuando todo se haga y diga no se puede explicar satisfactoriamente a los sentidos y no es obvio al proceso racional. En lo que a esto toca, tiene solamente realidad experimental, como resultado de la fe personal del creyente. Es místicamente misterioso. Más no es nebuloso o libre de significado espiritual. Para el hombre de fe esta relación de estar "en Cristo" es realidad espiritual.

Es de la mayor importancia el reconocer que esta nueva relación de estar "en Cristo" es por gracia, por medio de la fe, como se indicó en el capítulo anterior. En el contexto inmediato del más grandioso pasaje de salvación por la gracia está la famosa fórmula paulina:

> Porque por gracia sois salvos por medio de la fe: y esto no de vosotros, pues es don de Dios; no por obras, para que nadie se gloríe. Porque somos hechura suya, creados en Cristo Jesús para buenas obras, a las cuales Dios preparó de antemano para que anduviésemos en ellas (Ef. 2:8-10).

Sin lugar a duda el nuevo hombre está "en Cristo" por la gracia.

El término gracia es otra de las grandes palabras del Nuevo Testamento; se usa más de 150 veces, 100 de las cuales se usan en los escritos de Pablo.[135] Pero ¿exactamente qué es gracia? El estudiante que se inicia en los estudios de religión de inmediato aprende la clásica definición: la gracia es el inmerecido favor de Dios. Sin embargo, esto no es de gran significado para las personas que no tienen una orientación teológica. Es más significativo el concepto de que es la ayuda divina, gratuitamente dada. Alguien describió pintorescamente la gracia como la

---

[134] El pronombre enfático de primera persona (ego) simplemente podría subrayar el aspecto personal de la declaración por lo que se traduciría: "Y yo mismo ya no vivo." Sin embargo, a la luz de la frase que sigue "mas vive Cristo en mí" aparentemente sería mucho más significativo, como se ha interpretado arriba.

[135] La palabra griega charis generalmente, pero no siempre, se traduce como "gracia".

mano extendida del cielo que baja para encontrarse con la mano que se extiende hacia arriba, o sea la socorredora mano de Dios. En la iglesia primitiva, la gracia era asociada primordialmente con Jesucristo porque había sido manifestada en la cruz, y vino a ser la marca distintiva del evangelio de las buenas nuevas.

El término "gracia"[136], aparece en la "bendición apostólica", y en la "oración apostólica de despedida".[137] Aquí estaba el firme cimiento del glorioso nuevo camino de vida. Por lo tanto Pablo podía declarar triunfante: "Pero por la gracia de Dios soy lo que soy; y su gracia no ha sido en vano para conmigo, antes he trabajado más que todos ellos; pero no yo, sino la gracia de Dios conmigo" (1 Co. 15:10). Fue por la gracia que Pablo habló (cf. Ro. 12:3) y escribió (cf. Ro. 15:15), y la gracia fue la base de su apostolado (cf. Ro. 1:5). Es la gracia la que capacita a los cristianos a estar firmes (cf. Ro. 5:2), y provee la suficiencia para la vida (cf. 2 Co. 9:8; 12:9). Esta gracia siempre fue vista como el don o regalo de Dios (cf. Ro. 5:15; 12:6).

Muy significativo a este estudio es lo que los teólogos llaman "la gracia salvadora", que el Nuevo Diccionario Internacional Webster define como "la operación de amor divino especialmente como lo manifiesta Dios al tomar la iniciativa divina hacia la reconciliación en su perdón hacia el pecador arrepentido". Veremos que todos los resultados de esta nueva relación del hombre "en Cristo" están directamente unidos a la gracia socorro divino, gratuitamente dado. "Cuando el pecado abundó, sobreabundó la gracia" (Ro. 5:20). "Siendo justificados gratuitamente por su gracia, mediante la redención que es en Cristo Jesús" (Ro. 3:24). "Por tanto, es por fe, para que sea por gracia" (Ro. 4:16). "Y si por gracia, ya no es por obras; de otra manera la gracia ya no es gracia" (Ro. 11:6).

> Pero Dios, que es rico en misericordia, por su gran amor con que nos amó, aun estando nosotros muertos en pecados, nos dio vida juntamente con Cristo (por gracia sois salvos), y juntamente con él nos resucitó, y asimismo nos hizo sentar en los lugares celestiales con Cristo Jesús, para mostrar en los siglos venideros las abundantes riquezas de su gracia en su bondad para con nosotros en Cristo Jesús. Porque por gracia sois salvos por medio de la fe; y esto no de vosotros, pues es don de Dios; no por obras, para que nadie se gloríe. Porque somos hechura suya, creados en Cristo Jesús para buenas obras, las cuales Dios preparó de antemano para que anduviésemos en ellas (Ef. 2:4-10).

Al responder el hombre en fe a la iniciativa divina de amor en la cruz, entra en una nueva relación que Pablo describe gráficamente como el estar "en Cristo". Esto es por la gracia de Dios, su divino socorro concedido gratuitamente, y no por obras humanas.

¿Qué significado tiene este concepto de unión con Dios en nuestro día? ¿Lo hacemos a un lado todos nosotros, con excesiva facilidad, tratándolo como algo

---

[136] "Gracia y paz a vosotros, de Dios nuestro Padre y del Señor Jesucristo" (Ro. 1:7b).
[137] "La gracia de nuestro Señor Jesucristo sea con vosotros" (Ro. 16:20b).

irrelevante sencillamente como uno de los vestigios de religiones antiguas, supersticiosas y mitológicas, que recalcaban mucho la solidaridad con sus dioses? ¿Puede tener algo de significado en esta era de iluminación científica? Uno de los extraños fenómenos de nuestro día es que millones de personas altamente educadas y sofisticadas se están volviendo tras cultos de misterio que ofrecen variaciones ligeramente disfrazadas del panteísmo y deificación de las antiguas religiones paganas.

¿Podría ser que eso se debe a que innato en el hombre, que vive una vida solitaria y sin significado, hay un deseo o anhelo de estar cerca de su Dios? Pero una absorción impersonal, sin importar cuál es su forma específica, no logra satisfacer tal deseo. El hombre es una persona, y cuando tal personalidad es violada ésta se desagrada.

¡Qué privilegio tan significativo y generoso tenemos! Podemos encontrar unión con Dios en Cristo. Vivimos en Dios y Dios vive en nosotros. Nuestra personalidad se une a la de Dios y encuentra realización verdadera al responder al diseño del toque del Maestro.

La sustancia o resultado de esta nueva relación se puede ver en dos dimensiones distintas: el nuevo hombre en Cristo tiene una nueva posición [status], objetivamente; y es una nueva persona, subjetivamente.

CAPITULO 11

El nuevo rango (posición)

Una vez que es vista la naturaleza de la nueva relación del creyente es necesario que se entiendan los resultados de estar "en Cristo". En términos sencillos, ¿qué sucedió? Se debe hacer una distinción vital. El hombre de fe recibe ambas, un nuevo rango status y un nuevo estado. Su rango status, o posición objetiva, es cambiada; y su estado, o condición espiritual subjetiva, es cambiada. En este capítulo veremos la nueva posición, rango o status del creyente.

El pecador comparece ante Dios, culpable y condenado, confrontando su ira y juicio. Está bajo la sentencia de muerte.

> ¿O menosprecias las riquezas de su benignidad, paciencia y longanimidad, ignorando que su benignidad te guía al arrepentimiento? Pero por tu dureza y por tu corazón no arrepentido, atesoras para ti mismo ira para el día de la ira y de la revelación del justo juicio de Dios, el cual pagará a cada uno conforme a sus obras; vida eterna a los que, perseverando en bien hacer, buscan honra y gloria e inmortalidad, pero ira y enojo a los que son contenciosos y no obedecen a la verdad, sino que obedecen a la injusticia; tribulación y angustia sobre todo ser humano que hace lo malo, el judío primeramente y también el griego, pero gloria y honra y paz a todo el que hace lo bueno, al judío primeramente y también al griego (Ro. 2:4-10).

Esto no es muy difícil de entender puesto que se relaciona al que se rebela contra Dios, y vive en completo menosprecio a Dios y su voluntad (cf. Ro. 1:18-32). Pero se debe recordar que el Nuevo Testamento tiene, para nuestra sorpresa, muy poco que decir acerca de tales hombres. En vez de eso, el Nuevo Testamento y específicamente Pablo en sus cartas relacionadas con la salvación tratan primordialmente con aquellos que están interesados en su relación con Dios. Aun el judío, que posee la ley santa, no puede hacerse justo a sí mismo ante Dios. El mismo es también un pecador. Esta es la carga del argumento de Pablo en Romanos 2:13:20, que alcanza su clímax con:

> Pero sabemos que todo lo que la ley dice, lo dice a los que están bajo la ley, para que toda boca se cierre y todo el mundo quede bajo el juicio de Dios; ya que por las obras de la ley ningún ser humano será justificado delante

de él; porque por medio de la ley es el conocimiento del pecado (Ro. 3:19-20). [138]

El gentil a quien Pablo alude también tenía su "ley" por medio de la cual buscaban su salvación.

> Porque cuando los gentiles que no tienen ley, hacen por naturaleza lo que es de la ley, éstos, aunque no tengan ley, son ley para sí mismos, mostrando la obra de la ley escrita en sus corazones, dando testimonio su conciencia, y acusándoles o defendiéndoles sus razonamientos, en el día en que Dios juzgará por Jesucristo los secretos de los hombres, conforme a mi evangelio (Ro. 2:14-16). [139]

Las posibilidades de que se cumpla la Escritura que se ha mencionado son puramente hipotéticas. Pablo concluye que los gentiles no pueden cumplir con la ley como tampoco pu4eden los judíos. El sencillamente está declarando que si los gentiles han de ser justificados por la ley, ellos entonces deben obedecerla y cumplirla (cf. vv. 11-13).

Todos los hombres pecadores rebeldes, judíos interesados, y gentiles que siguen su "ley" son condenados como pecadores. "Ya hemos acusado a judíos y a gentiles, que todos están bajo pecado" (Ro. 3:9). Es a tales hombres pecadores bajo condenación que el evangelio de Jesucristo ofrece una nueva posición status con Dios al responder ellos con fe a la iniciativa divina de amor en la cruz. Esta oferta de las buenas nuevas Pablo la describe como justicia.

Cuando Pablo describe el status o posición del nuevo hombre en Cristo como justicia ¿qué quiere decir? Esta ha sido un área de controversia teológica desde la Reforma. "Mas al que no obra, sino cree en aquel que justifica al impío, su fe le es contada por justicia" (Ro. 4:5).

Es de lamentarse que en el inglés no haya la forma verbal de las palabras justo (adjetivo) y justicia (sustantivo). [140] Como resultado es necesario usar las palabras justo y justificación como sinónimos, proveyendo así la forma verbal de "justificar". Rectitud y justificación son traducciones de la misma palabra griega (dikaiosune).

¿Qué quiere decir Pablo por justicia o justificación? ¿Es la justicia el resultado de lo que el hombre es o lo que hace? ¿Podemos decir propiamente que el hombre es justo? Hay varias frases en los escritos de Pablo en las que el término (dikaiosune) está directamente relacionado con el comportamiento ético y las

---

[138] Hay muchas referencias como ésta en Romanos y Gálatas. Cf. "Y que por la ley ninguno se justifica para con Dios, es evidente, porque: El justo por la fe vivirá" (Gálatas 3:11).

[139] Debería observarse que San Pablo no dice que los gentiles tienen la ley, o que tienen la ley escrita en sus corazones. Mas bien, hacen las cosas que son de la ley y muestran la obra de ésta escrita en sus corazones. En realidad, el concepto de "ley natural" es un nombre equivocado, en lo relacionado con San Pablo. Básicamente, él reservó el término "ley" (nomos) para significar la ley judía.

[140] En realidad existe tal forma verbal en griego (dikaioo), pero presenta un problema cuando se traduce al castellano, porque es necesario usar una palabra auxiliar, como "ser justo" o "hacer justo" lo cual tiene serias implicaciones teológicas. (Cf. la discusión que sigue.)

acciones humanas.[141] Sin embargo, particularmente en las cartas en las que él combate el legalismo como la base para la salvación (Romanos y Gálatas), Pablo utiliza el término justicia para describir el nuevo status del creyente, y como tal es básicamente objetivo en su significado.[142] Aquí justicia no es una descripción de lo que el hombre es, sino cómo el hombre está delante de Dios. El hombre no es justo en sí mismo, sino ante los ojos de Dios.

> Justificados, pues, por la fe, tenemos paz para con Dios por medio de nuestro Señor Jesucristo (Ro. 5:1). Sabiendo que el hombre no es justificado por las obras de la ley, sino por la fe de Jesucristo, nosotros también hemos creído en Jesucristo, para ser justificados por la fe de Cristo y no por las obras de la ley, por cuanto por las obras de la ley nadie será justificado (Gá. 2:16).

Cometemos un grave error si insistimos en uno de los dos significados posición objetiva o experiencia subjetiva a costa de la exclusión del otro. Como en muchos de los conceptos de Pablo, es preferible ver los conceptos de Pablo como ambos/y en lugar de uno - o - el otro. Frecuentemente un concepto es predominante, pero el otro todavía existe en el fondo. Es erróneo sugerir, como muchos lo han hecho, que esta nueva posición con Dios carece de significado moral o ético.

En su espléndido artículo, Leland Jamison examina las opiniones conflictivas de varios eruditos sobresalientes del Nuevo Testamento acerca de justicia (dikaiosune), y concluye que "el vocabulario de dikaioun apunta en ambas direcciones, sugiriendo un estado legal y una metamorfosis ética".[143] La dificultad básica es que algunas veces los estudiantes de Pablo confunden su rechazo de las buenas obras humanas como la base para la justificación con el rechazo de toda actividad ética. Jamison concluye: "No encuentro ninguna parte en las cartas de Pablo en donde [él] claramente ataque el esfuerzo ético como algo malo."[144]

El nuevo estado de justicia del creyente no consiste de un cambio previo dentro de él que lo hace justo ante Dios. En un sentido propio no es correcto decir que él es justo.[145] No es un asunto de que hombre sea o sea hecho, digno de ser aceptable con Dios. La gloria del mensaje del evangelio es ["Porque si] siendo enemigos, fuimos reconciliados con Dios por la muerte de su Hijo" (Ro. 5:10). Es el hombre como pecador quien puede, por fe en la cruz, comparecer ante Dios reconciliado. Desde luego que, como lo veremos, el hombre no sigue siendo un pecador. La gracia de Dios hace un cambio dentro de él. Más no se debe invertir el orden. Con mucha frecuencia los hombres sienten que deben hacerse dignos antes de poder estar libres de condenación delante de Dios. Esto es lo maravilloso

---

[141] Cf. Romanos 6:13, 16, 18; 2 Corintios 6:7; 9:10; Filipenses 1:11; Efesios 6:14.
[142] Cf. Romanos 3:20-21, 26, 30: 4:3, 5-6, 22; 5:1, 9, 17; Gálatas 2:16-17, 21; 3:6, 8, 24.
[143] "Dikaiosyne en el uso de San Pablo", Journal of Bible and Religion 21, no. 1 (enero de 1953): 98.
[144] Ibid., p. 93.
[145] Como ya se observó en una nota previa, cuando una palabra auxiliar (es hecho, llegó a ser, etc.) es usada con la palabra justo, resultan serias implicaciones teológicas.

de la cruz. Es en la cruz donde el amor de Dios y su justicia se reconcilian, "a fin de que él sea el justo, y el que justifica al que es de la fe de Jesús" (Ro. 3:26).

La verdad es que no es la justicia del hombre en ningún grado, puesto que Pablo dice muy claramente que el pecador que cree comparece ante Dios en la justicia de Dios.

> Pero ahora, aparte de la ley, se ha manifestado la justicia de Dios, testificada por la ley y por los profetas; la justicia de Dios por medio de fe en Jesucristo, para todos los que creen en él. Porque no hay diferencia (Ro. 3:21-22).

Cuando Dios justifica al pecador es una manifestación de su justicia.

> Porque en el evangelio la justicia de Dios se revela por fe y para fe, como está escrito: "Mas el justo por la fe vivirá" (Ro. 1:17). A quien [Cristo Jesús] Dios puso como propiciación por medio de la fe en su sangre, para manifestar su justicia, a causa de haber pasado por alto, en su paciencia, los pecados pasados, con la mira de manifestar en este tiempo su justicia, a fin de que él sea el justo, y el que justifica al que es de la fe de Jesús (Ro. 3:25-26).

Pablo utiliza la experiencia de Abraham para ilustrar que la fe del pecador en la cruz es lo que Dios le cuenta[146] por justicia.[147]

Este concepto que es tan extraño a la mente moderna, solamente se entiende cuando se ve contra el fondo de la búsqueda de la justicia por medio del cumplimiento de la ley. Es en Romanos y Gálatas donde Pablo arguye con sumo éxito que tal búsqueda es fútil. El hombre no puede alcanzar la justicia por medio de las obras de la ley, sino solamente a través de la fe. "El hombre no es justificado por las obras de la ley, sino por la fe de Jesucristo" (Gá. 2:16).

Indudablemente, esta idea básica se entiende mejor en un término que Pablo usa en sus cartas posteriores, que es el perdón. "Y a vosotros, estando muertos en pecados y en la incircuncisión de vuestra carne, os dio vida juntamente con él, perdonándoos todos los pecados" (Col. 2:13).[148] El hombre de hoy puede comprender el lenguaje del perdón. Al comparecer el pecador culpable frente a Dios bajo condenación en respuesta a su fe en la cruz el Juez de toda la tierra lo declara perdonado. La culpa es cancelada. Mas no debemos confundir esto con absolución, porque tal cosa habla de inocencia, y el pecador no es inocente sino culpable. Aunque es culpable Dios dice: Yo te perdono por tu fe en la cruz. Aquí está el secreto de la cruz, puesto que le muestra al hombre que el perdón es costoso. Cuán claramente se ve esto en el plano de las relaciones entre los humanos, y no es menos cierto entre el hombre y Dios.

---

[146] Logidzomai, que significa "contar" o "tomar en cuenta"; cf. A y G.

[147] Cf. Romanos 4:3, 5; 4:6, 9, 22; Gálatas 3:6.

[148] Cf. Efesios 1:7. San Pablo procede a describir gráficamente este perdón mediante una metáfora vívida "Anulando el acta de los decretos que había contra nosotros, que nos era contraria, quitándola de en medio y clavándola en la cruz" (Col. 2:14).

El perdón no es vindicación. Tampoco es indulgencia. El hombre no podría amar y respetar a un Dios que demanda vindicación u ofrezca indulgencia. Pero Dios puede dar y dará perdón por razón de la cruz.

Íntimamente relacionado con el concepto del status o posición de justicia del hombre en Cristo está la descripción del creyente como santo.[149] Veremos más tarde que, al igual que la palabra "justo", también el término "santo" tiene un definido contenido moral y ético, relacionado con la experiencia subjetiva del hombre de fe. Sin embargo, hay muy poco lugar a dudas de que Pablo usa frecuentemente el término para referirse a la posición objetiva del hombre de fe.[150] Porque el creyente pertenece a Dios, él como todo lo que le pertenece a Dios es santo. En la teología a esto se le llama "santidad posicional". Es muy significativo que cuando el término santo es usado así, siempre lo es en su forma plural, acentuando la verdad que el creyente no es solamente como un individuo que es santo, sino sólo porque es parte del compañerismo santo.

No sólo el hombre en Cristo tiene el nuevo status o posición de justo y santo, sino que también es reconciliado. Una de las consecuencias más devastadoras del pecado es la separación, de ambos Dios y los hombres. La cruz hace provisión para la reconciliación. Dios preparó el camino para la reconciliación de todos los hombres.

> Porque si siendo enemigos, fuimos reconciliados con Dios por la muerte de su Hijo, mucho más, estando reconciliados, seremos salvos por su vida (Ro. 5:10). Y por medio de él reconciliar consigo todas las cosas, así las que están en la tierra como las que están en los cielos, haciendo la paz mediante la sangre de la cruz. Y a vosotros también, que erais en otro tiempo extraños y enemigos en vuestra mente, haciendo malas obras, ahora os ha reconciliado en su cuerpo de carne, por medio de la muerte, para presentaros santos y sin mancha e irreprensibles delante de él (Col. 1:20-22; cf. Ef. 2:15-17).

El hombre en pecado está separado de Dios, mas el hombre en Cristo está reconciliado con Dios. La barrera entre ambos ha sido derribada.

Al apropiarse el pecador de los beneficios de esta reconciliación por la fe, experimenta compañerismo con Dios. "Fiel es Dios, por el cual fuisteis llamados a la comunión con su Hijo Jesucristo nuestro Señor" (1 Co. 1:9). A través del Nuevo Testamento, especialmente contra el fondo de la Palestina semítica, este compañerismo entre Dios y el hombre es pintado con frecuencia en términos de la mesa del compañerismo.[151] Sin embargo, Pablo pinta o describe el compañeris-

---

[149] La palabra griega es hagios, traducida como "santo" en la Reina-Valera.

[150] Cf. Romanos 1:7; 8:27; 12:13; 15:25-26, 31; 16:2, 15; 1 Corintios 1:2; 6:1-2; 14:33; 16:1, 15; 2 Corintios 1:1; 8:4; 9:1, 12; 13:13; Filipenses 1:1; 4:22; 1 Tesalonicenses 3:13; 2 Tesalonicenses 1:10; Efesios 1:1, 15, 18; 2:19; 3:8, 18; 4:12; 5:3; 6:18; Colosenses 1:2, 4, 12, 26. Cf. también 1 Corintios 6:11; 7:14; Romanos 15:16.

[151] Cf. las parábolas de Jesús que se relacionan con una fiesta o comida (Mt. 22:1-14; Lc. 14:7-11, 15-24), las bodas del Cordero (Ap. 19:6-9), y la imagen de Apocalipsis 3:20.

mo de los pecadores redimidos en términos de filiación. El pecador es esclavo del pecado, pero el hombre en Cristo es hijo de Dios.

> Pues todos sois hijos de Dios por la fe en Cristo Jesús (Gá. 3:26). Pero cuando vino el cumplimiento del tiempo, Dios envió a su Hijo, nacido de mujer y nacido bajo la ley, para que redimiese a los que estaban bajo la ley, a fin de que recibiésemos la adopción de hijos. Y por cuanto sois hijos, Dios envió a vuestros corazones el Espíritu de su Hijo, el cual clama: ¡Abba, Padre! Así que ya no eres esclavo, sino hijo; y si hijo, también heredero de Dios por medio de Cristo (Gá. 4:4-7; cf. Ro. 8:14-15; Ef. 1:5; 1 Jn. 3:1-2).

¡Aquí está la reconciliación en su nivel más profundo! Nosotros que éramos extranjeros, extraños y enemigos con Dios somos recibidos como sus hijos.

Este concepto de compañerismo al venir a ser sus hijos toma un significado más profundo al verse en términos de adopción. En la sociedad romana un hijo adoptivo no era miembro de segunda clase de la familia, sino que compartía los mismos derechos del resto de los hijos de nacimiento. Nos deja asombrados el comprender el significado completo del pensamiento de Pablo. Por medio de la fe en la cruz, el alejado pecador se convierte en un hijo de Dios con todos los derechos y privilegios. Sus viejas deudas están canceladas y los recursos de su nuevo Padre están a su disposición.

Posiblemente el más atesorado de estos nuevos privilegios de ser hijo es el de acceso.

> Por quien también tenemos entrada [acceso] por la fe a esta gracia en la cual estamos firmes, y nos gloriamos en la esperanza de la gloria de Dios (Ro. 5:2). Porque por medio de él los unos y los otros tenemos entrada por un mismo Espíritu al padre (Ef. 2:18). En quien tenemos seguridad y acceso con confianza por medio de la fe en él (Ef. 3:12).[152]

Esto tendría significado especial para un judío, como Pablo, pues ellos no se atrevían ni a pronunciar el nombre de Dios. Ahora, por medio de la cruz, el judío tenía acceso a Dios con la confianza con que un hijo se acerca a su padre.

Aunque algunos de los conceptos de Pablo son extraños en nuestro día y tiempos, podemos entender el lenguaje de la reconciliación. Sabemos lo que significa para un hijo alejado el reconciliarse con su padre por medio del amor perdonador. No es asunto de derechos o inclusive culpabilidad o inocencia ¡es ser aceptado! Y muy hondo en el corazón de todos hay hambre de ser aceptados. Se dice que cuando a Abraham Lincoln se le preguntó, cuando se acercaba a su fin la guerra civil americana, qué haría con los rebeldes derrotados del Sur, él contestó inmediatamente: "Los trataré como si jamás se hubieran separado." Cuando no-

---

[152] La palabra griega es prosagoge, que tenía el significado técnico en el griego secular de la presentación de un orador o incluso la presentación de una persona ante la presencia de un rey (cf. Barclay, More New Testament Words [Nueva York: Harper and Row, 1958], pp. 242-45; y la traducción de la BLA de Ro. 5:2).

sotros hoy estamos unidos con Dios en Cristo, somos aceptados tratados como si nunca nos hubiéramos apartado.

Tan significativo como es esta posición del hombre que está en Cristo, es más bendecido aún este nuevo estado, el cambio que el hombre experimenta dentro de sí mismo por la gracia de Dios Cal cual ahora entramos en este estudio.

CAPITULO 12

La nueva creación (persona)

Es trágico que desde el mero principio tantos han interpretado mal y definido erróneamente la maravillosa verdad de que el nuevo hombre en Cristo comparece ante a Dios como justo y reconciliado. Algunos lo han visto como la suma total del evangelio, cayendo en el fracaso de no ver que Pablo tenía mucho que decir acerca del nuevo estado de la criatura en Cristo. "De modo que si alguno está en Cristo, nueva criatura es; las cosas viejas pasaron; he aquí todas son hechas nuevas" (2 Co. 5:17). Hay un cambio dramático dentro del hombre lo mismo que en la manera en la que comparece ante Dios.

Los críticos de Pablo pervirtieron su mensaje de la justificación por la fe al sugerir que el Apóstol enseña que el creyente no está bajo ninguna obligación moral, mientras que viva bajo la gracia. La verdad es que, no solamente el pecado fue así pintado como que no era de consecuencia alguna para Dios, sino que se sugirió que en efecto proveía una oportunidad para que la gracia de Dios abundara. ") ... ¿como se nos calumnia; Y como algunos, cuya condenación es justa, afirman que nosotros decimos): Hagamos males para que vengan bienes?" (Ro. 3:8). Tristemente, tal parodia hecha al evangelio de Pablo no era sólo una mofa de sus críticos, sino que parece haber sido un problema serio entre sus convertidos.[153]

Desafortunadamente esta representación errónea de la gloriosa verdad de la salvación por la gracia a través de la fe ha plagado la iglesia hasta nuestro día, expresándose a sí misma en varias formas de antinomianismo. Tal error deja de ver que el evangelio de Pablo era una proclamación de la santificación lo mismo que de la justificación.

Pablo rechazó indignado la sugestión de que la justificación no conllevaba una obligación moral: "En ninguna manera."[154] Enseguida procede a hacer una pregunta crucial: "¿O no sabéis?"[155] Era obvio que aquellos a quienes les estaba escribiendo no sabían las implicaciones de su fe lo que realmente había ocurrido cuando habían entrado a Cristo.

---

[153] Las preguntas retóricas de San Pablo en Romanos 6:1,15 " ¿Perseveraremos en el pecado para que la gracia abunde?" y ¿Pecaremos, porque no estamos bajo la ley, sino bajo la gracia?" reflejan tal malentendido.

[154] Cf. Romanos 6:2, 15 (R-V). Esta es una declaración idiomática (castellano) de la frase griega que significa literalmente: "¡De ninguna manera!" (me genoito). Cf. La Biblia de las Américas ("¡Jamás!"), Nueva Versión Internacional ("¡De ningún modo!", Versión Popular ("¡Claro que no!").

[155] Romanos 6:3 el griego literalmente dice: "¿Eres ignorante?" (agnoeite). Al proceder este estudio se observará que San Pablo repite esta pregunta constantemente (cf. Ro. 7:1). En ocasiones se usa una forma griega diferente (ouk oidate), que significa literalmente "¿No sabes tú?" pero tiene el mismo significado (cf. Ro. 6:16; 1 Co. 6:9).

Todas las cartas de Pablo están primordialmente dirigidas a una pregunta, a saber, ¿cuáles son las implicaciones morales de la fe de la criatura en Cristo? (La única posible excepción es Filipenses, en donde la palabra "pecado" [hamartia] no aparece). La teología generalmente llama a esto la santificación, lo que en su sentido más completo significa ser hecho santo al remover el pecado y al impartir la justicia. En la mayoría de los comentarios se clasifica Romanos 6:8 como la santificación en contraste con Romanos 3:21 5:21, que se llama la justificación.

En Romanos 6, Pablo pregunta:

> ¿O no sabéis que todos los que hemos sido bautizados en Cristo Jesús, hemos sido bautizados en su muerte? Porque somos sepultados juntamente con él para muerte por el bautismo, a fin de que como Cristo resucitó de los muertos por la gloria del Padre, así también nosotros andemos en vida nueva. Porque si fuimos plantados juntamente con él en la semejanza de su muerte, así también lo seremos en la de su resurrección; sabiendo esto, que nuestro viejo hombre fue crucificado juntamente con él, para que el cuerpo del pecado sea destruido, a fin de que no sirvamos más al pecado (Ro. 6:3-6).

Por medio de la metáfora del bautismo[156] la esencia de lo que Pablo pregunta es: ¿No saben, no se dan cuenta de que cuando entraron a Cristo entraron en su muerte? Murieron con Cristo al pecado (cf. Ro. 6:8, 11).

¿Qué significa morir con Cristo al pecado? ¿Qué sucede en el momento de esa experiencia? Para entender esto debemos relacionarlo a las otras dos maneras en que Pablo ata el pecado y la muerte. Primero, la consecuencia fatal del pecado del hombre es la muerte; la muerte en ambas formas: como una condición presente y un estado futuro (cf. c. 7). Segundo, la muerte de Cristo fue por el pecado del hombre (cf. c. 8). Cuando Cristo murió en la cruz fue más que una muerte física. Fue una muerte en relación con el pecado, una separación espiritual de su Padre (cf. Ro. 6:10). Pero la muerte de Cristo fue vicaria. Fue porque el hombre había pecado, y en lugar de que el hombre muriera (cf. 2 Co. 5:15-21). Así que, cuando nosotros, por medio de la fe, entramos en Cristo, participamos de su muerte. Esto significa que el creyente se apropia por la fe de la muerte que Cristo murió por él. Participa o comparte en la muerte de Cristo. Muere juntamente con Cristo. Todos los hombres murieron provisionalmente con Cristo cuando murió en la

---

[156] Cuando San Pablo se refiere al bautismo, la referencia primordial se hace al rito del bautismo cristiano en agua (cf. 1 Corintios 1:13-17; Efesios 4:5), el cual él (y la iglesia primitiva) consideraban como la puerta visible de entrada en la iglesia. La fe era la puerta invisible. La entrada del creyente en Cristo podía ser identificada como el momento cuando creía o era bautizado. Además, el bautismo implicaba el concepto de sepultura en la muerte y resurrección a nueva vida (cf. Ro. 6:4-5; Col. 2:12). Cuando San Pablo habla del bautismo en Cristo, se refiere no sólo al rito del bautismo en agua, sino a la resultante unión con Cristo. Por tanto, ser "bautizados en su muerte" significa que "fuimos plantados juntamente con él en la semejanza de su muerte" (Ro. 6:5; cf. Gá. 3:27; 1 Co. 12:13). El bautismo es igualado a la unión. El resultado es que el bautismo y la unión pueden ser equiparados donde no existe el bautismo (cf. 1 Co. 10:2). El sacramento del bautismo será estudiado en el capítulo 14.

cruz, pero solamente los que por fe aceptan esa muerte mueren experimentalmente con Cristo.

Es importante que no se confunda el concepto de Pablo de morir al pecado (con Cristo) con una separación sicológica del pecado. Hoy hablamos de morir a algo, queriendo decir que nos estamos separando de ese algo, mas eso no es lo que Pablo quiere decir. ¡Morir al pecado no significa sencillamente dejar de pecar! El hombre no puede morir al pecado por sí mismo apartándose de él, ya sea en acción o promesa. La muerte al pecado para Pablo, está siempre relacionada con nuestra identificación con la muerte de Cristo por fe.

En manera similar, Pablo nunca usa la crucifixión como una metáfora para indicar el negarse a sí mismo, sino siempre en relación a la muerte de Cristo y a nuestra participación de ella. Cuando dejamos de comprender esto, el pensamiento de Pablo se hace confuso y nos metemos en serios malos entendimientos. La crucifixión denota la manera de morir (Cristo murió), y es un sinónimo de muerte (con Cristo). Esto se ve gráficamente en Romanos 6:6" "Sabiendo esto, que nuestro viejo hombre fue crucificado juntamente con él, para que el cuerpo del pecado sea destruido, a fin de que no sirvamos más al pecado."

La crucifixión es la forma o manera como Cristo murió; muerte en la cual el creyente entra y de la cual participa, como se ve en el contexto (cf. vv. 3-10). Pablo pudo haber dicho: "Nuestro viejo yo [murió] con El."

Necesitamos considerar lo que significa la frase "nuestro viejo yo" [ho palaios anthropos]. Esto ha sido el asunto de una amplia divergencia de interpretaciones en los círculos teológicos wesleyanos.[157] Algunos entienden que la frase significa la depravación original, con la que todos los hombres nacen, relacionándola así con la doctrina wesleyana de la entera santificación. ¿Qué nos enseña el contexto? Romanos 6:6 es sólo parte de una lista de declaraciones objetivas (como se ve claramente por el uso del griego en modo indicativo) acerca de lo que les había ocurrido a estos creyentes cuando entraron a Cristo. Habían muerto al pecado, habiendo sido bautizados en Cristo y en su muerte, habían sido enterrados con El, etc. (vv. 1-8).

Los versículos 11-13 (cf. v. 19) contienen fuertes exhortaciones (modo imperativo del griego) que se basan en estas declaraciones objetivas, y [que apuntan] a la doctrina wesleyana de la entera santificación (cf. c. 20). La única manera para identificar el verso 6 con la entera santificación es desasociándolo del contexto indicativo (hechos verdaderos, y asociarlo con el contexto imperativo (exhortación) que principia en el verso 11. No hay respaldo gramatical para tal transposición.

En el verso 6 Pablo declara que el resultado de la crucifixión del viejo yo es que ya no seamos esclavos del pecado. Si hay alguna pregunta en cuanto a cuándo ocurre esto en la experiencia cristiana, la discusión que sigue la contesta:

---

[157] Cf. la discusión en el CBB bajo Efesios 4:22.

> Pero gracias a Dios, que aunque erais esclavos del pecado, habéis obedeci-
> do de corazón a aquella forma de doctrina a la cual fuisteis entregados; y
> libertados del pecado, vinisteis a ser siervos de la justicia (Ro. 6:17-18).

El uso de la antítesis es uno de los principios más claros de la hermenéutica en
Pablo. ¿Cuál es la antítesis del viejo yo? Obviamente es el nuevo yo. ¿Cuándo
viene el nuevo yo a la vida del creyente? "De modo que si alguno está en Cristo,
nueva criatura es; las cosas viejas pasaron; he aquí todas son hechas nuevas" (2
Co. 5:17). El nuevo yo es identificado con la entrada a Cristo. Los otros usos que
Pablo hace del viejo yo (cf. la discusión que sigue) respalda la interpretación que
hace referencia al "viejo hombre que éramos una vez" en pecado (Ro. 6:6).

Así que parece claro que cuando Pablo en Romanos 6:6 habla del viejo yo que
ha muerto (ha sido crucificado) con Cristo, él se refiere al pecador muriendo con
Cristo al pecado.[158]

Pero, ¿qué sucede cuando un hombre muere con Cristo al pecado? Hay un vital resultado futuro. Cuando participamos y compartimos de la muerte de Cristo,
ya no confrontamos la muerte como el resultado de nuestro propio pecado. Ya
hemos muerto en Cristo.[159] Además hay una crucial consecuencia presente de
nuestra muerte con Cristo al pecado. El poder del pecado en nuestras vidas es
deshecho ¡ahora! Pablo descubre gráficamente esta emocionante verdad. El hombre que muere con Cristo al pecado viene a ser un hombre libre, un hombre nuevo, un hombre espiritual.

Como se indicó en el capitulo 5, el pecado gobierna al hombre y lo ubica bajo
la condenación del juicio de Dios. Lo que es más, el pecado separa al hombre de
Dios y de sus semejantes, pero el hombre de fe goza de la nueva posición de justicia y reconciliación. Esto significa que está libre de la condenación, la culpa y la
pena del pecado. También significa que su separación es removida y que él es
reunido en compañerismo con Dios y con los hombres.

¡Aun esto dista mucho de ser todo! El pecado también sujeta al hombre en
servidumbre y esclavitud. El pecador es impotente e incapaz de soltarse de las
garras del pecado. Así que, la libertad del creyente en Cristo debe incluir la libertad de las cadenas del pecado de su poder esclavizador.

Esto es descrito por Pablo con una metáfora gráfica. El pecado reinó como un
rey y gobernó como señor sobre el impotente pecador. Específicamente, este
gobierno fue llevado a cabo sobre el cuerpo del hombre, al grado que Pablo lo
concibió como el propio cuerpo del pecado (Ro. 6:6), lo cual resultó en la desgracia completa y la muerte (cf. Ro. 7:24). Pablo recalca categóricamente que el
propósito[160] de la crucifixión del viejo yo fue para que se le pusiera fin al cuerpo

---

[158] Cuando una interpretación teológica rígida es impuesta sobre un término o concepto sin tomar en
cuenta el contexto o su significado en otras partes, el resultado es una hermenéutica bíblica inválida
que destruye la autoridad escritural.

[159] En conceptos teológicos estrictos esto debe asociarse con la nueva posición del creyente ante Dios. El
hombre que es justo y está reconciliado con Dios no confronta el juicio ni la muerte eterna (cf. c. 11).

[160] La construcción griega es una fuerte construcción de propósito —una cláusula hina.

del pecado.[161] Como resultado el hombre es libre del pecado y no es ya más un esclavo (cf. Ro. 6:6). A través de todo el resto de Romanos 6, Pablo describe al hombre en Cristo como un hombre libre.

> Pero gracias a Dios, que aunque erais esclavos del pecado, habéis obedecido de corazón a aquella forma de doctrina a la cual fuisteis entregados; y libertados del pecado, vinisteis a ser siervos de la justicia (Ro. 6:17-18). Mas ahora que habéis sido libertados del pecado y hechos siervos de Dios, tenéis por vuestro fruto la santificación, y como fin, la vida eterna (Ro. 6:22).

En forma aún más gráfica Pablo nos da un cuadro del pecado gobernando al hombre a través de su carne, así que una libertad significativa del pecado tiene que estar relacionada a la carne. Pablo dice que "los que son de Cristo han crucificado la carne con sus pasiones y deseos" (Gá. 5:24). ¿Qué significa crucificar la carne? La metáfora de la crucifixión tiene un significado vital para Pablo, y no es sólo una figura de oratoria. Describe la identificación del creyente, por la fe, con la muerte de Cristo.[162] Como resultado directo, la carne cesa de ser un instrumento del pecado, contra el cual el hombre es impotente. La cruz destruye el pecado en la carne (cf. Ro. 8:3). La carne deja de ser una fuerza irresistible o compulsiva del hombre hacia el mal. El hombre o criatura en Cristo está libre.

Más no se debe mal entender que quiera decir que la carne ha sido destruida. En ninguna parte de los escritos de Pablo o en todo el Nuevo Testamento se sugiere tal idea. La carne no es el pecado, sino es el instrumento del pecado (en el pecador).

El pecado original (yo soberano) deprava al hombre interior, oscureciendo su corazón y haciéndolo réprobo. Con frecuencia su corazón es lleno con rebeldía, enemistad y odio. Esta depravación interna encuentra su expresión en el hombre exterior, cuyos deseos y propensidades, que en cierto sentido son neutrales moralmente (por así decir), son ilegítimamente satisfechos y corruptos. Cuando el hombre vive en pecado estos deseos y propensidades de la carne, ahora inclinados al mal, lo mantienen en una esclavitud impotente. Por tal razón mientras el pecador vive de acuerdo a la carne (kata sarka) vive para la carne lo cual es vida pecaminosa, como se discutió en el capítulo 5.

Por esta razón Pablo habla del creyente crucificando la carne con sus pasiones y deseos (cf. Gá. 5:24). Por medio de su muerte con Cristo el nuevo hombre es liberado de las esclavizadas garras de sus propias pasiones y deseos. El hombre de

---

[161] La palabra griega que La Biblia de las Américas traduce, en sus notas marginales, como "reducido a la impotencia" es katargeo. Su significado básico es hacer inefectivo, impotente, estático (Cf. A y G). El cuerpo del hombre no es destruido, sino que el poder del pecado es quebrantado y por ello ya no es cuerpo de pecado. El cuerpo del hombre como instrumento involuntario del pecado, es reducido a la impotencia, destruido.

[162] En el sentido más estricto, el hombre interior es crucificado (muere) con Cristo y vive de nuevo ahora (cf. Gá. 2:20; Ro. 6:2-12; Col. 2:12; 3:3). El hombre exterior (cuerpo y carne), por consecuencia, es liberado del poder compulsivo del pecado (cf. Ro. 6:6). De ahí que se aluda a la carne como crucificada, incluso al "mundo" (la arena del pecado) mismo (cf. Gá. 6:14).

fe tiene que seguir viviendo en la carne, como su esfera de existencia (cf. Gá. 2:20). Por tanto tiempo como viva en la tierra, éste es su hogar: el hombre exterior, presente, y terrenal. No tiene otro lugar en donde vivir sino en la carne. Pero, en contraste al pecador, el hombre de fe no necesita hacer de la carne sus medios o dinámica de la vida. No es compelido a satisfacer los deseos y propensidades de su carne.[163] Es un hombre libre del esclavizador control del pecado que trabaja a través de su propia carne. Es libre para no vivir de acuerdo a la carne.

En una sección más adelante veremos que la carne ha quedado debilitada por el pecado y permanece, en el nuevo hombre, como una cabeza del puente que lo puede llevar otra vez a la esclavitud del pecado. Por esta razón Pablo exhorta a los creyentes a que no "proveáis para los deseos de la carne" (Ro. 13:14), y a que no "uséis la libertad como ocasión para la carne" (Gá. 5:13), y "no satisfagáis los deseos de la carne" (Gá. 5:16). La carne no es destruida, pero la esclavitud al pecado que obra por medio de la carne es terminada al morir el creyente con Cristo al pecado. ¡Es un hombre libre!

La esclavitud del hombre al pecado también era por medio de la ley "El poder del pecado, la ley (1 Co. 15:56). La libertad del pecado es inseparable de la libertad de la ley, entendida como requisitos legalistas. Por lo tanto, Pablo podía asegurarles a los romanos que el "pecado no se enseñoreará de vosotros; pues no estáis bajo la ley, sino bajo la gracia" (Ro. 6:14). Romanos 7:7-13 presenta a la ley como el cómplice, sin querer serlo, del pecado; y Romanos 7:14-25 describe la servidumbre total al pecado bajo la ley. Sin embargo, este capítulo tan importante principia con una ilustración de la ley del matrimonio.[164] Aquí Pablo presenta dos sencillos, pero importantes puntos. Primero, la ley en este caso la ley del matrimonio tiene jurisdicción sobre[165] una persona por todo el tiempo que viva. Segundo, un hombre es exonerado [katargeo] o liberado de la ley sólo cuando ocurre la muerte. Esto es cierto en el caso de la ley del matrimonio—y en el de toda la ley. Pablo procede a hacer la aplicación de la ilustración.

> Así también vosotros, hermanos míos, habéis muerto a la ley mediante el cuerpo de Cristo, para que seáis de otro, del que resucitó de los muertos, a fin de que llevemos fruto para Dios. Porque mientras estábamos en la carne, las pasiones pecaminosas que eran por la ley obraban en nuestros miembros llevando fruto para muerte. Pero ahora estamos libres de la ley, por haber muerto para aquella en que estábamos sujetos, de modo que sirvamos bajo el régimen nuevo del Espíritu y no bajo el régimen viejo de la letra (Ro. 7:4-6).

---

[163] Este es el contexto de la rara referencia de San Pablo a no estar o no vivir en la carne (cf. Ro. 8:8-9, 12; 7:5). Cf. capítulo 3.

[164] Se han hecho muchos intentos de alegorizar la ilustración de San Pablo de la libertad de la ley del matrimonio. Han resultado en confusión o principios hermenéuticos dudosos. Si se entiende como una simple ilustración, tales conclusiones son innecesarias.

[165] La palabra griega (kurieuo) significa literalmente "enseñorearse sobre"; cf. Romanos 6:14.

Lo que Pablo quiere decir es claro. La muerte del creyente con Cristo al pecado trajo libertad de la ley y de la esclavitud en que estaba.

Pablo usó la metáfora de la esclavitud y la libertad puesto que era una experiencia común a todos los hombres, ya fueran como víctimas o victoriosos. Se ha observado con frecuencia que Pablo usó raramente la metáfora de la limpieza.[166] Y eso por muy buena razón. El concepto de la limpieza era primordialmente una metáfora relacionada con el templo, asociada a los sacrificios religiosos de la religión judaica. La metáfora de la esclavitud y la libertad era mucho más significativa en el mundo gentil y pagano en donde Pablo laboraba.[167] La verdad que quería Pablo comunicar era que por medio de la muerte del creyente con Cristo al pecado, el poder y las garras de éste eran rotos. ¡Dejaban de existir! ¡Venían a su fin!

Esto apunta naturalmente al segundo cuadro que Pablo presenta en relación con el hombre en Cristo. Este no sólo es un hombre libre es un nuevo hombre. La criatura de fe vive en una nueva manera, porque es una nueva criatura o nueva persona. "De modo que si alguno está en Cristo, nueva criatura es; las cosas viejas pasaron; he aquí todas son hechas nuevas" (2 Co. 5:17; cf. Gá. 6:15; Jn. 3:3, 7). Pablo pinta este cuadro usando la gráfica metáfora de la resurrección espiritual. En Romanos 6, Pablo presenta claramente que el creyente no sólo entra o participa de la muerte de Cristo, sino que también entra o participa de su resurrección.

> Porque si fuimos plantados juntamente con él en la semejanza de su muerte, así también lo seremos en la de su resurrección ... Y si morimos con Cristo, creemos que también viviremos con él (Ro. 6:5, 8).[168]

El grandioso diseño es que "también nosotros andemos en vida nueva" (Ro. 6:4). En Colosenses 2:12 también se hace la misma relación entre la muerte con Cristo (el bautismo) y la resurrección "Sepultados con él en el bautismo, en el cual fuisteis también resucitados con él, mediante la fe en el poder de Dios que le levantó de los muertos." Aunque hay menor certidumbre de esto, hay buena razón para creer que cuando Pablo habla de conocer a Cristo y el poder de su resurrección, y la participación de sus padecimientos, y de llegar a ser semejante a él en su muerte (cf. Fil. 3:10), se está refiriendo a la resurrección espiritual.

---

[166] San Pablo nunca usó el sustantivo de "limpieza" (katharismos) y usó el verbo "limpiar" (katharidzo) sólo tres veces (2 Co. 7:1; Ef. 5:26; Tit. 2:14). La palabra "limpio" (katharos) es usada sólo una vez en sus primeras cartas, y eso en relación con la carne (Ro. 14:20). Los otros usos de la palabra "limpio" o "puro" se encuentran en las epístolas pastorales (1 Ti. 1:5; 3:9; 2 Ti. 1:3; 2:22; Tit. 1:15b).

[167] Los sacrificios formaban parte vital de la adoración en los templos gentiles, pero no con el propósito de la limpieza del adorador. Los sacrificios paganos tenían el propósito de apaciguar y aplacar a los dioses.

[168] Como se verá en capítulos subsecuentes, queda la bendita verdad de la resurrección futura del cuerpo. Algunos eruditos neotestamentarios tratan de interpretar de esta manera estas referencias porque están en el tiempo futuro o en el modo subjuntivo. Sin embargo, el versículo 11 ("Así también vosotros consideraos muertos al pecado, pero vivos para Dios en Cristo Jesús") aclara que la nueva vida es lógicamente futura en relación con la muerte con Cristo. Estos versículos hablan claramente de la resurrección espiritual presente del nuevo hombre interior.

¿Qué quiso decir Pablo con este cuadro tan vívido? El hombre en Cristo no solamente es libre de las garras del pecado, al morir con Cristo, sino que también es hecho nuevo internamente, en corazón y mente. Entra en una nueva esclavitud de amor para con Dios y los hombres. Pablo lo describe gráficamente.

> Si, pues habéis resucitado con Cristo, buscad las cosas de arriba, donde es-
> tá Cristo sentado a la diestra de Dios. Poned la mira en las cosas de arriba,
> no en las de la tierra. Porque habéis muerto, y vuestra vida está escondida
> con Cristo en Dios (Col. 3:1-3).

Íntimamente relacionada, más significativamente distinta del concepto de la resurrección espiritual, está la idea de regeneración. Es irónico que el pecador a quien se invita a compartir la muerte de Cristo, ya está muerto. El verso que le sigue a Colosenses 2:12 describe dicha resurrección en la manera siguiente: "Y a vosotros, estando muertos en pecados y en la incircuncisión de vuestra carne, os dio vida juntamente con él, perdonándoos todos los pecados" (Col. 2:13; cf. Ef. 2:1, 5). La verdad es, que cuando el pecador muere con Cristo al pecado, él senci-llamente está cambiando una muerte por otra, mas a través de esta nueva muerte encuentra novedad de vida. El término regeneración significa literalmente hacer o sacar a la vida, aunque frecuentemente el término se usa no en manera técnica para referirse a todos los alcances de la salvación. Esta vida nueva será examinada con más detalle en el siguiente capítulo.

Pablo utiliza una metáfora más para describir este nuevo hombre en Cristo.

> No mintáis los unos a los otros, habiéndoos despojado del viejo hombre
> con sus hechos, y revestido del nuevo, el cual conforme a la imagen del
> que lo creó se va renovando hasta el conocimiento pleno (Col. 3:9-10).[169]

La mayoría de los eruditos del Nuevo Testamento ven en esta metáfora una alusión a la práctica común del bautismo. Conforme el vestido viejo del creyente era hecho a un lado, era simbólico del despojamiento de la vida vieja de pecado. Cuando el convertido se levantaba de las aguas bautismales, se vestía con una nueva ropa, simbólica de la vida nueva a la que ahora había entrado. De impor-tancia primordial a este estudio, esta metáfora describe gráficamente la verdad que el creyente es un nuevo hombre. Es una nueva persona, viviendo una vida nueva.

Cuando un hombre muere con Cristo al pecado, éste no sólo viene a ser un hombre libre y una nueva persona también viene a ser un hombre espiritual. Es por el Espíritu de Dios que el hombre es hecho libre y nuevo. Aquí hay una dis-tinción muy sutil que con frecuencia se pierde de vista, porque Pablo no la decla-

---

[169] Cf. el paralelo en Efesios 4:22-24. La construcción en Colosenses 3:9-10 usa participios aoristos y es claramente un hecho indicativo, relacionado con lo que ya era la experiencia de los colosenses ya se habían despojado del hombre viejo y se habían vestido del nuevo (el participio aoristo denota acción antecedente). En Efesios 4:22-24 la construcción usa infinitivos aoristos, los cuales son ambiguos pue-den ser o indicativo o imperativos. Es sólo una buena exégesis el interpretar el pasaje ambiguo (de Efesios) a la luz del que no es ambiguo (Colosenses). Por lo demás, la otra referencia clara al "hombre viejo" (Ro. 6:6) también es indicativo sin ninguna ambigüedad (cf. lo anterior).

ra explícitamente. Como lo notamos en el capítulo 3, Pablo usa el término "carne" (sarx) en tres relaciones con el hombre como la base de su existencia, como la esfera de su existencia, y como los medios o dinámica de la vida. Esta misma relación triple se nota en relación con el Espíritu (Pneuma). Todos los hombres son carne (la base de su existencia), y las nuevas criaturas en Cristo son espíritu (su nueva base de existencia), Jesús se lo explicó a Nicodemo. "Lo que es nacido de la carne es; y lo que es nacido del Espíritu, espíritu es" (Jn. 3:6). El nuevo hombre es ambos, carne y espíritu como la base de su existencia.

Pero hay una diferencia distintiva entre existencia y vivir o entre ser y hacer.[170] Esto lo vemos en la urgente amonestación de Pablo a los Gálatas. "Si vivimos por el Espíritu, andemos también por el Espíritu" (Gá. 5:25). Esta distinción se hace más clara en la versión Amplified [una traducción en inglés]. "Si ... tenemos nuestra vida en [Dios], sigamos adelante caminando en línea, nuestra conducta controlada por el Espíritu." Pablo había dicho anteriormente que los Gálatas cristianos habían recibido el Espíritu,[171] y más tarde los exhorta a que anden "en el Espíritu" (Gá. 5:16) y a ser guiados "por el Espíritu" (5:18). Aquí está la distinción entre existencia y vivir. La misma distinción se encuentra en 1 Corintios, en donde Pablo escribe: "Hemos recibido ... el Espíritu que proviene de Dios"[172] empero les dice a esos mismos creyentes: "De manera que yo, hermanos, no pude hablaros como a espirituales, sino como a carnales, como a niños en Cristo" (1 Co. 3:1).

Cómo se puede explicar esto" Eran espirituales (la base de su existencia) pero Pablo no pudo hablarles como si fueran hombres espirituales porque usaban la carne, en lugar del Espíritu, como su dinámica para vivir.

El interés de Pablo en cuanto al hacer en contraste con el ser será considerado más tarde, pero nuestro interés aquí es el de recalcar que el nuevo hombre es también espiritual. Tiene totalmente una nueva base de existencia por el Espíritu.

La experiencia de llegar a ser un hombre libre, un nuevo hombre, y un hombre espiritual, liberado de las garras del pecado para encontrar una nueva vida de amor y servicio a Dios y a los hombres por medio del Espíritu Santo es llamada santificación. "Mas ahora que habéis sido libertados del pecado y hechos siervos de Dios, tenéis por vuestro fruto la santificación, y como fin, la vida eterna" (Ro. 6:22). Estrictamente hablando, esta es la santificación inicial o la vida de santidad principiada.[173]

---

[170] La tercera categoría es la "esfera de existencia", o donde vive una persona. El hombre mortal, ya sea pecador o creyente, tiene sólo un lugar para vivir y éste es en la carne. El creyente no vive en el espíritu en el sentido de su esfera de existencia. No tiene una existencia no terrenal o etérea.

[171] Cf. Gálatas 3:2; cf. también 3:3 "Habiendo comenzado por el Espíritu" y 3:5 "Aquel, pues, que os suministra el Espíritu" (se le ha agregado el énfasis con cursivas).

[172] 1 Corintios 2:12; cf. también 3:16 "El Espíritu de Dios mora en vosotros"; y 6:19 "Vuestro [singular] cuerpo es templo del Espíritu Santo, el cual está en vosotros [singular]" (se le ha agregado el énfasis con cursivas).

[173] Esta experiencia también puede identificarse como "conversión", la cual significa literalmente dar la vuelta. San Pablo nunca usó el término (epistrepho) en un sentido técnico teológico; mas su significado básico puede observarse en referencias tales como 2 Corintios 3:16; 1 Tesalonicenses 1:9. (Cf. Gá. 4:9 para una "reconversión".)

El perdón y la aceptación con Dios traen una paz maravillosa, pero las buenas nuevas del evangelio traen más promesas. ¡Usted puede también ser una nueva persona en Cristo! Aunque es difícil encontrar un significado experimental en el concepto paulino de morir con Cristo, los resultados de nuestra unión-por-la-fe con Cristo son una gran realidad. Entendemos lo que significa el ser atados y encadenados por el pecado, y la razón de ello es que éramos verdaderamente esclavos de nuestros propios apetitos e inclinaciones. Cuando por medio de la fe en Cristo, somos libertados de esas garras compulsivas, esta es libertad en verdad. Descubrimos que no somos solamente libres, sino también personas nuevas ¡en contraste dramático con las personas que un día fuimos! Estamos vivos en una nueva manera. Podemos describirla mejor de lo que Jesús se la describió a Nicodemo. Somos nacidos de nuevo por el Espíritu de Dios.

CAPITULO 13

La vida nueva

El nuevo hombre en Cristo tiene una nueva vida y vive en una manera nueva. Ha sido levantado para andar "en vida nueva" (Ro. 6:4). ¿Cuál es esta vida esta nueva vida espiritual? Una llave para entender el pensamiento de Pablo es el examen de su antítesis, que en este caso es vida y muerte.[174] ¿Qué quiere decir Pablo por muerte? Es la separación o enajenación de Dios causa por el pecado, tanto en el presente como en el futuro. Sin embargo, cuando la barrera del pecado es quitada, el creyente encuentra la vida a través de la unión y compañerismo con Dios en Cristo. Esto está completamente de acuerdo con el concepto juanino de la vida: "Y esta es la vida eterna: que te conozcan a ti, el único Dios verdadero, y a Jesucristo, a quien has enviado" (Jn. 17:3).

Conforme el hombre responde en fe a la iniciativa divina de amor en la cruz, entra en una nueva relación. Es unido a Dios en Cristo. Esta nueva relación le da al hombre una nueva posición, al permitirle comparecer delante de Dios como justo y reconciliado. El creyente también es un hombre libre, un hombre nuevo, y un hombre espiritual por medio de su muerte con Cristo al pecado. Todo esto se puede resumir en una palabra vida. "Para mí el vivir es Cristo" (Fil. 1:21).

> Todo lo que Pablo asocia con la salvación gozo, y paz, y poder, y progreso, y victoria moral se resume en una palabra que él usa constantemente, "vida". Sólo aquellos que a través de Cristo han entrado en una relación vital con Dios están realmente "vivos". La existencia fuera de Cristo ni siquiera vale la pena de ser llamada vida.[175]

En términos sicológicos más modernos, esto está vitalmente relacionado con la realización del individuo, o con el llegar a ser una verdadera persona. El hombre en pecado es un esclavo, lo que le hace imposible el ser una persona. La ironía es que el pecador es un esclavo de sí mismo, de sus propios deseos y propensiones. Por esta razón no es capaz de realizar la capacidad total de su propia existencia. Por el otro lado, el hombre en Cristo ha sido librado de su esclavitud y la libertad resultante lo capacita para encontrar el verdadero significado de la vida.

Es necesario examinar someramente el contenido de la nueva vida encontrada por medio de la unión con Dios en Cristo. ¿Cuál es su naturaleza? ¿En qué consiste? El hecho es que gran parte del Nuevo Testamento es una respuesta a esta

---

[174] . Cf. el contraste gráfico que San Pablo traza en Romanos 5:15-21; 6:23. El resultado de la transgresión de Adán es muerte, pero de la obediencia de Cristo emana la vida: cf. capítulos 4 y 7.

[175] James Stewart, A Man in Christ (Nueva York: Harper and Brothers Publishers, 1935), p. 192.

pregunta. Nosotros examinaremos los tres más grandes términos, y conceptos, relacionados a la vida espiritual en el Nuevo Testamento. "Y ahora permanecen la fe, la esperanza y el amor, estos tres" (1 Co. 13:13).

La fe y la esperanza se pueden estudiar juntos porque ambos describen el mismo concepto de vida, a saber, certeza. Un Diccionario define esperanza como "un deseo con expectativa de cumplimiento". Sin embargo, en su uso común la expectativa frecuentemente es perdida, y la esperanza se degenera en un mero deseo. Pero no es así en el Nuevo Testamento. La esperanza es tan cierta como la fe. Una buena definición bíblica sería: Fe es certeza para el presente, y esperanza es certeza para el futuro.

> Tampoco dudó, por incredulidad, de la promesa de Dios, sino que se fortaleció en fe, dando gloria a Dios, plenamente convencido de que era también poderoso para hacer todo lo que había prometido (Ro. 4:20-21). Y la esperanza no avergüenza; porque el amor de Dios ha sido derramado en nuestros corazones por el Espíritu Santo que nos fue dado (Ro. 5:5).

El término fe tiene un significado y uso mucho más extenso que la mera respuesta a la iniciativa divina de la cruz. La fe es una de las características fundamentales de la nueva vida. Es una fe viva tanto como una fe salvadora. El hombre en Cristo viene a ser un hombre de fe, porque la fe caracteriza su perspectiva de la vida. Pablo escribió en Romanos: "Vuestra fe se divulga por todo el mundo" (Ro. 1:8). También habla de la perspectiva de animarse los unos a los otros debido a una fe mutua (v. 12). Pablo estaba preocupado de que los corintios no tuvieran la fe "fundada en la sabiduría de los hombres, sino en el poder de Dios" (1 Co. 2:5). Aunque la distinción técnica no siempre es hecha, la fe del hombre en Cristo está cimentada sólidamente sobre su cruz y su resurrección. "Y si Cristo no resucitó, vana es entonces nuestra predicación, vana es también vuestra fe" (1 Co. 15:14).

En manera similar la esperanza del nuevo hombre tiene su fundamento en la promesa del regreso de Cristo. Se puede hacer la distinción, la fe es certeza basada en la resurrección de Cristo; la esperanza es certeza basada en la resurrección del creyente. Pablo pudo decir en nombre de aquellos cristianos primitivos: "Y nos gloriamos en la esperanza de la gloria de Dios" (Ro. 5:2). Lo que es más, Pablo se podía referir a la esperanza: "Sin moveros de la esperanza del evangelio" (Col. 1:23).

Específicamente, la esperanza del cristiano es la promesa de la resurrección del cuerpo.

> Y no sólo ella, sino que también nosotros mismos, que tenemos las primicias del Espíritu, nosotros también gemimos dentro de nosotros mismos, esperando la adopción, la redención de nuestro cuerpo. Porque en esperanza fuimos salvos; pero la esperanza que se ve, no es esperanza; porque lo que alguno ve, ¿a qué esperarlo? Pero si esperamos lo que no vemos, con paciencia lo aguardamos (Ro. 8:23-25).

Pablo habla acerca de su intenso deseo: "si en alguna manera llegase a la resurrección de entre los muertos" (Fil. 3:11).

Como ocurre con frecuencia, esta distinción entre la fe (el presente) y la esperanza (el futuro) no siempre se mantiene con estricta precisión. Algunas veces ocurre una mezcla de los dos conceptos. En el pasaje antes mencionado, en donde Pablo habla de la fe de Abraham, también afirma: "El creyó en esperanza contra esperanza, para llegar a ser padre de muchas gentes, conforme a lo que se le había dicho: Así será tu descendencia" (Ro. 4:18).

De importancia primordial para este estudio es el hecho de que esta certeza de fe y esperanza creó una atmósfera de confianza, seguridad y garantía dentro de la cual los cristianos primitivos vivían. Esto se puede examinar mejor estudiando los términos de paz y gozo. "Y el Dios de esperanza os llene de todo gozo y paz en el creer, para que abundéis en esperanza por el poder del Espíritu Santo" (Ro. 15:13). El gozo es la alegría o felicidad que irradia de la vida del hombre que está en Cristo. Es una expresión externa de la paz interna que mora en el creyente. La paz es la ausencia de la ansiedad y la preocupación, pero mucho más. Es la serenidad positiva que resulta de tener y vivir dentro de una correcta relación con Dios, con los semejantes y con uno mismo. "Porque el reino de Dios no es comida ni bebida, sino justicia, paz y gozo en el Espíritu Santo" (Ro. 14:17).

El gozo es la atmósfera del Nuevo Testamento, en donde el término se usa más de 130 veces. Realmente, un cristiano triste (sin gozo) es una contradicción. Los creyentes del Nuevo Testamento se saludaban diciéndose: "¡Alégrese!" "¡La paz sea con vosotros!" y "¡El gozo sea con vosotros!" El gozo le añadía lustre a todas las virtudes cristianas e iluminaba toda experiencia de la vida, pero su brillo nunca relucía tanto como en la adversidad. Una de las primeras lecciones que un neófito debe aprender es que el gozo no depende de las circunstancias. Más bien, el gozo viene de lo más hondo del hombre, de su fe y su esperanza, nacido del compañerismo con Dios en Cristo. Las pruebas son transformadas por el gozo. No es suficiente soportar o aun vencer la adversidad. Ningún triunfo es cabalmente cristiano sin el gozo.

Como entristecidos, mas siempre gozosos; como pobres, mas enriqueciendo a muchos; como no teniendo nada, mas poseyéndolo todo (2 Co. 6:10). Que en grande prueba de tribulación [de los macedonios], la abundancia de su gozo y su profunda pobreza abundaron en riquezas de su generosidad (2 Co. 8:2). Y vosotros vinisteis a ser imitadores de nosotros y del Señor, recibiendo la palabra en medio de gran tribulación, con gozo del Espíritu Santo (1 Ts. 1:6; cf. Stg. 1:2-4; 1 P. 1:3-9).

Pablo puso bellamente el ejemplo para sus seguidores al escribir desde una prisión romana:

Y aunque sea derramado en libación sobre el sacrificio y servicio de vuestra fe, me gozo y regocijo con todos vosotros. Y asimismo gozaos y regocijaos también vosotros conmigo (Fil. 2:17-18). Regocijaos en el Señor siempre. Otra vez digo: ¡Regocijaos! (Fil. 4:4).

El nuevo hombre de fe (y esperanza) estaba capacitado para enfrentarse con la adversidad, las dificultades, y sufrimiento por vivir para Cristo que le presentara la gente, los problemas, y las presiones con gozo victorioso. Había encontrado realmente novedad de vida.

> Por nada estéis afanosos, sino sean conocidas vuestras peticiones delante de Dios en toda oración y ruego, con acción de gracias. Y la paz de Dios, que sobrepasa todo entendimiento, guardará vuestros corazones y vuestros pensamientos en Cristo Jesús (Fil. 4:6-7).

El tercer término en este triunvirato de valores supremos en esta novedad de vida es el amor (agape). La más grandiosa expresión de ágape que el mundo ha visto se manifestó en la iniciativa divina en la cruz. Sin embargo, el hombre de fe se maravilla al descubrir que Dios no solamente lo ama, sino que por medio de él ama a otros. "Porque el amor de Dios ha sido derramado en nuestros corazones por el Espíritu Santo que nos fue dado" (Ro. 5:5). Propiamente entendido, el amor que caracteriza al hombre en Cristo no es un sentimiento humano o una emoción, sino que tiene una cualidad divina. El hombre no puede crear o producir este amor; él solamente lo puede transmitir o comunicar. En verdad, ágape es mucho más que una emoción o un sentimiento. Incluye o involucra a toda la persona, incluyendo su voluntad e intelecto.

Básicamente, ágape no es un afecto o admiración. En este sentido "amar" no necesariamente quiere decir "gustar".[176] En este punto hay una gran confusión. La definición que William Barclay da en este punto es concisa, pero inigualable. "ágape es benevolencia inconquistable, buena voluntad que no puede ser derrotada."[177]

Este amor es simpatía compartida o una identificación de intereses con los semejantes, que no se basa en su atracción o categoría. La única consideración es necesidad. Quizá la mejor palabra que se pueda usar como sinónimo sea interés pero un interés que se vuelve acción.

Es significativo que el término ágape es distintivamente cristiano, nacido de una necesidad para describir la vida del nuevo hombre en Cristo.[178] Ágape es fundamentalmente la actitud del hombre hacia sus semejantes, que refleja el interés de Dios hacia [él].[179]

---

[176] Como en ningún otro lugar, aquí se observa la pobreza del idioma castellano, el cual sólo tiene una palabra (amor) para expresar una gran variedad de conceptos. Cf. las definiciones de los diccionarios de la palabra amor. Barclay escribe: "Se dice que, en gaélico, si un joven ama a una señorita, ¡puede expresarle su amor en veinte diferentes vocablos o términos! En castellano sólo existe una palabra para expresar amor, la cual debe abarcar muchos sentimientos. Pero el griego tiene cuatro palabras para el sentimiento de amor" (Flesh and Spirit, p. 63).

[177] Flesh and Spirit, p. 65.

[178] El sustantivo (ágape), usado primero en la LXX (sólo en forma breve), se encuentra extensamente en el Nuevo Testamento. El verbo (agapao), aun cuando se usa ocasionalmente en el griego secular, encuentra su significado pleno en la Biblia ——en particular en el Nuevo Testamento.

[179] ágape se usa para referirse al amor de Dios (y Cristo) por el hombre, pero sólo en forma muy rara para el amor del hombre hacia Dios. San Pablo lo usa sólo en 2 Tesalonicenses 3:5. (Cf. "agapao" en Ro. 8:28; 1 Co. 2:9; 8:3; Ef. 6:24.)

Así como la certeza del creyente, nacida de la fe y la esperanza, produce paz personal y gozo, así ágape es el interés que caracteriza la relación hacia sus hermanos.

El amor sea sin fingimiento. Aborreced lo malo, seguid lo bueno. Amaos los unos a los otros con amor fraternal; en cuanto a honra, prefiriéndoos los unos a los otros. En lo que requiere diligencia, no perezosos; fervientes en espíritu, sirviendo al Señor; gozosos en la esperanza; sufridos en la tribulación; constantes en la oración; compartiendo para las necesidades de los santos, practicando la hospitalidad. Bendecid a los que os persiguen; bendecid, y no maldigáis. Gozaos con los que se gozan; llorad con los que lloran. Unánimes entre vosotros; no altivos, sino asociándoos con los humildes. No seáis sabios en vuestra propia opinión. No paguéis a nadie mal por mal; procurad lo bueno delante de todos los hombres. Si es posible, en cuanto dependa de vosotros, estad en paz con todos los hombres. No os venguéis vosotros mismos, amados míos, sino dejad lugar a la ira de Dios; porque escrito está: Mía es la venganza, yo pagaré, dice el Señor. Así que, si tu enemigo tuviere hambre, dale de comer; si tuviere sed, dale de beber; pues haciendo esto, ascuas de fuego amontonarás sobre su cabeza. No seas vencido de lo malo, sino vence con el bien el mal (Ro. 12:9-21).

Fue Pablo quien, captando lo que Jesús había recalcado, vio que esta clase de amor cumple toda la ley de Dios.

No debáis a nadie nada, sino el amaros unos a otros; porque el que ama al prójimo, ha cumplido la ley. Porque: No adulterarás, no matarás, no hurtarás, no dirás falso testimonio, no codiciarás, y cualquier otro mandamiento, en esta sentencia se resume: Amarás a tu prójimo como a ti mismo. El amor no hace mal al prójimo; así que el cumplimiento de la ley es el amor (Ro. 13:8-10).

Más directamente, ágape produce el remedio sanador del perdón.

Vestíos, pues, como escogidos de Dios, santos y amados, de entrañable misericordia, de benignidad, de humildad, de mansedumbre, de paciencia; soportándoos unos a otros, y perdonándoos unos a otros si alguno tuviera queja contra otro. De la manera que Cristo os perdonó, así también hacedlo vosotros. Y sobre todas estas cosas vestíos de amor, que es el vínculo perfecto (Col. 3:12-14).

La vida del nuevo hombre o criatura en Cristo es una de paciencia, benignidad, dominio propio con Dios y las circunstancias debido a su fe y esperanza, con los hombres debido a su amor. Pero ágape es un interés que es más que un dominio de sí mismo pasivo y perdonador. Se expresa a sí mismo en una generosidad, bondad y benignidad positivas. Involucrarse es una palabra muy popular en nuestro día. La nueva criatura en Cristo no puede vivir en aislamiento; el amor de

Dios que mora en él le abre su corazón y vida hacia el mundo que le rodea. ¡Es en verdad, el hermano de su hermano!

¿Cuáles son dos de las dimensiones más frecuentes mencionadas de la vida más plena posible hoy día? ¿No son participación y confianza? Si un hombre va a encontrar que la vida valga la pena, debe ser liberado de temores destructores y enfrentarse con la vida de día en día lleno de confianza. También estamos descubriendo frecuentemente con mucho dolor que la vida tiene demandas sociales. Si nos aislamos detrás de barreras (cortinas) de todas clases la vida no tiene un significado verdadero. Debemos involucrarnos con nuestros semejantes a fin de verdaderamente encontrar vida nosotros mismos.

Pero, ¿cuál es la palabra mágica? ¿Cuál es la respuesta? ¿En dónde se puede encontrar la confianza? ¡Los temores no huyen cuando se psicoanalizan! Las inseguridades se prenden a nuestras espaldas como sanguijuelas, extrayendo la sangre de nuestra vida. ¡La sencilla verdad es que tenemos temor de involucrarnos! El evangelio de Cristo Jesús habla elocuentemente de la desesperada necesidad que el hombre tiene de la vida. En Cristo hay una maravillosa vida nueva. ¿Podría expresarse mejor que: certidumbre, nacida de la fe y la esperanza, e interés, como la expresión del ágape de Dios derramado en nuestros corazones?

CAPITULO 14

El nuevo compañerismo (la iglesia)

Hay toda evidencia posible en el Nuevo Testamento de que los cristianos primitivos no veían su relación recientemente hallada con Dios en Cristo en un sentido individualista ¡La salvación no era la soledad! Un hombre no se tornaba en un creyente aislado. En vez de eso, venía a ser parte del compañerismo de creyentes. La criatura en Cristo entraba en un nuevo compañerismo.

Como ocurre con frecuencia, se encontraron abusos peligrosos de esta verdad en los extremos opuestos. En un esfuerzo para guardar la verdad esencial de que la fe salvadora es por necesidad personal, la teología evangélica algunas veces ha enseñado equivocadamente que la salvación es completamente individualista, perdiendo así de vista el aspecto corporal de la fe cristiana. Por el otro lado, un énfasis exagerado sobre la importancia de la iglesia como el cuerpo místico de Cristo tiende a menospreciar la prístina enseñanza del Nuevo Testamento de que cada hombre debe responder personalmente a la cruz con fe.

Pablo recalca que el hombre de fe entra a un nuevo compañerismo. La palabra compañerismo (koinonia), que en el griego clásico quería decir una asociación o sociedad, fue usada por la iglesia primitiva con un nuevo significado. Había un compañerismo en el que se compartían las necesidades prácticas de la vida (cf. Ro. 12:13; 2 Co. 8:4), de trabajar juntos para Cristo (cf. Fil 1:5), y hasta sufrir por Cristo (cf. Fil. 3:10). Los creyentes individuales eran unidos en un lazo muy íntimo (cf. 2 Co. 6:14, y la inclusión de los gentiles en este compañerismo fue un misterio milagroso para los cristianos judíos (cf. Ef. 3:9). Este compañerismo era en el Espíritu Santo (cf. 2 Co. 13:14; Fil. 2:1). "Fiel es Dios, por el cual fuisteis llamados a la comunión con su Hijo Jesucristo nuestro Señor" (1 Co. 1:9). "La koinonia cristiana es ese lazo o unión que ata a los cristianos los unos con los otros, con Cristo y con Dios."[180]

Desde el principio de la iglesia, el compañerismo de creyentes fue llamado la iglesia (ekklesia), un término que Pablo usa extensamente.[181] Los varios usos del término han sido el tema de infinidad de volúmenes, así que un estudio como éste no puede considerar el asunto cabalmente.

---

[180] Barclay, More New Testament Words, p. 174. Cf. su discusión sobre koinonia, pp. 173-76.

[181] El término griego (ekklesia) tiene un rico antecedente en la literatura griega y judía (LXX). Se usa sólo tres veces en los Evangelios (Mt. 16:18; 18:17), pero se encuentra aproximadamente 25 veces en Hechos y más de 40 en los escritos de San Pablo. El término ekklesia significa literalmente los "llamados fuera". William Barclay observó correctamente que no significa ser llamado en algún sentido exclusivo, sino que se refiere a aquellos "que han sido llamados fuera de sus hogares para acudir a encontrarse con Dios" (More New Testament Words, p. 70).

Algunas ocasiones Pablo se refiere a la iglesia como a una asamblea local (cf. 1 Ts. 1:1; 2 Ts. 1:1; Fil. 4:15), o a un grupo de iglesias en cierta área específica (cf. 1 Co. 16:1, 19; 2 Co. 8:1; Gá. 1:2, 22). En otra ocasión habla de la iglesia universal, y llega hasta a identificar a "la iglesia de Dios que está en Corinto" (1 Co. 1:2; cf. 2 Co. 1:1). Parece que el concepto de Pablo acerca de la iglesia se desarrolló durante un período de años. La mayoría de las referencias en sus primeras cartas eran dirigidas a congregaciones individuales, mientras que en sus cartas posteriores la visión de la gran iglesia universal, de la cual la iglesia local es una parte, principió a surgir claramente.[182] Por supuesto que había una penetrante comprensión de que era la iglesia de Dios o de Cristo, aunque esto era frecuentemente asumido pero no mencionado como en 1 Tesalonicenses 2:14; 2 Tesalonicenses 1:4; Romanos 16:16; y 1 Corintios 10:32.

Es vital recordar que en el tiempo del Nuevo Testamento la iglesia no tenía edificios especiales,[183] así que ekklesia nunca se usaba para aludir a un edificio. En vez de ello, la iglesia se reunía en hogares, por lo que Pablo podía escribir: "Aquila y Priscila, con la iglesia que está en su casa, os saludan mucho en el Señor" (1 Co. 16:19). El punto de importancia para este estudio es que Pablo afirma claramente que el hombre en Cristo era parte de un nuevo compañerismo, o sea la iglesia de Dios. Quería que los creyentes estuvieran al tanto de esto, y cuando surgieron divisiones en Corinto él apóstol les escribió:

> Con todo eso, si alguno quiere ser contencioso, nosotros no tenemos tal costumbre, ni las iglesias de Dios. Pero al anunciaros esto que sigue, no os alabo; porque no os congregáis para lo mejor, sino para lo peor. Pues en primer lugar, cuando os reunís como iglesia, oigo que hay entre vosotros divisiones; y en parte lo creo (1 Co. 11:16-18).

La consciencia corporal de la nueva criatura en Cristo era intensificada por la realización de que cada creyente individual era parte del cuerpo de Cristo. En verdad, la iglesia es el cuerpo de Cristo. "Y sometió todas las cosas bajo sus pies, y lo dio por cabeza sobre todas las cosas a la iglesia, la cual es su cuerpo, la plenitud de Aquel que todo lo llena en todo" (Ef. 1:22-23).

Pablo habla en sus primeras cartas acerca de la unidad de los creyentes en términos de ser un solo cuerpo (cf. 1 Co. 10:17), y más aún específicamente: "Porque así como el cuerpo es uno, y tiene muchos miembros, pero todos los miembros del cuerpo, siendo muchos, son un solo cuerpo, así también Cristo" (1 Co. 12:12; cf. vv. 12-17).

---

[182] Este no es absolutamente el caso, porque los significados alternos pueden encontrarse tanto en las primeras como en las últimas cartas (cf. 1 Co. 1:2 y Col. 4:16).

[183] La iglesia más antigua que ha sido excavada hasta ahora y fechada con certeza que data del siglo III d.C. y se encuentra en Dura, Mesopotamia, a la orilla del río Eufrates. Esta era simplemente un cuarto de una casa que había sido apartado y amueblado como capilla para la adoración. Cf. Millar Burrows, What Mean These Stones? (New Haven, Conn.: American School of Oriental Research, 1941), p. 207.

Este "un solo cuerpo" es en Cristo (Ro. 12:5). Pero es en las cartas que Pablo escribió más tarde donde él desarrolla el concepto de la iglesia como el cuerpo de Cristo, del cual Él es la cabeza.[184]

¿Cuál es el significado de la iglesia, como el compañerismo de los creyentes, siendo el cuerpo de Cristo? La eclesiología ha hecho algunas interpretaciones caprichosas en este punto, al intentar ciertas interpretaciones de este hermoso y significativo concepto en maneras místicas que pintan cuadros tan nebulosos que están totalmente carentes de realidad espiritual de ninguna clase. El concebir los escritos de Pablo con tales ideas filosóficas tan faltas de significado es abusar de la credibilidad hasta el punto de colapso.

¿Qué es lo que Pablo quiere probar? Parece claro que lo que le interesa es recalcar la unidad de la iglesia, que el creyente individual era una parte vital de un todo colectivo. El cuerpo humano ofrecía una metáfora muy viva:

> Además, el cuerpo no es un solo miembro, sino muchos. Si dijere el pie: Porque no soy mano, no soy del cuerpo, ¿por eso no será del cuerpo? ... Por ahora son muchos los miembros, pero el cuerpo es uno solo (1 Co. 12:14-15, 20; cf. 1 Co. 12:27).

Aunque hay varias partes, su satisfacción se logra sólo cuando cada uno de ellos contribuye al todo del cuerpo. Además, el cuerpo (soma) es el canal por medio del cual la realidad interna se expresa. ¡Qué significativo e importante es comprender que la iglesia es el cuerpo del Cristo glorificado, por medio del cual la realidad de Cristo es expresada exteriormente al mundo! El mundo ve a Cristo solamente a través de la iglesia. Así que, esta hermosa metáfora habla de unidad esencial y de revelación indispensable.

Esta verdad es de vital importancia hoy, especialmente dentro de la iglesia evangélica. Hay un sentido en el cual el creyente individual puede encontrar su realización individual sólo como una parte de ese compañerismo como una parte del cuerpo de Cristo. El solitario hombre en Cristo no es el cuerpo de Cristo; él es parte sólo y cuando participe del nuevo compañerismo. En este cuerpo todos comparten y cada uno tiene un servicio que dar. Ni compartir ni servir puede hacerse a solas, sino solamente formando parte de este cuerpo.

Hay un sentido en el que uno encuentra el compañerismo como parte de la iglesia institucional y, en efecto, allí es donde el hombre en Cristo normalmente lo experimenta. Empero siempre debemos recordar que el compañerismo es mayor que cualquier institución. El debido aprecio del compañerismo de creyentes también pone en relieve la tragedia de la división o cisma de la iglesia. Una de las más grandes observaciones hechas por William Barclay es que "una iglesia fragmentada no es una iglesia".[185] ¡Tal "iglesia" es una contradicción en sí misma! En el grado en el que cualquier compañerismo de creyentes esté fragmentado por la

---

[184] Cf. Efesios 1:22-23; 4:12; 5:30; Colosenses 1:18, 24: 2:19. Hay una referencia antigua a los creyentes como cuerpo de Cristo, pero no se hace mención directa de la iglesia, aunque se implica claramente (cf. 1 Co. 12:27). Cf. también Efesios 4:4, 16; Colosenses 3:15.

[185] Flesh and Spirit, p. 59.

riña o la contención, pierde sus derechos y aspiraciones de ser parte del cuerpo de Cristo.

El hombre en Cristo tiene la posición objetiva de "santo" ante Dios. Pero como tal nunca es visto desde una perspectiva individualista. El término "santos" (hagiois) siempre está en plural, significando que el individuo es santo sólo como Dios lo ve, como una parte del nuevo compañerismo; precisamente, como en el antiguo pacto, no había un solo hombre escogido por Dios entre el pueblo hebreo solamente la nación como un cuerpo, formada por el pueblo escogido.

Es precisamente dentro de este fondo del nuevo compañerismo que el significado nuevo testamentario del sacramento cristiano puede ser entendido. El bautismo cristiano era la puerta visible de la entrada a este nuevo compañerismo. La importancia del bautismo se hace clara, cuando se comprende que el bautismo se relaciona con la iglesia cristiana tal como la circuncisión lo estaba al pacto con el pueblo hebreo. Los varones judíos entraban dentro del pacto de Abraham por el rito de la circuncisión. Este rito físicamente ofensivo fue sobrepasado en el nuevo pacto por medio del bautismo,[186] por medio del cual un hombre entraba a Cristo.

> ¿O no sabéis que todos los que hemos sido bautizados en Cristo Jesús, hemos sido bautizados en su muerte? Porque somos sepultados juntamente con él para muerte por el bautismo, a fin de que como Cristo resucitó de los muertos por la gloria del Padre, así también nosotros andemos en vida nueva (Ro. 6:3-4). Porque todos los que habéis sido bautizados en Cristo, de Cristo estáis revestidos" (Gá. 3:27).

El bautismo con agua produce una verificación externa de nuestra fe en Cristo, así como la venida del Espíritu Santo produce una verificación interna. Un cristiano sin el Espíritu, o que no había sido bautizado eran igualmente incongruentes en los tiempos del Nuevo Testamento, puesto que éstos eran los aspectos interno y externo de esa realidad.

Muchas veces el significado del bautismo con agua es visto como nuestro testimonio ante el mundo. Testificamos de nuestra salvación personal y nos identificamos con el pueblo de Dios. Eso es verdad, pero como un sacramento el bautismo es mucho más. Es un singular medio de gracia por medio del cual Dios testifica de la fe del creyente. Por medio del bautismo, el lugar del creyente dentro de este compañerismo es divinamente certificado. Es parte de la familia de Dios. El bautismo es entonces, la señal y el sello de nuestra nueva relación con Cristo.

---

[186] San Pablo se refiere en una ocasión a "la circuncisión de Cristo" ——"En él también fuisteis circuncidados con circuncisión no hecha a mano, al echar de vosotros el cuerpo pecaminoso carnal, en la circuncisión de Cristo" (Col. 2:11). Este extraño concepto es aclarado en el versículo siguiente, el cual obviamente tiene un significado paralelo o sinónimo ——"Sepultados con él en el bautismo, en el cual fuisteis también resucitados con él, mediante la fe en el poder de Dios que le levantó de los muertos" (Col. 2:12). Cf. también Romanos 2:28-29.

A pesar de los argumentos técnicos contrarios, el Nuevo Testamento (y el idioma griego) no establecen en forma conclusiva el modo del bautismo (cf. Arndt y Gingrich en "baptidzo"). La metáfora de muerte, sepultura y resurrección de Romanos 6:3-5 podría sugerir fuertemente la inmersión y la carga de la prueba descansa sobre los que intentaron negarlo.[187] De importancia primordial es que el significado teológico de un modo en particular en contraposición con cualquier otro, es una idea que se ha desarrollado en tiempos relativamente modernos.

Empero siempre se debe recordar que el bautismo con agua es un sacramento. Normalmente no es una opción. La verdad es que, si deseamos seguir las enseñanzas y el ejemplo del Nuevo Testamento, el bautismo con agua debía ser requerido antes de ser miembro de la iglesia. El creyente no tiene opción en cuanto a si quiere o no ser bautizado. Pero aunque el bautismo sea visto como un requisito, esto no quiere decir que el sacramento es un medio intrínseco o instrumento de salvación. Uno no se torna en un cristiano sencillamente por el mero hecho de ser bautizado.[188] El Nuevo Testamento subraya claramente que sólo hay una respuesta salvadora Cesta es la fe. "Porque por gracia sois salvos por medio de la fe" (Ef. 2:8). Pero esta puerta interna de entrada a la iglesia como el cuerpo de Cristo se debe complementar por la puerta visible del bautismo con agua.

El otro sacramento cristiano está igualmente relacionado con el nuevo compañerismo. No es un accidente que vino a ser ampliamente conocido como la "comunión".

> La copa de bendición que bendecimos, ¿no es la comunión [koinonia] de la sangre de Cristo? El pan que partimos, ¿no es la comunión [koinonia] del cuerpo de Cristo? Siendo uno solo el pan, nosotros, con ser muchos, somos un cuerpo; pues todos participamos de aquel mismo pan. Mirad a Israel según la carne; los que comen de los sacrificios, ¿no son partícipes [koinonos] del altar? ¿Qué digo, pues? ¿Que el ídolo es algo, o que sea algo lo que se sacrifica a los ídolos? Antes digo que lo que los gentiles sacrifican, a los demonios lo sacrifican, y no a Dios; y no quiero que vosotros os hagáis partícipes [koinonoi] con los demonios. No podéis beber la copa del Señor, y la copa de los demonios; no podéis participar de la mesa del Señor, y de la mesa de los demonios (1 Co. 10:16-21).

Uno de los argumentos más fuertes de Pablo en contra de la participación de los cristianos en las fiestas paganas a los ídolos era que los participantes [koinonoi] compartían en la mesa de los demonios. Pablo no podía concebir cómo a un cristiano, que participaba de la mesa del Señor, pudiera participar en la mesa de

---

[187] Los escritos de los padres apostólicos muestran claramente que los tres modos ——inmersión, afusión y aspersión—— se empleaban a mediados del siglo II. Queda claro que se prefería la inmersión, a menos que la condición física dictara otro modo.

[188] En términos teológicos modernos esto es llamado "regeneración bautismal". Contrario a la opinión común, muy pocos grupos la enseñan.

los demonios. Aquí se ve un compañerismo en su nivel más profundo compañerismo de la mesa.

La Cena del Señor proveía una participación [koinonia] en el cuerpo y sangre de Cristo, el más rico compañerismo cristiano posible. Así como el sacerdote judío participaba del sacrificio en el altar sobre el cual ministraba, así el creyente en el sacerdocio de los creyentes comparte del sacrificio cristiano. La necesidad de separación, al nivel de compañerismo, era trazada en una manera más clara.

> No os unáis en yugo desigual con los incrédulos; porque ¿qué compañerismo tiene la justicia con la injusticia? Y ¿qué comunión [koinonia] la luz con las tinieblas? ¿Y qué concordia Cristo con Belial? ¿O qué parte el creyente con el incrédulo? ¿Y qué acuerdo hay entre el templo de Dios y los ídolos? Porque vosotros sois el templo del Dios viviente (2 Co. 6:14-16).

En la iglesia del Nuevo Testamento el sacramento era precedido por el ágape, o fiesta de amor. En esta comida de compañerismo, en el nivel horizontal, los creyentes compartían amorosamente sus alimentos con los demás. Cuando esta fiesta de amor era profanada por los glotones, borrachos y egoístas (cf. 1 Co. 11:18-34), el compañerismo que se deseaba era destruido. Pablo observa que tal conducta lo hacía a uno indigno de participar del sacramento en el que se participaba del compañerismo en el nivel vertical (cf. 1 Co. 11:27).

Es de importancia para este estudio el hecho de que la mesa de la Comunión era un lugar de compañerismo continuo en una manera muy especial. Hay muchas avenidas de compañerismo, pero el sacramento tiene una función singular. Mientras los elementos, el pan roto y el fruto de la vid, se toman en fe como un recuerdo creyente y agradecido, y mientras las palabras del ritual son reverentemente repetidas, ocurre un milagro de compañerismo. El alma del creyente entra en un compañerismo con Dios y con sus hermanos en una manera que no es posible de otra manera. Así pues, la invitación del Señor a participar de la Comunión no es una opción, para recibirse o rechazarse al antojo. Es una orden de participar de la cena con el Señor de la iglesia. Cualquiera que no participa o participa indignamente, lo hace con la certeza de una pérdida irrevocable para su propia vida espiritual.

El hombre de fe encuentra un nuevo compañerismo, al hacerse de la iglesia y del cuerpo de Cristo. A este nuevo compañerismo se entra por la puerta visible del bautismo y se preserva por medio de la participación del sacramento de la Comunión.

Hay pocas cosas que los hombres de hoy quieran más que el compañerismo genuino y la amistad. La decepcionante y con frecuencia desilusionadora verdad es que las sociedades y fraternidades meramente humanas no proveen el deseado compañerismo. A pesar de las constituciones que prometen los más ideales lazos de hermandad, las expresiones de la naturaleza humana pecaminosa como el egoísmo, la avaricia y los celos hacen que el verdadero compañerismo sea verdaderamente imposible. Es verdad que la iglesia es una institución humana, y con frecuencia sufre limitaciones finitas; pero si es la iglesia de Cristo, ofrece un compañerismo vital a los hombres. En el grado en que este compañerismo es roto por las divisiones, pierde su derecho de ser el cuerpo de Cristo.

RESUMEN

En los capítulos pasados se hizo un esfuerzo por analizar la vida y experiencia del nuevo hombre en Cristo. Se hicieron distinciones en secuencia lógica, pero esos varios aspectos de la nueva vida son experimentalmente sinónimos.

Es de gran importancia el hecho de que la experiencia de la gracia representada en este estudio, es descrita varias veces por Pablo con el tiempo aoristo. Esto recalca que tal experiencia es una experiencia de crisis y es hecho que se ha llevado a cabo. Repetidamente Pablo se regocija con los creyentes en cuanto a lo que Dios ha hecho por ellos en Cristo.

Es esencial mantener en un equilibrio adecuado la relación objetiva y exterior, y la experiencia subjetiva e interior. No se puede tener un entendimiento adecuado de la vida de la nueva criatura en Cristo si no se guarda un equilibrio de estas dos perspectivas vitales.

Además, Pablo habla en tres distintas relaciones de tiempo el pasado, el presente y el futuro. En ninguna otra parte se nota esto en forma más viva que en el uso que Pablo hace del término salvación (soteria). La salvación es un hecho del pasado (cf. Ro. 8:24), un proceso que continúa en el presente (cf. 1 Co. 15:2), y un prospecto futuro (cf. Ro. 5:9).

Sin embargo, todos están en el modo indicativo declaraciones de verdad. Es contra este fondo que los imperativos de Pablo se ven repetidos en toda su fuerza. A estos imperativos se enfila ahora la dirección de este estudio.

PARTE IV

EL NUEVO HOMBRE: BAJO UN IMPERATIVO

CAPÍTULO 15

El interés que continúa

Todos los escritos de Pablo son cartas a hombres nuevos en Cristo, primordialmente sus propios convertidos.[189] Sus referencias al viejo hombre en pecado son reminiscencias reflectivas. Es muy fácil distinguir en Pablo "las verdades del pasado" y las "condiciones del presente". Pablo, con sus lectores, recuerda la vida que una vez conoció bajo la tiranía del pecado. El sabía bien lo que ellos habían sido y de dónde habían salido. El los había confrontado entonces y allí en sus propios lugares con las buenas nuevas del evangelio. En la misma manera Pablo se había regocijado con ellos por lo que Dios había hecho para ellos en Cristo. Juntos alababan a Dios por su maravillosa gracia.

Sin embargo, hay otra clara nota que se ve en las cartas de Pablo: su interés. Además de las verdades del pasado y la condición del presente hay los desafíos del futuro. Repetidamente, con el corazón de pastor, Pablo expresa un interés profundo por una necesidad que todavía existía en las vidas de aquellos a quienes escribe, así como un desafío que satisface tal necesidad. Es casi imposible no ver esta expresión de interés por superficialmente que uno lea sus cartas.

Cuando se estudian las cartas de Pablo en forma más completa, se ve con claridad que hay una seria falta de entendimiento, o hasta un entendimiento erróneo entre los cristianos a quienes dirige sus cartas. Su interés continuo se relaciona a este problema de entendimiento equivocado.

El evangelio de Jesucristo produce tanto un nuevo estado (posición objetiva) como una nueva creación (experiencia subjetiva). El nuevo hombre en Cristo tiene la responsabilidad ética y moral de vivir una vida santa. A lo largo de la larga historia de la iglesia, la doctrina de la gracia, que Pablo recalca fuertemente, ha sido algunas veces erróneamente entendida o interpretada mal con el fin de encontrar cómo evitar las demandas de la vida santa. Evidentemente, este abuso de la gracia, que más tarde vino a ser conocido como antinomianismo, principió entre algunos de los convertidos de Pablo, y definitivamente los que se le oponían. Esto es parte del interés de Pablo.

Había obviamente una falla, por lo menos entre los creyentes, que les impedía apreciar adecuadamente o entender el poder del pecado. Esto no es extraño, pues con frecuencia esta ha sido la experiencia de personas que han encontrado nueva vida en Cristo. Es fácil para el nuevo convertido, arrebatado en el deleite de esta

---

[189] La carta a los Romanos es la única excepción. Aun cuando nunca había estado en Colosas, la iglesia de ese lugar era el fruto de su labor evangelística en Efeso y el área circunvecina.

nueva relación con Cristo, que casi sienta que es inmune al pecado. Muchos han sufrido en su lucha en este punto la última agonía en su alma.

De interés particular para Pablo era el fracaso, de algunos, de comprender la relación entre el pecado y la carne. Desde luego, que el hombre en Cristo ha sido liberado de la tiranía del pecado que trabaja por medio de la carne. Ha dejado de ser la impotente víctima del pecado. Empero, su carne es debilitada por el pecado y el resultado es que se torna en una fuente constante de tentación. Esta tentación, por supuesto, difiere en naturaleza e intensidad entre las personas, dependiendo en gran parte de la manera pasada de vivir de la persona cuando estaba en pecado. Aunque debe, por necesidad, vivir en la esfera de la carne, el creyente no se debe atrever a vivir por los medios de la carne, llenando o satisfaciendo sus deseos. Hay la amenaza constante de ser atraídos otra vez a estar bajo la dominación del pecado. El hombre en Cristo no es impotente contra el poder del pecado, como algunos lo han sugerido, pero debe estar al tanto de la debilidad de la carne.

Algunos de los convertidos de Pablo evidentemente dejaron de evaluar el poder del pecado y perdieron de vista la verdad que la vida victoriosa es imposible cuando el hombre vive bajo sus propios esfuerzos kata sarka. La vida victoriosa sólo es posible cuando el hombre vive en la fortaleza que Dios le provee kata pneuma.

De interés primordial para Pablo era que sus convertidos comprendieran que no hay nada automático acerca de la vida victoriosa. El poder del pecado es compulsivo, pero el hombre recibe el poder de Dios solamente cuando lo escoge. Es sólo cuando el hombre en Cristo, al darse cuenta del poder del pecado y de cuánto depende él en la gracia de Dios, voluntariamente busca a Dios, puede encontrar el suficiente poder divino.

En los capítulos siguientes, examinaremos y explicaremos este interés de Pablo.

CAPITULO 16

El indicativo y el imperativo

Cuando el interés de Pablo es examinado, fácilmente se puede ver una distinción crucial y vital. El expresó ese interés en términos imperativos. En contraste con ello, la verdad del pasado y la condición del presente se declaran en términos indicativos. En el griego del Nuevo Testamento esta distinción se presenta gráficamente a través de dos diferentes formas verbales, así que no hay ninguna duda en cuanto a la diferencia de significado.[190] Afortunadamente esta diferencia se entiende fácilmente en nuestro idioma. El modo indicativo es una declaración de un hecho —en otras palabras es, era, será. El modo imperativo es una orden —esto debe ser. Cuando Pablo habla de lo que sus convertidos fueron o eran (o hasta serán) usa el indicativo, pero cuando les dice lo que deben hacer o ser esto es el imperativo.

Lo que es más, el imperativo está basado en el indicativo. Es debido a la realidad del indicativo que Pablo podía echar mano del imperativo. Por razón de lo que habían sido Pablo podía trazar lo que debían ser y hacer. Al examinar las cartas de Pablo con esto en mente, la distinción se hace muy clara.

La pregunta retórica de Romanos 6:1 (cf. 6:15): "¿Perseveraremos en el pecado para que la gracia abunde?" es contestada por medio de una serie de imperativos que están cimentados sobre unos indicativos mencionados. Esto será examinado completamente en los capítulos siguientes. En la Carta a los Colosenses se ve gráficamente la interrelación entre el indicativo y el imperativo.

> Por tanto, de la manera que habéis recibido al Señor Jesucristo [indicativo], andad en él [imperativo]; arraigados y sobreedificados en él, y confirmados en la fe, así como habéis sido enseñados, abundando en acciones de gracias (Col. 2:6-7).

El interés de Pablo, nacido de la en oración por los colosenses se ve en el siguiente pasaje:

> Por lo cual también nosotros, desde el día que lo oímos, no cesamos de orar por vosotros, y de pedir que seáis llenos del conocimiento de su voluntad en toda sabiduría e inteligencia espiritual, para que andéis como es digno del Señor, agradándole en todo, llevando fruto en toda buena obra, y creciendo en el conocimiento de Dios; fortalecidos con todo poder, con-

---

[190] Las formas verbales griegas son llamadas "modos". Hay modos indicativo e imperativo. En ocasiones la fuerza del imperativo es expresado por diferentes formas ——cf. el subjuntivo hortatorio y la construcción infinitiva.

forme a la potencia de su gloria, para toda paciencia y longanimidad; con gozo dando gracias al Padre que nos hizo aptos para participar de la herencia de los santos en luz (Col. 1:9-12).[191]

Esto está cimentado en un hecho indicativo: "El cual nos ha librado de la potestad de las tinieblas, y trasladado al reino de su amado Hijo, en quien tenemos redención por su sangre, el perdón de pecados" (Col. 1:13-14). Pablo podía exhortar a esos creyentes a buscar "las cosas de arriba" (Col. 3:1) y a "Pone[r] la mira en las cosas de arriba, no en las de la tierra" (Col. 3:2) —por razón del indicativo. "Porque habéis muerto, y vuestra vida está escondida con Cristo en Dios" (Col. 3:3; cf. 3:1). En este tercer capítulo de Colosenses, los imperativos de Pablo alcanzan un clímax:

Haced morir, pues, lo terrenal en vosotros: fornicación, impureza, pasiones desordenadas, malos deseos y avaricia, que es idolatría (Col. 3:5). Pero ahora dejad también vosotros todas estas cosas: ira, enojo, malicia, blasfemia, palabras deshonestas de vuestra boca. No mintáis los unos a los otros, habiéndoos despojado del viejo hombre con sus hechos (Col. 3:8-9). Vestíos, pues, como escogidos de Dios, santos y amados, de entrañable misericordia, de benignidad, de humildad, de mansedumbre, de paciencia; soportándoos unos a otros y perdonándoos unos a otros, si alguno tuviere queja contra otro. De la manera que Cristo os perdonó, así también hacedlo vosotros. Y sobre todas estas cosas vestíos de amor, que es el vínculo perfecto. Y la paz de Dios gobierne en vuestros corazones a la que asimismo fuisteis llamados en un solo cuerpo; y sed agradecidos. La palabra de Cristo more en abundancia en vosotros, enseñándoos y exhortándoos unos a otros en toda sabiduría, cantando con gracia en vuestros corazones al Señor con salmos e himnos y cánticos espirituales. Y todo lo que hacéis, sea de palabra o de hecho, hacedlo todo en el nombre del Señor Jesús dando gracias a Dios Padre por medio de él (Col. 3:12-17).

Una vez más, tal orden es posible debido al indicativo:

Habiéndoos despojado del viejo hombre con sus hechos, y revestido del nuevo, el cual conforme a la imagen del que lo creó se va renovando hasta el conocimiento pleno (Col. 3:9-10).[192]

En forma similar en Efesios, Pablo amonesta a sus convertidos:

Yo pues, preso en el Señor, os ruego que andéis como es digno de la vocación con que fuisteis llamados (Ef. 4:1). Esto, pues, digo y requiero en el Señor: que ya no andéis como los otros gentiles, que andan en la vanidad

---

[191] Este pasaje no está en el modo imperativo, pero tiene la fuerza de un imperativo. Por ejemplo, el infinitivo en el versículo 10 ("para que andéis") puede tener significado imperativo. (Cf. Ef. 1:16-19 con 2:1-10.)

[192] Hay varias referencias a su experiencia en Cristo en los primeros capítulos, los cuales dan una base indicativa más amplia para el imperativo. Cf. Colosenses 1:2, 4-6, 8, 13-14, 21-23; 2:13-15.

de su mente (Ef. 4:17). Y andad en amor, como también Cristo nos amó, y se entregó a sí mismo por nosotros, ofrenda y sacrificio a Dios en olor fragante (Ef. 5:2). Porque en otro tiempo erais tinieblas, mas ahora sois luz en el Señor; andad como hijos de luz (Ef. 5:8). Mirad, pues, con diligencia cómo andéis, no como necios sino como sabios (Ef. 5:15).

El podía hacer tales demandas porque ellos habían aprendido en Cristo a despojarse del viejo yo para vestirse del nuevo yo.[193] En manera más detallada que en Colosenses, Pablo enuncia los imperativos.[194] Como en Colosenses, así también en Efesios hay varias referencias indicativas en capítulos anteriores que proveen una base más amplia para los imperativos.[195]

En Gálatas, después de recordarles a los gentiles a quienes él había ganado para Cristo, que habían sido hechos libres del pecado y la ley por medio de la fe en Cristo (cf. 3:1—5:12), Pablo les advirtió en contra del abuso de esa libertad. "Porque vosotros, hermanos, a libertad fuisteis llamados; solamente que no uséis la libertad como ocasión para la carne, sino servíos por amor los unos a los otros" (Gá. 5:13). Les amonesta a que anden por el Espíritu.[196] Esto les salvaguardaría de las obras de la carne y les proveería con el fruto del Espíritu. Este imperativo era posible sólo porque ya eran libres (cf. 5:1, 13) y habían crucificado la carne con sus pasiones y deseos (cf. 5:24).

Aunque la Primera Carta de Pablo a los Corintios es distintiva en carácter, y trata con varios problemas urgentes prácticos, la interrelación del indicativo con el imperativo se puede ver con claridad. La solución de Pablo para la división y riña desastrosas que fragmentaban a la iglesia era sencillamente sublime —era amor (ágape). Después de describir "el camino más excelente" en el incomparable poema del amor en el capítulo 13, Pablo exhorta a esos creyentes de Corintios a seguir el amor (1 Co. 14:1). Eso era posible sólo debido a que ...

> ¿No sabéis que los injustos no heredarán el reino de Dios? No erréis; ni los fornicarios, ni los idólatras, ni los adúlteros, ni los afeminados, ni los que se echan con varones, ni los ladrones, ni los avaros, ni los borrachos, ni los maldicientes, ni los estafadores, heredarán el reino de Dios. *Y esto erais algunos;* mas ya habéis sido lavados, ya habéis sido justificados en el nombre del Señor Jesús, y por el Espíritu de nuestro Dios (1 Co. 6:9-11, se han añadido las cursivas).

El imperativo se basa en el indicativo.

---

[193] Cf. Efesios 4:20-24. Nótese el argumento ya mencionado de que la interpretación de esta construcción ambigua en Efesios debería ser gobernada por la construcción no ambigua en Colosenses.

[194] Cf. Efesios 4:25-32. La traducción de la frase introductoria del versículo 25 en La Biblia de las Américas no es la más correcta ("Por tanto, dejando a un lado la falsedad"). La construcción griega es un participio medio aoristo (apothemenoi) e indica acción antecedente. Se traduce mejor: "Porque se han despojado de la mentira."

[195] Cf. Efesios 1:3-9, 11, 13-15. Observe particularmente 2:5-10.

[196] Un imperativo en 5:16 y un subjuntivo hortatorio en 5:25.

En el resto de las cartas de Pablo hay un equilibro similar entre el indicativo y el imperativo que se puede trazar en un grado menor, mientras otras de sus preocupaciones toman precedencia. [197] Este examen más detallado de los modos indicativo e imperativo en las cartas de Pablo ha sido hecho para recalcar que es absolutamente básico para entender el pensamiento del Apóstol. Repetidamente él declara, en esencia, usted es un nuevo hombre que está vivo en Dios, sin embargo, usted debe darles muerte a sus miembros terrenales y presentarse usted y sus miembros a Dios. Además, usted es un hombre libre, empero no debe continuar viviendo en pecado, sino presentar sus miembros a Dios como sus esclavos —lo que usted es. Todavía más, usted es un hombre espiritual, que no debe vivir bajo la carne, sino por el Espíritu.

Esta es la forma más fructífera para estudiar a Pablo, distinguiendo cuidadosamente entre el indicativo y el imperativo. Es esencial discernir si Pablo está diciendo: "esto es", o, "esto debe ser" su experiencia. Puede sólo resultar en confusión el tratar el indicativo de Pablo como imperativo o viceversa.

Sin embargo, aunque es muy fácil identificar el indicativo y el imperativo, la relación entre ambos no es tan obvia. Hemos visto que el indicativo es la base para el imperativo —pero ¿cómo? Por ejemplo, Pablo dice: "Porque habéis muerto" (Col. 3:3). Luego prosigue y dice: "Haced morir, pues, lo terrenal en vosotros" (Col. 3:5). [198] ¿Qué quiere decir Pablo? Si ya estamos muertos, entonces, ¿por qué debemos darles muerte a nuestros miembros terrenales? ¿Cómo podemos entender esto? [199]

---

[197] Filipenses es singular, ya que San Pablo no tiene la misma preocupación que se manifiesta en sus otras cartas. (Sin embargo, cf. 1:27; 2:3, 14-15). En 2 Corintios el interés principal de San Pablo radica en la defensa de su apostolado, pero cf. 5:17; 6:1; 6:14 7:1; 12:20-21: 13:9. En 1 Tesalonicenses, San Pablo trata los problemas de confusión acerca de la segunda venida de Cristo, la falta de respeto para el liderato laico y un ataque sobre su integridad. Además, sugiere que existe falta de fe (3:10) la cual es la causa de sus exhortaciones a la santidad (3:12——4:12). Sin embargo, los elogia por su experiencia en Cristo (cf. 1:3-4, 6-9; 2:13-14; 4:10; 5:5).

[198] Observe la traducción de La Biblia de las Américas, la cual es un intento obvio de resolver lo que parece ser una paradoja ——"Por tanto, considerad los miembros de vuestro cuerpo terrenal como muertos [nekrosate]." La palabra "considerad" no está en el versículo y el verbo (nekroo) significa "hacer morir" y no "considerar muerto" (cf. A y G).

[199] La relación entre los modos indicativo e imperativo en el pensamiento paulino constituye uno de los asuntos más significativos de la teología del Nuevo Testamento. Algunos eruditos neotestamentarios simplemente ven la interrelación de estos dos modos como una paradoja no resuelta que debe considerarse en constante tensión. Los alemanes emplean una frase familiar: "schon und noch nicht" (ya, pero no todavía). Esta paradoja aparente ha sido descrita como la intersección de dos eones o la entrada de lo eterno en el tiempo. Sin embargo, la paradoja cobra vida más bien en nuestra comprensión que en el pensamiento de San Pablo.

Otros han tratado de resolver la paradoja por el uso de conceptos teológicos y filosóficos. El indicativo, considerado como principio, potencial e ideal, es contrastado con el imperativo, descrito como práctico, actual y realizado. Pero estos conceptos no representan con precisión la forma en que San Pablo comprendió y declaró la relación.

En ocasiones se pasa por alto la interacción básica entre el indicativo y el imperativo y éste es considerado simplemente como: confirmación, apropiación, crecimiento o progreso. Como resultado surgen ideas totalmente antipaulinas, como: salir del pecado por medio del crecimiento, el comienzo de la tarea infinita de morir, o incluso de combatir el pecado.

La consideración más extensa de la integración de los modos indicativo e imperativo se encuentra en la teología alemana, la cual produjo las famosas interpretaciones "Werde das was du bist" (Llega a ser lo

Al examinar más de cerca el contraste entre el indicativo e imperativo, se notará que el imperativo es dado debido al hecho del indicativo —o como se indicó anteriormente, el imperativo se basa en el indicativo. La exhortación imperativa haciendo se basa en el indicativo de la verdad siendo. El indicativo habla de lo que había sido hecho al creyente, mientras que el imperativo habla de lo que el creyente debe hacer por sí mismo debido al indicativo. Pablo exhorta a las nuevas personas o criaturas de fe a que utilicen lo que son y lo que tienen. En otras palabras, deben utilizar los recursos que se poseen que son de ellos debido a que eran nuevos hombres, hombres libres, y hombres espirituales. ¿Qué era lo que poseían? ¡Tenían su nueva vida en Cristo! Y por ende la preocupación de Pablo. Usted tiene nueva vida en Cristo; ¿qué va a hacer con ella? Usted tiene su libertad del pecado y de la muerte; ¿cómo lo va usted a usar ahora? Usted tiene al Espíritu Santo; ¿cómo le va a permitir que viva a través de usted?

Al considerar las implicaciones de los contrastes de los indicativos y los imperativos, se hace crecientemente evidente una condición crucial en el nuevo hombre. Tal vez puede entenderse mejor en términos de los "mundos" en los que el hombre vive. El hombre viejo vive en el mundo de pecado, bajo su dominio y control. El indicativo claramente afirma que el hombre en Cristo ya no está viviendo más en este mundo que está bajo el pecado. En contraste, el imperativo indica otro mundo, en el que el nuevo hombre vive bajo el Espíritu, sostenido y fortalecido por El. Se debe notar cuidadosamente que aquellos a quienes los imperativos fueron dirigidos no estaban todavía viviendo bajo el mundo del Espíritu.

Naturalmente se podría preguntar: Si el nuevo hombre no vive más bajo el pecado y todavía no vive bajo el Espíritu —entonces ¿en dónde está viviendo? Por no encontrar un término más adecuado, se podría describir como "la tierra de nadie" o "zona intermedia" —bajo su yo. Ya no es esclavo del pecado, pero no está utilizando los recursos que ya posee. En vez de vivir mediante la fortaleza del Espíritu Santo está viviendo mediante sus propias fuerzas.

Una pregunta legítima sería: ¿Por qué? ¿Cuál es el problema? ¿Por qué el nuevo hombre en Cristo, que ha recibido el Espíritu Santo, no utiliza los recursos que ya posee? ¿Por qué no es tal cosa tan natural como el respirar? La respuesta a este enigma —que obviamente es lo que atañe a Pablo— se encuentra en que un punto de teología reconocido prácticamente por cada credo clásico. El pecado original permanece en el corazón del nuevo hombre en Cristo.[200] Después que el hombre encuentra su nuevo status y se vuelve una nueva criatura, su corazón todavía sigue depravado. Es fácil entender que, ante el gozo de su vida recientemente descubierta en Cristo, el creyente no está inmediatamente al tanto de su

---

que eres) y "Sei was du bist" (Sé lo que eres). Aun cuando estas interpretaciones revelan una apreciación de la interacción entre esos dos modos, no reconocen el objetivo básico del imperativo de San Pablo. No estaba interesado en que el hombre de fe fuera o llegara a ser lo que ya era, sino más bien algo más de lo que ya era.

[200] Debe recalcarse que el pecado original permanece en el corazón del creyente; es decir, en el hombre interior. Esto no debe confundirse con los resultados de la vida pecaminosa en la carne o el hombre exterior.

situación. Sin embargo, a su debido tiempo, el Espíritu Santo le revela lo que le falta a su corazón. Es en este punto que el entendimiento del pecado original como el gobierno del yo se vuelve de un significado especial. El hombre en Cristo despierta a la realidad de que todavía tiene en sus manos "las riendas de su control" —todavía sigue siendo su propio señor o dueño.

Desde luego, la soberanía del yo no se puede expresar en rebeldía o enemistad, porque tal acción sería pecar abiertamente y traería separación de Dios. Así que, dentro del hombre que vive en el mundo bajo su yo hay una lucha mortal. Desafortunadamente esta batalla desesperada no es explícitamente dibujada por Pablo, y solamente puede ser entendida por implicaciones y por una conclusión que emana de lo que Pablo declara. Empero es una realidad demasiado bien conocida por la experiencia personal para ser puesta en tela de duda. El hombre en Cristo, quien es un hombre libre y una nueva persona, todavía sigue luchando con la depravación con la que nació.

Se verá que el resultado inmediato de esta situación trágica es que el creyente es separado del poder esencial del Espíritu Santo. En tanto que el hombre sea soberano de su propia vida, el Espíritu Santo no puede ser soberano. Es en este punto donde existe una comprensión errónea muy común. El pecador recibe a Jesucristo como su Salvador, pero el creyente debe hacerlo su Señor. Es imposible recibir a Cristo como Señor, por la naturaleza intrínseca de señorío o soberanía. El señorío del Espíritu es sobre la nueva vida del creyente, que él no poseía cuando era pecador. Esto lo examinaremos en un capítulo más adelante. Es suficiente aquí comprender que el creyente, quien sigue siendo el soberano de su propia alma, no ha recibido a Cristo como Señor — ¡él es su propio señor![201]

Sin la capacitación que el Espíritu trae cuando el creyente vive bajo su soberanía, el nuevo hombre sólo se puede enfrentar a la amenaza del pecado con sus propias fuerzas, o con la autodisciplina. Esta es una de los asuntos vitales para Pablo. El nuevo hombre en Cristo debe continuar viviendo en la carne, la que es una constante fuente de tentación. Sus deseos, propensiones, instintos, sentimientos, apetitos y hábitos —a los que la auto gratificación ha mimado por tanto tiempo— ahora tienen que ser disciplinados y reestructurados. ¡El creyente no puede atreverse a satisfacerlos sin discriminación! Es cierto que el poder compulsivo del mal trabajando por medio de la carne es roto, pero las atracciones permanecen. ¡La carne no es destruida!

El intentar enfrentarse con esta amenaza por medio de la autodisciplina es desanimador, y hasta fútil. ¡Qué bien sabía Pablo esto! La victoria sobre el pecado solamente es posible por medio del Espíritu. "Digo, pues: Andad en el Espíritu, y no satisfagáis los deseos de la carne" (Gá. 5:16). Empero tal preocupación negativa —la victoria sobre el pecado— nunca es la palabra final para Pablo. Para el creyente, luchando contra el pecado mediante las fuerzas de su autodisciplina, es

---

[201] No debemos confundirnos por distinciones semánticas. La confesión cristiana más antigua consiste en que Jesús es Señor. Todo creyente debe reconocer el señorío de Cristo en el sentido de sumisión a ese señorío. Sin embargo, sólo hasta que el creyente comienza a practicar la nueva vida comprende plenamente el asunto de la soberanía y el señorío.

del todo imposible conocer la bendición positiva que se encuentra en la vida vivida bajo la soberanía del Espíritu.

Pablo, agradecido por el indicativo, repetidamente le recalca al creyente las posibilidades de la gracia por medio del imperativo. Dios provee y promete victoria sobre el pecado y ricos tesoros espirituales en el mundo bajo el Espíritu. El creyente no tiene que ser una víctima; puede ser el triunfador. El remedio se encuentra en utilizar los recursos que el hombre en Cristo ya posee.

En los capítulos siguientes, examinaremos más detalladamente los varios aspectos de la relación entre el indicativo y el imperativo. Cuando estos dos modos fueron delineados anteriormente, el vívido contraste en Romanos 6—8 fue omitido a propósito para que pudiera proveer las bases escriturales para un estudio más detallado, en secuencia lógica. Primero Pablo amonesta a los romanos a que consideren el indicativo, lo cual es seguido por una fuerte insistencia de que el pecado debe ser derrotado —no se debe permitir que reine en el nuevo hombre. En este punto la relación del creyente a la carne será examinado cuidadosamente.

¡Pero el imperativo de Pablo no se detiene con una prohibición! La solución al problema del pecado en la vida del creyente debe incluir el muy importante elemento del pecado original. Así que el apóstol exhorta al creyente a presentarse a sí mismo, y sus miembros, a Dios en una nueva esclavitud de amor. ¡Esto le pone punto final al asunto de la soberanía! Además de la victoria sobre el pecado, el hombre en Cristo cruza las puertas a una vida fructífera bajo la soberanía del Espíritu.

Se ha visto repetidamente que muchas de las metáforas y descripciones que Pablo ha hecho de la vida nueva en Cristo tenían significado específico para las personas de su día. Por necesidad estos conceptos se han declarado en términos que el creyente de hoy pueda entender con facilidad. El cuadro de Pablo del hombre en Cristo que ya no vive en el mundo bajo el pecado pero que todavía no vive en el mundo bajo el Espíritu es, sin embargo, muy comprensible para muchos que invocan el nombre de Cristo en nuestro día. ¡Qué bien recuerdan los hombres la liberación de las garras de la esclavitud en las que estaban cuando vinieron a Jesucristo con fe salvadora! Pero, una vez que fueron liberados del pecado, no han seguido adelante para vivir bajo la soberanía del Espíritu. ¡Los que una vez rindieron, compulsivamente, un servicio total al pecado, ahora, por decisión propia, siguen a su nuevo Maestro con lealtad a medias! Sencillamente no están utilizando todos los recursos que poseen. En vez de eso, están en la indefinida tierra de nadie del yo, o intentan vivir por su propia fuerza y disciplina. Esto no es solamente en realidad, ingratitud —ya que ¿no sería lo propio que el hombre le rindiera a su nuevo Maestro la misma medida de lealtad y servicio que le había rendido al viejo?— pero con demasiada frecuencia conduce a la derrota triste y hasta trágica. El correctivo de Pablo tiene una emocionante pertinencia para el hombre de fe —hoy.

CAPÍTULO 17

Considere el indicativo

Una vez que se ha reconocido la distinción entre el indicativo y el imperativo, es algo sorprendente descubrir dónde está el principio lógico del imperativo. Evidentemente los que estaban en Cristo por lo menos un número significativo de ellos no se habían dado cuenta de las implicaciones de su nueva fe, lo mismo que otras verdades cruciales. En la mayoría de las cartas de Pablo hay una preocupación evidente y urgente acerca de una falta aparente de conocimiento o entendimiento. Esta preocupación está expresada en sus oraciones.

> Por lo cual también nosotros, desde el día que lo oímos, no cesamos de orar por vosotros, y de pedir que seáis llenos del conocimiento de su voluntad en toda sabiduría e inteligencia espiritual, para que andéis como es digno del Señor, agradándole en todo, llevando fruto en toda buena obra, y creciendo en el conocimiento de Dios; fortalecidos con todo poder, conforme a la potencia de su gloria, para toda paciencia y longanimidad; con gozo (Col. 1:9-12; cf. Ef. 1:15-19; 3:14-19; Fil. 1:9-11).

Es muy posible que fue esta falta de entendimiento espiritual a lo que Pablo alude cuando expresa un deseo urgente de visitar Roma e impartir algunos dones espirituales (cf. Ro. 1:11), y cuando vehementemente ora pidiendo que pueda completar lo que le falta a la fe de los de Tesalónica (cf. 1 Ts. 3:10). Sabemos que él exhortó a los corintios: "Hermanos, no seáis niños en el modo de pensar, sino sed niños en la malicia, pero maduros en el modo de pensar" (1 Co. 14:20).

Repetidamente, particularmente en Romanos y 1 Corintios, Pablo pregunta enfáticamente: ¿O no sabéis? ¿Sois acaso ignorantes? Obviamente sus lectores no sabían o comprendían algunos aspectos vitales. Cuando Pablo trató de resolver varios problemas prácticos en la iglesia de Corinto, él hizo esta pregunta ¿O no sabéis?, y luego procedió a explicar una verdad espiritual fundamental. Su respuesta al problema de los cristianos que incurrían en acusarse los unos a los otros en las cortes civiles paganas, fue preguntarles si no sabían que los santos un día juzgarían al mundo (cf. 1 Co. 6:2-3). Les preguntó a los que asistían a las fiestas idolátricas que si no sabían que al asistir a tales fiestas los hacía participar del sacrificio del altar, con todas sus implicaciones (cf. 1 Co. 10:18). Cuando Pablo trató de corregir los abusos que resultaban del comportamiento impropio de algunas mujeres en el culto de adoración, preguntó si no sabían que Cristo es la Cabeza de todo hombre y el hombre es la cabeza de la mujer (cf. 1 Co. 11:3).

Pablo echó mano de la historia de Israel y les preguntó si no sabían lo que le había sucedido al pueblo escogido cuando desobedecía a Dios.[202]

Estos ejemplos han sido citados para recalcar que esta preocupación acerca de la falta de conocimiento y entendimiento forma una parte significativa del fondo general de las cartas de Pablo. Si esto es importante en la solución de los varios problemas prácticos considerados por Pablo, es aún más importante en su preocupación más crucial de toda la vida victoriosa. Pablo estaba muy preocupado porque ellos aparentemente no entendían el poder del pecado:

> ¿No sabéis que si os sometéis a alguien como esclavos para obedecerle, sois esclavos de aquel a quien obedecéis, sea del pecado para muerte, o sea de la obediencia para justicia? (Ro. 6:16).

Esta es su respuesta, por lo menos en parte, a la pregunta retórica: ¿Qué pues? ¿Pecaremos, porque no estamos bajo la ley, sino bajo la gracia? En ninguna manera" (Ro. 6:15). En verdad esta era una idea horrible debido al poder del pecado. En un tiempo habían sido esclavos del pecado (cf. Ro. 6:17, 20), pero habían sido libertados de esa esclavitud (cf. Ro. 6:18, 22). Lo que evidentemente no sabían o comprendían era que el seguir en el pecado era volver otra vez a ser esclavos del pecado. El pecado no era algo "que se tomara a la ligera", sino algo que debía temerse por su poder.

En manera similar, estos primeros cristianos evidentemente o sabían ni apreciaban la condenación total de Dios hacia la vida pecaminosa.

> ¿No sabéis que los injustos no heredarán el reino de Dios? No erréis; ni los fornicarios, ni los idólatras, ni los adúlteros, ni los afeminados, ni los que se echan con varones, ni los ladrones, ni los avaros, ni los borrachos, ni los maldicientes, ni los estafadores, heredarán el reino de Dios (1 Co. 6:9-10).

Esta no es una referencia insignificante o pasajera, sino una advertencia repetida e insistente de Pablo (cf. Gá. 5:21; ef. 5:5; Col. 3:6). Evidentemente los creyentes estaban siendo engañados, ya fuera por Satanás o por hombres malvados, o posiblemente por ambos. Lo triste del caso era que ellos eran los que sufrirían las consecuencias (cf. Gá. 6:7; 1 Co. 6:9).

Lo más critico de todo, era que estos nuevos hombres en Cristo no sabían o no estaban al tanto de las implicaciones de su nueva fe. El hecho es que este es el propósito primario del indicativo a través de todas las cartas de Pablo traer a la atención de sus lectores lo que Dios había hecho por ellos. Aparentemente ellos nunca habían entendido ni apreciado plenamente esta verdad, o la habían perdido de vista.

Por tanto Pablo tuvo que preguntar: "¿O no sabéis que todos los que hemos sido bautizados en Cristo Jesús, hemos sido bautizados en su muerte?" (Ro. 6:3). Enseguida Pablo describió por medio de cuadros gráficos el resultado de esta

---

[202] Cf. 1 Corintios 10:1. Cf. también 1 Corintios 9:24 ——"¿No sabéis que los que corren en el estadio, todos a la verdad corren, pero uno solo se lleva el premio? Corred de tal manera que lo obtengáis"; también 1 Corintios 12:1 ——"No quiero, hermanos, que ignoréis acerca de los dones espirituales."

muerte con Cristo, culminando con: "Sabiendo esto, que nuestro viejo hombre fue crucificado juntamente con él, para que el cuerpo del pecado sea destruido, a fin de que no sirvamos más al pecado" (Ro. 6:6). Necesitaban que se les dijere nuevamente lo que les había ocurrido. Así también, en el resto del capítulo 6 de Romanos, Pablo les recuerda lo que habían sido: "Pero gracias a Dios, que aunque erais esclavos del pecado ... Porque cuando erais esclavos del pecado, erais libres acerca de la justicia" (Ro. 6:17-20). También les llama la atención a lo que habían hecho: "Habéis obedecido de corazón a aquella forma de doctrina a la cual fuisteis entregados" (Ro. 6:17). Entonces declaró plenamente lo que les había ocurrido:

> Y libertados del pecado, vinisteis a ser siervos de la justicia (Ro. 6:18). Mas ahora que habéis sido libertados del pecado y hechos siervos de Dios, tenéis por vuestro fruto la santificación, y como fin, la vida eterna (Ro. 6:22).

La reiteración del indicativo era para subrayar aquello que ellos evidentemente no apreciaban totalmente.

Así también en 1 Corintios, Pablo les recordó a esos creyentes, que estaban en peligro espiritual, lo que eran:

> ¿No sabéis que sois templo de Dios, y que el Espíritu de Dios mora en vosotros? Si alguno destruyere el templo de Dios, Dios le destruirá a él; porque el templo de Dios, el cual sois vosotros, santo es (1 Co. 3:16-17). ¿No sabéis que vuestros cuerpos son miembros de Cristo? ¿Quitaré, pues los miembros de Cristo y los haré miembros de una ramera? De ningún modo. ¿O no sabéis que el que se une con una ramera, es un cuerpo con ella? Porque dice: Los dos serán una sola carne (1 Co. 6:15-16). ¿O ignoráis que vuestro cuerpo es templo del Espíritu Santo, el cual está en vosotros, el cual tenéis de Dios, y que no sois vuestros? Porque habéis sido comprados por precio; glorificad, pues, a Dios en vuestro cuerpo (1 Co. 6:19-20).[203]

La repetida referencia al indicativo, de lo que Dios ha hecho por ellos en Cristo, y la insistente pregunta: ¿O no sabéis?" es el contexto esencial para el primer imperativo de Pablo: "Así también vosotros consideraos muertos al pecado, pero vivos para Dios en Cristo Jesús" (Ro. 6:11). Esto, en secuencia lógica, es el punto inicial en la corrección de Pablo del problema del pecado en la vida de los creyentes.

Pablo usa una palabra muy significativa, que se traduce como "considerar". Logidzomai significa contar o calcular y entonces, como un resultado, evaluar, estimar, considerar, o hasta meditar y permitir que la mente de uno concentre en

---

[203] Los pronombres de segunda persona en 1 Corintios 3:16-17 son plurales y se refieren a los creyentes como grupo en contraste con los versículos que siguen en los cuales los pronombres de segunda persona son singulares y se refieren a creyentes individuales. Cf. 1:2, 4-9, 30 para claros indicativos adicionales.

ello.[204] Deben comprender, reconocer, apreciar, o tomar conocimiento de una verdad que obviamente ellos habían perdido de vista. ¿Cuál era tal verdad? Era que ellos estaban muertos al pecado pero vivos para Dios. Tal hecho les había ocurrido y su reconocimiento de esto era necesariamente el cimiento para todo lo que seguiría.

En ocasiones se ha sugerido que Pablo estaba exhortando a los romanos a que dejaran que Dios hiciera eso por ellos, mas esto claramente no es el caso. Esto ya había sucedido y Pablo les urgía que lo reconocieran y recordaran.

Naturalmente surge una pregunta en cuanto a porqué existía esta condición. Parecería ser que tan dramático cambio, como el que Pablo repetidamente describe que les había sucedido, debía haber hecho tal impresión sobre estos hombres en Cristo que no se les hubiera olvidado tan pronto. Esto es ciertamente cierto, lo cual apunta más intensamente al problema. Aunque obviamente había muchas cosas que estos creyentes tenían que aprender su problema fundamental indudablemente no era el de obtener información como tal. Esto lo indica Pablo fuertemente por medio del término que usó en Romanos 6:11. El no los exhorta a que aprendan, sino a que consideren o se enteren. Hay dos maneras de conocer. Un tipo de conocimiento puede dejar a un hombre casi estupefacto por la indiferencia o la preocupación, mientras que el otro tipo de conocimiento emociona a la persona y la lleva a la acción.

Es de este último tipo de conocimiento del que Pablo habla en 1 Corintios 2:12: "Y nosotros no hemos recibido el espíritu del mundo, sino el Espíritu que proviene de Dios, para que sepamos lo que Dios nos ha concedido." Este es más un conocimiento de aprecio que de información. El primero solamente es posible por medio del Espíritu Santo, lo cual sugiere una clave para el problema. Es casi seguro que Pablo les estaba dando a estos hombres de fe muy poca información nueva; pero, particularmente con los indicativos, Pablo quería crear en ellos un aprecio más profundo de las implicaciones de su fe.

Al tratar de enfrentarse con el problema de asistencia a las fiestas idolátricas, Pablo llama la atención al tipo de conocimiento que va más allá del informativo, el cual no es conocimiento de tipo profundo en forma alguna.

> En cuanto a lo sacrificado a los ídolos, sabemos que todos tenemos conocimiento. El conocimiento envanece, pero el amor edifica. Y si alguno se imagina que sabe algo, aún no sabe nada como debe saberlo (1 Col. 8:1-2).

Es claro que Pablo no está apelando al conocimiento humano de verdades objetivas, sino al conocimiento espiritual de aprecio.

Se entiende, desde luego que hay una pregunta seria en cuanto a si se puede dar por sentado que un problema similar pudiera existir hoy entre los que están en Cristo. ¿Necesitan los creyentes hoy detenerse y considerar seriamente a los

---

[204] Cf. A y G. Cf. Romanos 8:18; 1 Corintios 13:5; 2 Corintios 10:2a. En estos casos el hombre hace la consideración. En todos los demás casos es Dios quien hace el reconocimiento, por los menos por implicación (cf. Ro. 4:3-5, 9-11, 22-23).

indicativos en sus vidas, o fue esta una necesidad solamente entre los recién convertidos de una cultura primitiva, pagana? En términos sencillos: ¿Qué la gente de hoy no es más inteligente? La naturaleza humana es extraordinariamente la misma. Al examinar más adelante los imperativos paulinos imperativos que son ciertamente pertinentes al creyente de hoy muy bien podrá verse que el hombre en Cristo de la segunda mitad del siglo veinte necesita principiar exactamente en donde esos convertidos del primer siglo estuvieron. Quizá también se necesita verse claramente el poder del pecado, y la condenación completa de la vida de pecado. Más que todo, se necesita tener una comprensión fresca de lo que Cristo ha hecho por el creyente.

CAPÍTULO 18

Viva victoriosamente sobre el pecado

Aunque Pablo reconocía completamente el poder del pecado posiblemente con más claridad que nadie antes o después de él— no tenía duda del poder del evangelio de Jesucristo para capacitar al hombre para conquistar el pecado. La más sistemática presentación que el Apóstol nos dio del plan de salvación (Ro. 3:21-8:39) sobresale en relieve vigoroso contra el fondo más negro del cuadro del poder del pecado en toda la Biblia (Ro. 1:18-3:20). Esta no es una coincidencia. La confianza de Pablo era: "Mas cuando el pecado abundó, sobreabundó la gracia" (Ro. 5:20).

El pecado y la gracia son contrarios y no concomitantes. ¿Qué, pues, diremos? ¿Perseveraremos en el pecado para que la gracia abunde? En ninguna manera. Porque los que hemos muerto al pecado, ¿cómo viviremos aún en él?" (Ro. 6:1-2). Un "creyente que peca" ¡es un hombre caído! Dios provee la gracia para vivir victoriosamente sobre el pecado.[205]

Después de guiar al creyente a una comprensión más profunda de lo que Cristo ha hecho por él, Pablo se torna al siguiente imperativo ¡el pecado debe cesar!

> No reine, pues, el pecado en vuestro cuerpo mortal, de modo que lo obedezcáis en sus[206] concupiscencias; ni tampoco presentéis vuestros miembros al pecado como instrumentos de iniquidad, sino presentaos vosotros mismos a Dios como vivos de entre los muertos, y vuestros miembros a Dios como instrumentos de justicia. Porque el pecado no se enseñoreará de vosotros; pues no estáis bajo la ley, sino bajo la gracia (Ro. 6:12-14).

En tanto que estaba bajo el poder del pecado, el cuerpo del creyente (hombre externo) estaba tan dominado por el pecado que se le llamó "el cuerpo del pecado" (cf. Ro. 6:6). La indefensa víctima presentó sus miembros como instrumentos de justicia. Ahora todo eso ha cambiado. El cuerpo del creyente ya no es más cuerpo del pecado; por tal motivo no se debe permitir que el pecado reine sobre su cuerpo ni él no debe continuar presentando los miembros de su cuerpo como

---

[205] Hay cierta área de lucha espiritual en la que San Pablo no se ocupó explícitamente como lo hicieron otros escritores del Nuevo Testamento (cf. 1 Juan 2:1s.). El hombre de fe debe seguir luchando contra el pecado y en ocasiones hasta puede caer. Pero no practica el pecado ni continúa en el mismo. Su suerte irrevocable en la vida no consiste en despedazarse entre dos fuerzas igualmente poderosas que luchan por controlar su vida.

[206] El castellano es ambiguo. "Sus" puede referirse al "pecado" o al "cuerpo". El griego aclara que se hace referencia al "cuerpo" (auton es neutro y concuerda en caso con somati y no hamartia).

esclavos del pecado. En términos dramáticos Pablo está diciendo: ¡El pecado debe acabarse!

Esta clara orden es frecuentemente repetida. "Haced morir, pues, lo terrenal en vosotros: fornicación, impureza, pasiones desordenadas, malos deseos y avaricia, que es idolatría" (Col. 3:5). Pablo dice: No deben satisfacer sus deseos y pasiones en maneras perversas como un día lo hicieron. Además, les dice el Apóstol:

> Pero ahora dejad también vosotros todas estas cosas: ira, enojo, malicia, blasfemia, palabras deshonestas de vuestra boca. No mintáis los unos a los otros, habiéndoos despojado del viejo hombre con sus hechos, y revestido del nuevo, el cual conforme a la imagen del que lo creó se va renovando hasta el conocimiento pleno (Col. 3:8-10; cf. Ef. 4:12 5:2).

La amonestación de Pablo acerca de estas consecuencias trágicas de una vida pecaminosa son presentadas con el fin de recalcar que tal vida debe cesar (cf. 1 Co. 6:9-10).

¿En que manera este imperativo directo el pecado debe cesar o terminarse que enumera pecados específicos, se relaciona a la ley y la gracia? ¿Está esto en conflicto con lo que Pablo enseña claramente de que el hombre es justo ante Dios sobre la base de la gracia solamente?

Es importante comprender que Pablo, y todo el Nuevo Testamento, no son idealistas a grado extremo. Desde luego que, Pablo en su polémica contra el legalismo se opone fuertemente a cualquier concepto de comportamiento moral que se basa solamente en regulaciones y reglas. Por eso él dice: "Todas las cosas me son lícitas, mas no todas convienen; todas las cosas me son lícitas, mas yo no me dejaré dominar de ninguna" (1 Co. 6:12).[207]

La libertad del creyente de la ley como obras ¡debe ser inviolable! Sin embargo, en este mismo contexto Pablo enuncia ciertos principios básicos que modifican esta libertad. Declara que el hombre de fe será gobernado por tales principios como (1) lo que es de ayuda (conveniencia); (2) no ser enseñoreado (esclavizado) por nada; (3) el entendimiento de pertenecer a Dios como su posesión comprada (cf. 1 Co. 6:19); (4) glorificar a Dios (cf. 1 Co. 6:20; 10:31); y (5) lo que edifica y es de beneficio (cf. 1 Co. 10:23). La carta entera (1 Co.), que trata con el problema básico de la libertad usada mal culmina en la más grandiosa modificación de todas el amor (ágape, cf. 1 Co. 13).

Se aproxima a una parodia cuando los hombres ponen en la boca de Pablo un idealismo tal como: "Ame a Dios y haga lo que quiera." ¡Pablo sabía demasiado para tal idea; él conocía el poder del pecado![208] Pablo declara vigorosamente,

---

[207] Cf. 1 Corintios 10:23. La mayoría de los eruditos en Nuevo Testamento están convencidos de que San Pablo estaba seleccionando una frase hecha ——probablemente una corrupción de algo que había enseñado—— que estaba siendo ampliamente usada para justificar una vida licenciosa. Un ejemplo similar ——"Las viandas para el vientre, y el vientre para las viandas" (1 Co. 6:13).

[208] Cf. Gálatas 5:17 ——"Porque el deseo de la carne es contra el Espíritu, y el del Espíritu es contra la carne"; y éstos se oponen entre sí, para que no hagáis lo que quisiereis." Con frecuencia este versículo se ha mal interpretado y se le adscribe el significado de que el creyente no puede hacer las cosas que desea (o deseos). Tal interpretación viola drásticamente el contexto. Más bien San Pablo está diciendo

como se ha mencionado repetidamente, que hay ciertas cosas que el hombre no puede hacer y entrar al reino de los cielos.

Esto suscita una pregunta crucial e intrigante, por lo menos desde una perspectiva moderna. (Es dudoso si jamás se le hubiera ocurrido a Pablo). ¿Qué es exactamente lo que Pablo está ordenando? ¿Está diciendo: Ponga un alto al pecado, implicando así que lo habían seguido haciendo?, o ¿está diciendo: no deben regresar al pecado? El griego es ambiguo, así que aquí no encontramos ayuda.[209]

La conciencia moderna cristiana, por lo menos antes de la revolución moral presente, frecuentemente se escandaliza ante la idea de que un individuo pueda ser cristiano y todavía estar, cometiendo tales crasos pecados. ¿Que la nueva relación del hombre con Cristo no resulta automáticamente en repudiar tales perversidades? ¿Se le deben a una persona enseñar tales cosas? Si es así, ¿no se pone en tela de duda el asunto de la genuinidad de su fe?

Tristemente no siempre es así. Siempre debemos recordar que aquellos primeros cristianos fueron sacados de un medio ambiente de una maldad casi inconcebible. "El cual nos ha librado de la potestad de las tinieblas, y trasladado al reino de su amado Hijo" (Col. 1:13). Los hombres acostumbrados a las tinieblas requieren un período de tiempo para abrir los ojos y poder ver. Este no era sólo un fenómeno del primer siglo, puesto que muchos misioneros modernos han compartido el problema de Pablo. No está ni siquiera circunscrito a un paganismo geográfico, o pecados geográficos. Es sorprendente la ceguera en que una persona puede estar metida hoy en países considerados cristianos.

Sin embargo, hay una declaración muy interesante de Pablo que se encuentra entre los pasajes de Colosenses referidos anteriormente. Debe ser vista en su contexto.

> Haced morid, pues, lo terrenal en vosotros: fornicación, impureza, pasiones desordenadas, malos deseos y avaricia, que es idolatría; cosas por las cuales la ira de Dios viene sobre los hijos de desobediencia, en los cuales vosotros también anduvisteis en otro tiempo cuando vivíais en ellas. Pero ahora dejad también vosotros todas estas cosas: ira, enojo, malicia, blasfemia, palabras deshonestas de vuestra boca (Col. 3:5-9, las cursivas son nuestras).

Note que Pablo dice: "En las cuales vosotros también anduvisteis en otro tiempo cuando vivíais en ellas. Pero ahora ... " La implicación obvia es que ahora ya no vivían en las cosas en que en un tiempo habían vivido.

Esto nos muestra gráficamente un punto de vista muy importante de Pablo. Uno puede distinguir fácilmente en dónde los creyentes habían estado (pero no

---

que por el Espíritu el creyente es capacitado para no hacer las cosas que desea (en la carne). Los deseos de la carne ——los que el hombre "desea"—— no se atreve a cumplirlos. (Cf. el comentario sobre Gálatas por el autor, CBB, vol. IX, en loco.)

[209] En Romanos 6:12-13a los imperativos están en el tiempo presente, los cuales pueden ser traducidos apropiadamente como no continuar o comenzar. En Colosenses 3:5, 8, los imperativos están en el tiempo aoristo y pueden significar detenerse de pronto o no comenzar.

ahora) y en dónde debían estar (mas todavía no). Ya hemos hecho referencia a esto como "la tierra de nadie" que se encuentra entre el indicativo y el imperativo. Pablo nunca describió o discutió esta tierra de en medio. No lo hace aquí, así que solamente se puede conjeturar exactamente cuál es esta condición. En lo que toca a Pablo, no es un lugar donde detenerse. La vida antigua se ha ido. La vida nueva está aquí. Esto es todo lo que importa.

La preocupación urgente de Pablo en favor de estos nuevos hombres en Cristo recalca la verdad de el pecado no ha muerto. El creyente ha muerto con Cristo al pecado, lo cual resulta en libertad del pecado. Este ha dejado de ser el tirano que había gobernado al hombre. El hombre ha dejado de ser la víctima y esclavo indefenso. "Porque el pecado no se enseñoreará de vosotros" (Ro. 6:14). El poder compulsivo del pecado ha sido roto. El pecado ha sido condenado en la carne (cf. Ro. 8:3).

Empero esto no debe ser interpretado como que significa que el pecado es destruido en el nuevo nacimiento. Su poder y control han sido rotos, pero no destruidos. En términos de la teología wesleyana clásica, el pecado permanece pero ya no reina. Es una amenaza potencial para el nuevo hombre en Cristo. De otra manera los repetidos imperativos de Pablo carecerían de significado. ¿Cuál es este pecado que permanece? Lo hemos identificado como la soberanía del yo.

Esta condición se puede ilustrar más vívidamente por los imperativos de Pablo asociados con la carne (sarx). El pecado gobierna al hombre a través de la carne, haciéndolo víctima de sus propios deseos e inclinaciones. Por medio de su muerte con Cristo la garra compulsiva del pecado, obrando por medio de la carne, ha sido rota: "Pero los que son de Cristo han crucificado la carne con sus pasiones y deseos" (Gá. 5:24). El hombre ya no es la víctima de sus propios deseos e inclinaciones él es libre.

> Sin embargo, ¡el pecado ha hecho algo con la carne del hombre! ¡La dejó debilitada en el creyente! Los años de autocomplacencia y pecaminosa indulgencia han distorsionado y pervertido la carne, en manera que sus instintos, deseos, sentimientos, apetitos, etc., han sido canalizados e inclinados hacia el pecado. Así que la carne, aun la del nuevo hombre en Cristo, no es de confiarse. No se debe atrever a hacer lo que se le antoje. No debe ser indulgente con la carne ni la debe satisfacer. Todavía es vulnerable al pecado, porque es lo que el mismo hombre se ha hecho a sí mismo bajo el látigo del pecado.

Este es el predicamento del creyente. Debe vivir su nueva vida en la carne (en sarki), porque esta es la única esfera de existencia que posee. El nuevo hombre interior solamente puede habitar en el hombre viejo exterior esperando el día de la resurrección, que traerá al nuevo hombre exterior. Mas no debe atreverse a vivir bajo la carne (kata sarka),[210] haciéndola los medios de la vida. Ya observamos que

---

[210] Este uso de la carne (sarx), como medio de vida, puede también ser expresado en sarki, cuando es un dativo de instrumento (cf. capítulo 3).

Pablo habla de la carne como el medio dinámico para la vida (kata sarka) en dos sentidos diferentes. Puede significar el vivir por la carne, por medio de nuestras propias fuerzas y recursos, o vivir para la carne, para satisfacer nuestros propios deseos o propensiones.

En el caso del hombre que está en las garras del pecado, los dos significados de kata sarka son inseparables. Para él vivir bajo sus propias fuerzas, y satisfacer sus deseos, es pecado. Sin embargo, por medio de la fortaleza y poder humanos el creyente puede, por lo menos por algo de tiempo, disciplinarse para que los deseos de la carne no sean satisfechos o dados a la indulgencia. Empero está en peligro mortal y precisamente este es el peligro del cual Pablo da frecuentes advertencias.

> Sino vestíos del Señor Jesucristo, y no proveáis para los deseos de la carne (Ro. 13:14). Porque vosotros, hermanos, a libertad fuisteis llamados; solamente que no uséis la libertad como ocasión para la carne, sino servíos por amor los unos a los otros (Gá. 5:13).

En Romanos 8:1-13, Pablo nos amonesta contra el vivir kata sarka porque el resultado es obedecer las cosas de la carne.

> Porque los que son de la carne (kata sarka) piensan en las cosas de la carne; pero los que son del Espíritu (kata pneuma), en las cosas del Espíritu. Porque el ocuparse de la carne es muerte, pero el ocuparse del Espíritu es vida y paz. Por cuanto los designios de la carne son enemistad contra Dios; porque no se sujetan a la ley de Dios, ni tampoco pueden (Ro. 8:5-7).

Solamente hay una salvaguardia o protección contra tales indulgencias de la carne. "Digo, pues: Andad en el Espíritu, y no satisfagáis los deseos de la carne" (Gá. 5:16).

Este es el predicamento de los creyentes a quienes Pablo les estaba escribiendo. Ya no vivían bajo la soberanía (control) del pecado, y, como lo indica el imperativo, todavía no vivían bajo la soberanía del Espíritu. Entonces ¿en dónde estaban viviendo? Ya le hemos llamado la nebulosa "tierra de nadie" bajo la soberanía del yo. Esto es lo que hace la posición del creyente tan precaria. No solamente está presente la atracción de la carne, sino que también está el pecado original presente en el corazón que le impide vivir bajo la soberanía del Espíritu.

Fue a estos nuevos hombres o criaturas en Cristo que Pablo les declaró el decisivo imperativo ¡el pecado debe terminar! ¡Ustedes deben vivir victoriosamente sobre el pecado! No se le debe permitir al pecado recobrar el señorío sobre ustedes. Romanos 6:16 presenta dolorosamente claro que tal cosa era una amenaza vital.

> ¿No sabéis que si os sometéis a alguien como esclavos para obedecerle, sois esclavos de aquel a quien obedecéis, sea del pecado para muerte, o sea de la obediencia para justicia? (Ro. 6:16).

La preocupación de Pablo primordialmente era motivada por la primera ley de la vida, la cual es que crece y se desarrolla. La vida no puede ser estática por definición es dinámica. Hay, o progresión o regresión. Un hombre no puede vivir perpetuamente en la tierra de nadie bajo la soberanía del yo. El debe ya sea ir adelante para vivir bajo la soberanía del Espíritu o retrocederá bajo la soberanía del pecado.

Lo que hace este predicamento tan agudo es aquello que resulta del crecimiento. ¡El desarrollo en la nueva vida significa luz! Cuando una persona principia a vivir con Dios, recibe nueva luz, y aumenta su comprensión de que esta nueva vida solamente se puede entender bajo la dimensión del amor (ágape). Si bien que el creyente, a través de la disciplina personal, puede tal vez por algún tiempo resistir la tentación del mal, mientras las demandas del amor se enfocan, paso a paso descubre que estas son posibles solamente por el Espíritu. Esta es la razón por la cual él no puede vivir victoriosamente por su propio esfuerzo.

¿Cómo puede vivir el hombre victoriosamente? Solamente hay una manera esta es kata pneuma (de acuerdo al Espíritu). El siguiente imperativo de Pablo sigue naturalmente.

CAPÍTULO 19

Viva por el Espíritu

El imperativo de Pablo es inconfundible el pecado debe cesar y el nuevo hombre en Cristo debe vivir victoriosamente. ¿Cómo es esto posible con el pecado original que todavía sigue en el corazón y las seducciones de la carne? ¿Cuál es la solución de Pablo? Al identificar lo negativo (el pecado debe cesar), su contraparte positiva es inevitable. Uno de los componentes básicos del pensamiento de Pablo es que el negativo nunca es el fin. Tiene un papel muy importante como un medio; pero si uno se detiene allí y no sigue adelante a considerar la dimensión positiva, la conclusión es totalmente contraria al pensamiento paulino. Repetidamente se ha visto que Pablo apunta hacia la solución positiva al problema. Pablo fue posiblemente el primero en "recalcar lo positivo", al comprender el principio del "poder expulsivo del nuevo afecto" mucho antes que viniera a ser un ejemplo homilético.

No hay duda que el imperativo de Pablo culmina con el mandato positivo de vivir de acuerdo al Espíritu. El nuevo hombre en Cristo, libre por vez primera, se enfrenta a una decisión que debe hacer. ¿Cómo vivir su nueva vida? ¿Cómo usar su libertad? Debe escoger entre dos maneras de vivir. Ya se ha visto el peligro mortal de vivir de acuerdo a la carne. La otra opción es la de vivir por el Espíritu. En los términos de la así llamada paradoja: Viva la vida que Dios le ha dado, o utilice los recursos que ya posee.

Exactamente ¿qué significa vivir por el Espíritu? ¿Cómo puede uno vivir de acuerdo al Espíritu? Para entender esto debemos ver claramente la distinción que Pablo hace entre existencia y vivir con relación a la carne y el Espíritu. Aunque el nuevo hombre todavía es carne, y debe pasar su vida terrenal en la esfera de la carne, no debe vivir por la carne. Además, el nuevo hombre es Espíritu (como su nueva base de existencia), pero debe vivir de acuerdo al Espíritu (como su nueva dinámica para vivir). El imperativo es un desafío a la vida activa (haciendo) basada en la verdad del indicativo de la nueva existencia (ser).

Esta distinción entre existencia y vivir explica la referencia doble al Espíritu en los escritos de Pablo. "Si vivimos {nuestra nueva existencia] por el Espíritu, andemos [vida activa] también por el Espíritu" (Gá. 5:25). Algunas veces esta más profunda dimensión de la vida del Espíritu es descrita en términos de plenitud, al ser el creyente lleno a través de una segunda o subsecuente venida del Espíritu.[211]

---

[211] En realidad el concepto de ser lleno del Espíritu no es paulino. En su única referencia (Efesios 5:18) San Pablo usa plerousthe (llenar) y en el presente imperativo, que indica un acto progresivo de llenar. El dativo (pneumati, "Espíritu") ——en particular con la preposición en ("en" o "por") —— es instrumental

En vez de eso, Pablo ve al Espíritu como el que controla la vida del hombre de fe, conforme él vive por medio de la fuerza y la dinámica del Espíritu.

La comprensión de estos conceptos básicos de ser y hacer clarificará otra distinción fundamental que con frecuencia se pasa por alto. Aunque el nuevo hombre tiene su nueva base de existencia por el Espíritu,[212] no hace necesariamente del Espíritu sus medios para vivir. Esta es precisamente la razón por la cual Pablo recurre al imperativo viva por el Espíritu. Como se observó previamente, Pablo reconoció que los gálatas estaban vivos (base de su existencia) por el Espíritu, pero necesitaban activamente hacer del Espíritu su dinámica para vivir (cf. Gá. 5:25).

El imperativo más claro dado al nuevo hombre en Cristo para que viva y ande por el Espíritu se encuentra en Gálatas.

> Digo, pues: Andad en el Espíritu, y no satisfagáis los deseos de la carne (Gá. 5:16). Pero los que son de Cristo han crucificado la carne con sus pasiones y deseos. Si vivimos por el Espíritu, andemos también por el Espíritu (Gá. 5:24-25).[213]

El contexto para estas metáforas en Gálatas 5 es de gran importancia. Los judaizantes habían seguido a Pablo hasta Galacia intentando forzar la ley judía sobre sus convertidos, diciéndoles que solamente así podrían ser incluidos en el pacto de Abraham. Pablo se perturbó profundamente al saber esto. Después de establecer la autoridad para su mensaje y de argüir convincentemente que la salvación es por la fe y no por las obras de la ley, Pablo culmina su carta con la amonestación de andar (vivir) por el Espíritu y no por la carne.

Lo que estaba en el fondo de esta controversia con los judaizantes acerca de los convertidos de Pablo, era el temor de los judaizantes que sin la protección de la ley los convertidos del paganismo serían absorbidos por la maldad del mundo que los rodeaba. Pero Pablo insistió en otra alternativa. Además de los posibles extremos del legalismo por un lado y la vida libertina (licenciosa) por el otro estaba la alternativa de la disciplina del Espíritu. La verdad es que, la ley seguramente fallaría y podría guiar a los gálatas otra vez a una esclavitud peor que de la que habían sido liberados. Así que con dos bellas metáforas Pablo pinta la vida vivida por el Espíritu.

---

con toda certeza, el cual haría del Espíritu el Agente y no la sustancia de llenar. Esto concuerda con el concepto básico de San Pablo de que el espíritu llene nuestra vida con su fruto (cf. Gá. 5:22-23; Fil. 1:11). Es más bien San Lucas quien se refiere varias veces a ser lleno del Espíritu y quien exclusivamente usa otra palabra para "llenar" (pimplemi), la cual tiene la connotación básica de "saturar" y por ello "poseer" en un sentido metafórico. Además, San Lucas usa siempre el tiempo aoristo, con lo cual indica una experiencia de crisis (cf. Hch. 2:2; 4:31, et al).

[212] San Pablo usa expresiones tales como el Espíritu Santo que nos fue "dado" (Ro. 5:5; 1 Ts. 4:8), que "mora" en el hombre (Ro. 8:11; cf. 1 Co. 3:16; 6:19), que es "recibido" (1 Co. 2:12; Gá. 3:2). También les dijo a los gálatas que habían "comenzado" por el Espíritu (Gá. 3:3). San Pablo no usa el concepto juanino (Jn. 3:6) y petrino (1 P. 1:3, 23) de nacer por el Espíritu.

[213] En el versículo 16 se usó el presente imperativo y en el 25 se encontró el subjuntivo presente de primera persona. Esta última construcción es un subjuntivo hortatorio que lleva consigo la misma fuerza del imperativo.

La primera palabra que usa (peripateo, v. 16) es el término griego usado generalmente para "andando", describe a dos personas de paseo, caminando a través de la vida: mano a mano, brazo a brazo y corazón a corazón. Comparten juntos todas las experiencias de la vida, en el más íntimo compañerismo personal.

Mi Señor y Yo

Tengo un Amigo tan precioso, tan querido para mí. Me ama con amor tierno; me ama fielmente. No puedo vivir separado de El; me encanta sentirlo cerca. Así que moramos juntos, mi Señor y yo.

A veces me siento desmayar y cansado; El sabe mi debilidad. Y puesto que me invita a descansar en El, con gusto buscaré su ayuda. Me guía en la senda de luz, bajo un cielo limpio. Así que caminamos juntos, mi Señor y yo.

El sabe cuánto lo amo; El sabe que de veras lo amo. Pero con qué amor que El me ama, no lo podré expresar.

Es un amor infinito, una fuente siempre rica. Así que nos amamos el uno al otro, mi Señor y yo.

Yo le cuento todas mis tristezas; le comparto todas mis alegrías. Le cuento todo lo que me agrada; y todo lo que me molesta. El me dice lo que debo hacer; me dice lo que debo intentar. Así que juntos platicamos, mi Señor y yo.

El sabe cuánto anhelo ganar alguna alma cansada; Y me desafía a que hable alguna palabra amorosa a su favor.

Me insta a que cuente de su amor maravilloso, y porqué vino a morir; Así que juntos trabajamos, mi Señor y yo.

Yo cargo su yugo, y no se me hace pesado; Del fargo que El carga, yo con gusto llevaré mi parte. Porque entonces es mi felicidad tenerlo siempre cerca: Así que juntos llevamos el yugo, mi Señor y yo.

—Sra. L. Shorey

Este poema hace resaltar la verdad central de la vida en el Espíritu. Con frecuenta la venida del Espíritu en la vida del creyente se ve como una crisis, una experiencia culminante que cambia a la persona y produce una nueva condición. ¡Esto, por supuesto, es verdad pero es mucho más que eso! La venida del Espíritu Santo es el principio de una nueva relación maravillosa. El Espíritu Santo es una persona, y como siempre ocurre entre las personas, hay una relación personal y compañerismo vivo.

Este es el imperativo culminante de Pablo y se basa sólidamente en el indicativo. El nuevo hombre en Cristo recibe el Espíritu Santo y éste es su nueva base de existencia. Es un hombre espiritual. Ahora debe vivir en novedad de vida y utilizar los recursos que posee. Debe hacer del Espíritu Santo sus medios de vida. Esto es lo que Pablo quiere decir cuando exhorta: ¡Andad por el Espíritu!

Hay un segundo imperativo en Gálatas 5: "Si vivimos por el Espíritu, andemos [stoicheo] también por el Espíritu" (Gá. 5:25). El andar del creyente por el Espíritu no es un paseo sin dirección o un vagar por la vida. Más bien, es un caminar bien trazado hacia una meta definida. Por ello, Pablo usa una palabra diferente en el verso 25, y con una buena razón. Stoicheo es un término militar que significa mantenerse en línea, y puede traducirse como "marchar".[214]

El creyente es mantenido en línea por el Espíritu Santo, lo cual es una vívida metáfora de la vida disciplinada. Esta es la contestación de Pablo a los temores de los judaizantes. El creyente, caminando por el Espíritu Santo, vive una vida disciplinada, bajo el eslabón del amor y sin necesidad del látigo de la ley.[215]

¿Cuáles son los resultados? Enfáticamente Pablo declaró que esta no es la manera de satisfacer los deseos de la carne (cf. Gá. 5:16). Consecuentemente esta es también la manera para no producir las trágicas obras de la carne (cf. Gá. 5:19-21). La solución al problema del pecado en la vida del creyente no es a través de regulaciones y prohibiciones legalistas, sino en una vida vivida bajo la disciplina del Espíritu Santo. ¡Empero los resultados son mucho más grandes! Una vida diaria vivida por el poder del Espíritu Santo trae la cosecha de fruto del Espíritu (cf. Gá. 5:22-23). (Ambos resultados serán examinados en más detalle en la sección siguiente.)

El otro extenso contraste de las dos maneras de vivir que son las opciones del nuevo hombre en Cristo se encuentra en Romanos 8. Este pasaje también debe ser visto en su importante contexto. Después de anunciar el evangelio de Jesucristo con las emocionantes buenas nuevas de que el hombre puede ser justo con Dios sobre la base de la fe en la cruz, Pablo se propone contestar la pregunta de si la salvación es o no es también una nueva condición dentro del hombre así como una nueva posición del hombre para con Dios. En Romanos 6, Pablo recalca la verdad que el hombre ha muerto con Cristo al pecado y ha sido resucitado a novedad de vida. Con otra metáfora Pablo pinta al creyente como un esclavo emancipado, puesto en libertad de las garras del pecado. Lo que Pablo pide, en el sexto capítulo, es que vivan como hombres libres del pecado, advirtiéndoles que el comportarse en forma diferente los regresará a la esclavitud del pecado.

Después de la ilustración del matrimonio (7:1-6), para mostrar que solamente la muerte puede librarlos de la ley, Pablo pinta gráficamente la impotencia de la ley contra el poder del pecado, al tomar el pecado la oportunidad por medio de los mandamientos para engañar y matar al hombre (7:6-13). Bajo la ley el hombre desea hacer el bien pero no le es posible ya que el pecado lo tiene esclavizado por medio de su propia carne. Está en un estado de frustración y miseria morales (7:14-25).

En contraste, Cristo ha hecho por el hombre de fe lo que la ley fue incapaz de hacer. Ahora el hombre de fe se enfrenta con la opción de dos maneras de vivir.

---

[214] Cf. Hechos 21:24; Romanos 4:12; Filipenses 2:16; Gálatas 6:16. Observe de nuevo la traducción de la versión Amplificada (en inglés): "Si ... tenemos nuestra vida [en Dios], sigamos adelante caminando acordes, que nuestra conducta esté controlada por el Espíritu" (Gá. 5:25, se le ha agregado el énfasis con cursivas).

[215] Esto no debe ser visto desde una perspectiva idealista o romántica que resultara en una disminución de disciplina. El amor disciplina por compulsión interna mientras que la ley por fuerza externa. El amor era la disciplina más fuerte que conocía San Pablo (cf. 1 Co. 8:13——9:27). La disciplina del Espíritu mediante el amor se estudiará más a fondo en la Parte V.

Ahora, pues, ninguna condenación hay para los que están en Cristo Jesús, los que no andan conforme a la carne, sino conforme al Espíritu. Porque la ley del Espíritu de vida en Cristo Jesús me ha librado de la ley del pecado y de la muerte. Porque lo que era imposible para la ley, por cuanto era débil por la carne, Dios, enviando a su Hijo en semejanza de carne de pecado y a causa del pecado, condenó al pecado en la carne; para que la justicia de la ley se cumpliese en nosotros, que no andamos conforme a la carne, sino conforme al Espíritu. Porque los que son de la carne piensan en las cosas de la carne; pero los que son del Espíritu, en las cosas del Espíritu. Porque el ocuparse de la carne es muerte, pero el ocuparse del Espíritu es vida y paz. Por cuanto los designios de la carne son enemistad contra Dios; porque no se sujetan a la ley de Dios, ni tampoco pueden; y los que viven según la carne no pueden agradar a Dios. Más vosotros no vivís según la carne, sino según el Espíritu, si es que el Espíritu de Dios mora en vosotros. Y si alguno no tiene el Espíritu de Cristo, no es de él (Ro. 8:1-9).

En este pasaje hay mucha de la misma instrucción que vimos antes en el pasaje de Gálatas 5, mostrando los resultados de las dos maneras de vivir. Los que caminan conforme a la carne han fijado sus mentes en las cosas de la carne, lo que resulta en lo que Pablo llama en Gálatas 5 las obras de la carne. Adversamente, cuando el hombre de fe camina bajo el Espíritu, pone su mente en las cosas del Espíritu, lo cual trae la cosecha del fruto del Espíritu. Gráficamente Pablo muestra que los fines o propósitos de la carne son hostiles a Dios (cf. v. 7) y que pueden terminar solamente en muerte.

Un resultado muy importante de andar por el Espíritu, que no se mencionó en Gálatas 5, es que en esta manera de vivir el requisito justo[216] de la ley es cumplido. "Condenó al pecado en la carne; para que la justicia de la ley se cumpliese en nosotros, que no andamos conforme a la carne, sino conforme al Espíritu" (Ro. 8:3-4). El uso doble del término "Ley" (nomos) ha sido examinado y se ha visto que los judíos habían vaciado la ley de su contenido ético y moral como la voluntad o norma divina, y estaban pérdidas en las regulaciones legalistas. El más fuerte temor de los judaizantes era que la salvación por la fe resultara en el rechazo de la ley de Dios. Pablo, fariseo, sabía que el único camino al cumplimiento de la verdadera ley de Dios era andando por el Espíritu. Algunos de los intérpretes de Pablo han dejado de ver esto, y han hecho toda ley la antítesis de la gracia. Es solamente la ley como obras, usadas como medio de salvación, lo que Pablo ve en conflicto con la gracia. El afirmó que estaba bajo la ley de Cristo (cf. 1 Co. 9:21).

Pablo lo presenta sencillamente cómo la ley es cumplida:

No debáis a nadie nada, sino el amaros unos a otros; porque el que ama al prójimo, ha cumplido la ley. Porque: No adulterarás, no matarás, no hurtarás, no dirás falso testimonio, no codiciarás, y cualquier otro manda-

---

[216] Cf. Romanos 8:3, La Versión Latinoamericana. Esta es una excelente traducción de dikaioma al combinar el significado básico de requerimiento u ordenanza con las sugerencias de justo que son intrínsecos al término.

miento, en esta sentencia se resume: Amarás a tu prójimo como a ti mismo. El amor no hace mal al prójimo; así que el cumplimiento de la ley es el amor (Ro. 13:8-10; cf. Gá. 5:14).

Pablo vio, tal como su Maestro antes que él (cf. Mt. 22:36-40), que la ley como ley y norma divina se puede cumplir solamente por el amor.[217] Tal amor no nace del hombre, aun viviendo bajo los requisitos legalistas de la ley, sino que es el fruto que proviene de andar por el Espíritu.

Aunque estas dos maneras de vivir son contrastadas (con la descripción gráfica de las consecuencias de cada una) en Gálatas 5, es Romanos 8 en donde Pablo acentúa que el camino de la carne y el camino del Espíritu son alternativas entre las que hay que escoger. Para ver esto más plenamente citaremos otra vez los versos claves:

> Dios … condenó al pecado en la carne; para que la justicia de la ley se cumpliese en nosotros, que no andamos conforme a la carne, sino conforme al Espíritu. Porque los que son de la carne piensan en las cosas de la carne; pero los que son del Espíritu, en las cosas del Espíritu. Porque el ocuparse de la carne es muerte, pero el ocuparse del Espíritu es vida y paz. Por cuanto los designios de la carne son enemistad contra Dios; porque no se sujetan a la ley de Dios, ni tampoco pueden (Ro. 8:3-7).

En el lenguaje más sencillo que se puede declarar, Pablo dice que esas dos maneras de vivir son alternativas contrarias. Son totalmente irreconciliables la una con la otra. Un hombre puede seguir una de las dos pero ciertamente no ambas al mismo tiempo.

Algunas veces se pinta a Pablo como que enseña que el nuevo hombre es de personalidad doble,[218] ya sea andando por el Espíritu con su nueva naturaleza y andando por la carne con su vieja naturaleza, o siendo gobernado en un tiempo por el Espíritu y en otro por la carne. Un estudio cuidadoso de Romanos 8:3-7 revela un cuadro enteramente diferente.[219] Estas dos maneras de vivir son estrictamente alternativas entre las que hay que escoger, y no concomitantes. El cuadro claro de la decisión que está frente al nuevo hombre es lo que hace este pasaje tan central al pensamiento de Pablo. Aunque no habla en términos imperativos como en Gálatas 5, se puede ver el significado de su contraste vívido. El creyente no puede hacer ambos, por lo que tiene que escoger. No es asunto de añadir el nue-

---

[217] Cf. Romanos 10:4, donde San Pablo dice que "el fin de la ley es Cristo", probablemente en el sentido de cumplimiento; y en Romanos 3:31, donde la ley es establecida por la fe y en realidad se convierte en la ley de la fe. Esto llega a ser de esa manera aun en relación con la circuncisión (cf. Ro. 2:28-29; Co. 2:11).

[218] Esto también es descrito escatológicamente, en el que se describe al nuevo hombre como estar entre dos eones ——su nueva vida (de la era venidera) por sobre su vida antigua (en esta era).

[219] Esta teoría de "dos naturalezas" con mayor frecuencia se basa en Romanos 7:14-25 y Gálatas 5:17. Ya se dijo anteriormente (cf. c. 17) cuál es la opinión de este escritor respecto a la interpretación apropiada de Gálatas 5:17. También se arguyó que Romanos 7:14-25 es un cuadro del judío alumbrado luchando por salvarse por la ley (autobiográfico de San Pablo visto a través de los ojos de la fe) por lo cual no describe al nuevo hombre en Cristo (cf. c. 5). Independientemente de cómo interprete uno Romanos 7:14-25 e incluso Gálatas 5:17, el pasaje de Romanos 8:3-7 no presenta tal conflicto del nuevo hombre.

vo camino del Espíritu al viejo camino de la carne. Así como el viejo hombre en pecado tuvo que ser quitado como condición para llegar a ser el nuevo hombre en Cristo, ahora el nuevo hombre en Cristo debe escoger cómo va a vivir. ¡La antítesis es absoluta!

El imperativo de Pablo de vivir por el Espíritu fácilmente puede ser reconocido a través de muchas de sus cartas, aunque en forma menos directa. Primordialmente se expresa en términos de amor (ágape). La solución fundamental de Pablo para los varios problemas con que se tuvo que enfrentar en la iglesia de Corinto fue el imperativo del amor: "Seguid el amor" (1 Co. 14:1). Así les escribe a los efesios:

> Sed, pues, imitadores de Dios como hijos amados. Y andad en amor, como también Cristo nos amó, y se entregó a sí mismo por nosotros, ofrenda y sacrificio a Dios en olor fragante (Ef. 5:1-2).

En un imperativo directo Pablo les amonesta además: "No os embriaguéis con vino, en lo cual hay disolución; antes bien sed llenos del Espíritu" (Ef. 5:18).[220] El Espíritu Santo llena la vida del creyente con su fruto.

Pablo exhorta a los colosenses: "Y sobre todas estas cosas vestíos de amor, que es el vínculo perfecto" (Col. 3:14).

El mismo desafío básico, aunque no con un imperativo directo, es expresado por Pablo en términos de la petición de una oración. Así les escribió a los tesalonicenses:

> Por lo cual, ¿qué acción de gracias podremos dar a Dios por vosotros, por todo el gozo con que nos gozamos a causa de vosotros delante de nuestro Dios, orando de noche y de día con gran insistencia, para que veamos vuestro rostro, y completemos lo que falte a vuestra fe? Mas el mismo Dios y Padre nuestro, y nuestro Señor Jesucristo, dirijan nuestro camino a vosotros. Y el Señor os haga crecer y abundar en amor unos para con otros y para con todos, como también lo hacemos nosotros para con vosotros, para que sean afirmados vuestros corazones, irreprensibles en santidad delante de Dios nuestro Padre, en la venida de nuestro Señor Jesucristo con todos sus santos (1 Ts. 3:9-13).[221]

Es significativo que aquí Pablo identifica el aumento de amor con el establecimiento de la santidad intachable en sus corazones. Esto se examinará más de

---

[220] Algunas versiones inglesas, como la New English Bible y la de Phillips, se apegan a esta interpretación y hacen del Espíritu Santo el Agente que llena la vida del creyente y no la sustancia con la cual él es lleno.

[221] Esto se expresa más en detalle en los versículos que siguen: "Por lo demás, hermanos, os rogamos y exhortamos en el Señor Jesús, que de la manera que aprendisteis de nosotros cómo os conviene conduciros y agradar a Dios, así abundéis más y más. Porque ya sabéis qué instrucciones os dimos por el Señor Jesús; pues la voluntad de Dios es vuestra santificación; que os apartéis de fornicación; que cada uno de vosotros sepa tener su propia esposa en santidad y honor ... Pero acerca del amor fraternal no tenéis necesidad de que os escriba, porque vosotros mismos habéis aprendido de Dios que os améis unos a otros; y también lo hacéis así con todos los hermanos que están por toda Macedonia. Pero os rogamos, que abundéis en ello más y más" (1 Tesalonicenses 4:1-4, 9-10).

cerca en la siguiente sección. Pablo ora similarmente para que el amor de los filipenses "abunde aún más y más en ciencia y en todo conocimiento" (Fil. 1:9).

¿Cuál es la fuente de este amor? Sin lugar a duda es posible sólo como el fruto del Espíritu. Pablo sería el primero en insistir que el amor que él anhela que ellos experimenten no es de origen humano. "El amor de Dios ha sido derramado en nuestros corazones por el Espíritu Santo que nos fue dado" (Ro. 5:5). Así el imperativo de experimentar y expresar el amor es sencillamente un imperativo indirecto de andar por el Espíritu.

El imperativo paulino, de vivir por el Espíritu, tiene una pertinencia sorprendente para la iglesia de Jesucristo de hoy. La preocupación del Apóstol por convertidos recientemente emancipados de las garras del oscuro y malvado mundo de su día es muchas veces voceada por pastores espirituales de su rebaño en esta supuesta edad de la iluminación. Las bancas de la iglesia están frecuentemente llenas con aquellos que han dejado de ser víctimas del pecado. Por medio de la fe en la cruz han sido hechos libres y ahora tienen una nueva vida en Cristo. Son hombres nuevos, hombres libres, y hombres espirituales. Se puede decir de ellos que ahora tienen una nueva base de existencia porque habiendo estado muerto, ahora están espiritualmente vivos.

Pero, aunque ellos no más viven en el mundo bajo la soberanía del pecado, tampoco viven en el mundo bajo la soberanía del Espíritu. En vez de eso, viven en la dudosa tierra de nadie bajo la soberanía del yo. Viven bajo sus propias fuerzas y disciplina y consecuentemente con demasiada frecuencia se desaniman espiritualmente y experimentan la derrota. De consecuencias de mayor alcance, no experimentan el poder del Espíritu Santo en sus vidas en sus múltiples expresiones positivas.

El imperativo de Pablo es muy adecuado para ellos. ¡Utilice los recursos que posee en Cristo! ¡Usted está vivo en el Espíritu Santo; déjalo ahora déjelo que sea el medio de su vivir! ¡Viva y camine por el Espíritu Santo!

Con demasiada frecuencia los temores de los judaizantes de Galacia se modernizan. Ningún hombre quiere regresar a la vida pasada del pecado, así que se hace un hábito de legalismo como salvaguardia y protección. La religión se torna primordialmente un asunto de seguir y defender un juego de reglas y regulaciones. El creyente es atrapado en la red de justicia por las obras que fácilmente viene a ser auto justicia.

La amonestación de Pablo es solemne y penetrante. Con qué frecuencia en la historia de la iglesia la "letra" legalista ha destruido el espíritu de la santidad. Un espíritu auto justo, criticón, divisivo y condenador que está en oposición directa al amor.

Igualmente válida es la fe de Pablo. Hay otra avenida aparte de las alternativas del legalismo y la licencia es la vida bajo el Espíritu. El vivir bajo el Espíritu y andar bajo su disciplina concede victoria sobre el pecado y concede los ricos frutos de su gracia.

Si esto es así, como Pablo lo presenta plenamente con claridad, entonces ¿por qué el nuevo hombre en Cristo no entra automáticamente en la vida por el Espíritu? Esto también lo explica Pablo en su imperativo final, a lo que nos encaminamos ahora en este estudio.

CAPÍTULO 20

Preséntense ustedes

Se ha visto que delante del nuevo hombre hay la decisión entre dos maneras de vivir por la carne, con sus obras; o por el Espíritu, con su fruto. Solamente viviendo por el Espíritu puede él cumplir con el imperativo paulino de la vida victoriosa. Parecería que esta decisión sería natural y un desarrollo casi automático en la vida del creyente. Las alternativas son tan visiblemente obvias que el creyente, por razón de lo que ya le ha sucedido, debía entrar sin demora en la vida maravillosa del Espíritu, con todo lo que esto abarca. Muchos de los intérpretes de Pablo asumen que esto es así, y por lo tanto detienen su estudio del pensamiento de Pablo en el punto al cual llegamos en el capítulo anterior.

Empero tal resultado feliz claramente no es el caso. Si fuera así, entonces, ¿por qué estaría Pablo tan preocupado? Si fuera un desarrollo natural, no habría necesidad de amonestación y exhortación, y hasta de advertencia. El testimonio de la experiencia cristiana moderna es que sencillamente no ocurre así.

En vez de eso, tan frecuentemente hoy como en los días de Pablo, el nuevo hombre en Cristo vive en la oscura tierra de nadie del yo. Se ha visto repetidamente que Pablo no describe explícitamente este mundo bajo el yo. Sin embargo, puede ser fácilmente identificado, por implicación y deducción lógica, ya que Pablo enseña muy claramente en dónde el creyente no está viviendo. Ya no vive más en el mundo bajo el pecado pero todavía no está viviendo en el mundo bajo el Espíritu.

El gran asunto es: ¿Por qué? ¿Por qué el nuevo hombre no pasa a este maravilloso nuevo mundo bajo la soberanía del Espíritu? ¿Qué está mal? Además, ¿qué se puede hacer al respecto? ¿Cuál es el remedio que Pablo ofrece? La mayoría de los credos reconocen que el pecado original permanece en la vida del creyente. La diferencia principal surge sobre la pregunta de si reina o no y cuándo y cómo es quitado. Este estudio no está interesado con hacer crítica de esas varias interpretaciones teológicas. Lo que es importante para este estudio es que en las muchas teologías el pecado original que permanece no está relacionado con el problema que se ha identificado aquí, porque el pecado original está asociado con la carne del hombre (el hombre exterior) y no con el corazón del hombre (el hombre interior).

Cuando el pecado original se entiende como la auto soberanía, su relación vital al problema a la mano se ve claramente. Para vivir y andar por el Espíritu el hombre debe vivir bajo la soberanía del Espíritu. ¡Ese es el corazón del asunto! El Espíritu Santo debe controlar al creyente que vive bajo su disciplina. Tal cosa es imposible a menos de que el Espíritu sea Soberano o Gobernador de su vida. No es posible vivir bajo la soberanía del yo y la soberanía del Espíritu al mismo tiempo. Solamente uno puede gobernar ¡no los dos! Es imposible cumplir con el imperativo de vivir por el Espíritu en tanto que el nuevo hombre sea soberano de su propia alma.

El Dios Todopoderoso respeta la soberanía del hombre, y no la violará ni abusará de ella. El no está dispuesto a violar la soberanía del hombre en el momento de consagración como tampoco lo hace cuando el hombre es pecador y está en el momento de su conversión. El hombre debe ejercer su libre albedrío para escoger el ser salvo, y debe también hacer su decisión de rendir su soberanía. Este es el punto del imperativo final de Pablo, basado en el indicativo de lo que Dios ya ha hecho por el creyente en Cristo, y en el desafío de permitir que Dios haga mucho más.

> Ni tampoco continuéis presentando vuestros miembros al pecado como instrumentos de iniquidad, sino presentaos vosotros mismos a Dios como vivos de entre los muertos, y vuestros miembros a Dios como instrumentos de justicia (Ro. 6:13). Hablo como humano, por vuestra humana debilidad; que así como para iniquidad presentasteis vuestros miembros para servir a la inmundicia y a la iniquidad, así ahora para santificación presentad vuestros miembros para servir a la justicia (Ro. 6:19). Así que, hermanos, os ruego por las misericordias de Dios que presentéis vuestros cuerpos en sacrificio vivo, santo, agradable a Dios, que es vuestro culto racional (Ro. 12:1).

Pablo usa un término muy significativo que se traduce arriba como "presentéis" (paristemi). En su sentido transitivo literalmente significa estar de pie o ponerse junto a, por lo tanto significa poner a disposición de alguien. Se utiliza para presentar a alguien más (cf. Hch. 23:33; 2 Co. 11:2; Lc. 2:22).

En Romanos 6, Pablo pinta el pecado como un cruel señor que se enseñorea sobre el pecador, particularmente su cuerpo. Sin embargo, esa esclavitud había sido en el pasado y los creyentes no le deben permitir al pecado que reine ya más sobre ellos (cf. v. 12). Habían sido esclavos del pecado (cf. vv. 17, 20), pero habían sido hechos libres en Cristo (cf. v. 18, 20). Además, se habían vuelto esclavos de Dios y de la justicia (cf. vv. 18, 22).

Parece extraño que Pablo dijera que ya eran esclavos de Dios, puesto que el objeto total de su imperativo en este capítulo es que llegaran a ser esclavos de Dios. La clave es que él alude a la esclavitud en por los menos dos sentidos. Este es un excelente ejemplo de la dificultad que el estudiante moderno de la Biblia tiene en comprender el significado de la metáfora de una cultura que le es extraña. Sin embargo, a aquellos a quienes Pablo les estaba escribiendo verían inmediatamente el significado de su distinción. Un hombre era esclavo en dos sentidos por propiedad y servidumbre. No solamente era un esclavo sino que servía como esclavo (la distinción entre ser y hacer). Bajo la esclavitud del pecado había muy poca distinción práctica. La servidumbre era compulsiva. Todo esclavo servía. Sin embargo, en Cristo es muy diferente. El ser siervo es por decisión. Cada creyente es esclavo de Dios en términos de propiedad; le pertenece a Dios. Ha sido comprado por la redención. Pero, aunque es esclavo de Dios por propiedad, el nuevo hombre no necesariamente sirve como esclavo. Es libre para servir o no servir.

Esta es precisamente la triste situación. Aunque estos creyentes le pertenecían a Dios como sus esclavos, obviamente no le estaban sirviendo como esclavos. Esto fue lo que angustió el corazón del apóstol. Cuando eran esclavos del pecado habían dado, por compulsión, una servidumbre total; pero como esclavos de Dios estaban dando, por decisión de ellos, muy poco servicio. Esto no es correcto. Su nuevo Dueño merece la misma devoción de corazón que un día le dio a su antiguo dueño el pecado.

> Hablo como humano, por vuestra humana debilidad; que así como para iniquidad presentasteis vuestros miembros para servir a la inmundicia y a la iniquidad, así ahora para santificación presentad vuestros miembros para servir a la justicia (Ro. 6:19).

Pablo apela a su sentido de justicia, aludiendo a lo que sería justo en el estricto plano de referencia humano. Justamente como habían servido al pecado como esclavos, así ahora debían presentarse como esclavos a Dios.

Empero esta es precisamente la situación frecuente de nuestro día. Hombres y mujeres que una vez sirvieron de todo corazón al pecado, y ahora son libres de esa mortificante servidumbre, ahora le sirven a Dios con tan muy poco ánimo. La respuesta descansa en el imperativo paulino.

Pablo los exhorta a que no presenten más los miembros de sus cuerpos como esclavos del pecado e instrumentos de la maldad (cf. v. 13). El poder del pecado ha sido destruido y se le debe poner punto final a su servidumbre pasada. Pablo, por lo tanto los amonesta a que se presenten a sí mismos ante Dios como vivos de entre los muertos y que presenten sus miembros a Dios como instrumentos de justicia (cf. v. 13, 19). Lo que es de máxima significación es que Pablo cambia el tiempo del imperativo en el verso 13. Les dijo: "Tampoco presentéis" o, "ya no os presentéis más" (presente de imperativo), y luego añadió: "presentaos vosotros y vuestros miembros mismos" imperativo aoristo). La misma construcción de aoristo se repite en el verso 19.

El significativo básico del aoristo aktionsart (clase de acción) es que describe un acto o hecho de crisis como distinción de un proceso progresivo. Es cierto que, como en todas las construcciones gramaticales en el Nuevo Testamento griego, el significado técnico del tiempo aoristo no siempre se puede demostrar. Sin embargo, el agudo contraste entre el presente y el aoristo imperativo en el mismo versículo sí subraya un significado que es inconfundible. El imperativo de Pablo demanda un acto de presentación crucial de crisis.[222]

---

[222] Cf. las reglas para interpretar la aktionsart en el modo imperativo cuando existe posibilidad de ambigüedad, C. F. D. Moule, Idiom Book of NT Greek, p. 136. Roger Hahn, en una monografía investigadora de seminario en la que analizó cada uso paulino del aoristo imperativo, concluyó: "San Pablo fue muy cuidadoso en su uso del aoristo imperativo. Con sólo con unas cuantas excepciones, la evidencia de que

Además, como lo indican Blass y De Brunner en su autoritativa gramática del griego,[223] el tiempo aoristo indica una actividad y el principio de una manera de vida. Es el darse de una conducta que contrasta con una conducta previa. Como se ha repetido anteriormente, la vida por el Espíritu representa un cambio muy marcado en la manera de vivir. Hay los imperativos que indican progreso (andando), pero es absolutamente necesario presuponer una crisis que inicia estos imperativos progresivos. Pablo utiliza el aoristo imperativo aquí para recalcar la crisis que empieza la nueva manera de vivir.

El gran significado de la crisis se ve en la metáfora que yace detrás. Pablo está pidiendo la esclavitud de la servidumbre. En el año de jubileo se le daba libertad a todo esclavo judío, porque así lo dictaba la ley. Sin embargo, no era fuera de lo común que algunos esclavos no quisieran su libertad, que por la ley les pertenecía. Había una provisión por la que el esclavo y su dueño podían presentarse delante del magistrado, en donde el esclavo expresaba su decisión de seguir siendo esclavo aunque legalmente era un hombre libre. Al tal se le conocía como esclavo por amor. Se le traspasaba la oreja con una lesna, lo que venía a ser la marca de un esclavo por amor (cf. Ex. 21:1-6).

Esta es la metáfora que yace detrás del imperativo de Pablo. El está apelando a los hombres de fe, ahora vivos de entre los muertos, para que voluntariamente se presenten a sí mismos ante Dios como esclavos de amor. Ahora que eran libres de la esclavitud del pecado, podían escoger ser esclavos de amor para Dios. Esto resolvería el problema de la servidumbre.

El término "presentar" también es un término técnico en el lenguaje de hacer sacrificio. Significa presentar una ofrenda, y en este sentido que Pablo usa el término en Romanos 12:1: "Así que, hermanos, os ruego por las misericordias de Dios, que presentéis vuestros cuerpos en sacrificio vivo, santo, agradable a Dios, que es vuestro culto racional." Aquí Pablo exhorta[224] a los creyentes a que presenten sus cuerpos a Dios, como el sacerdote hace el sacrificio. Sus cuerpos están vivos, santos, y aceptables. Tal es el servicio de adoración espiritual.[225] Una vez más utiliza el tiempo aoristo, lo cual apunta hacia una presentación de crisis, así como el sacerdote ofrece su sacrificio sobre el altar.

Pablo está pidiendo el rendimiento de la soberanía que había sido usurpada en el Jardín del Edén. Esto no debe entenderse equivocadamente como el rendimiento de la libertad.[226] El nuevo hombre usa su libertad para rendir el control soberano de su vida a Dios. Al rendir el hombre su soberanía al dejarla ir Dios la quita. Es vital entender esto. Con demasiada frecuencia en la teología evangélica esto se confunde con una decisión a dedicarse o hasta consagrarse, lo cual es es-

con toda intención seleccionó el aoristo imperativo para expresar el aoristo pleno aktionsart apareció muy pronto dentro del contexto."

[223] . F. Blass & A. DeBrunner: A Greek Grammar of the NT and Other Early Christian Literature, tr. y rev. por Robert W. Funk (Chicago: University of Chicago Press, 1961), p. 173.

[224] La forma es parastesai (aoristo infinitivo), el cual es el complemento objetivo de la palabra de exhortación ("os ruego", parakalo). Es imperativa en fuerza.

[225] El termino "racional" (logiken) también puede significar racional (cf. la nota marginal de la BLA).

[226] Soberanía es el poder de control y libertad es el poder o la capacidad de decisión.

trictamente un acto humano. ¡Nada puede estar más lejos de la verdad! El pecado original, o la soberanía del yo, no se pueden sencillamente ser hecho a un lado por la acción de un hombre. Es una parte demasiado grande del hombre. Solamente Dios puede quitarlo, pero esto sólo puede llevarse a cabo cuando el hombre escoge dejarlo libre, por su propia voluntad.

Esto es precisamente por qué, en el sentido más cabal, Cristo no puede ser recibido como Señor. El nuevo hombre debe hacer a Cristo Señor cuando rinde su soberanía, permitiendo que Dios la quite de su corazón. Entonces, y solamente entonces, Cristo puede empezar a reinar y gobernar en la vida del creyente como Señor. La pregunta crucial es: ¿Soberanía sobre qué? Es soberanía, no sobre el viejo yo en pecado, sino sobre el nuevo hombre. Solamente después que el hombre ha recibido esta nueva vida puede comprender plenamente el significado de una soberanía rendida.

Cuando el hombre entrega su soberanía a fin de que Dios la quite de su corazón, ocurre uno de los más grandes milagros de todos. Con la salida de la soberanía del yo hay una fusión del espíritu humano y divino en un solo espíritu.

> ¿No sabéis que vuestros cuerpos son miembros de Cristo? ¿Quitaré, pues, los miembros de Cristo y los haré miembros de una ramera? De ningún modo. ¿O no sabéis que el que se une con una ramera, es un cuerpo con ella? Porque dice: Los dos serán una sola carne. Pero el que se une al Señor, un espíritu es con él (1 Co. 6:15-17).

De todos los pecados, la inmoralidad parece ser la más aborrecible para Pablo, porque la persona culpable se tornaba en un solo cuerpo con la ramera. El dice que esto no debía ser, porque sus cuerpos eran miembros de Cristo. Es más: "El que se une al Señor, un espíritu es con él." Esto es imposible en tanto que la soberanía del yo permanezca, pero es el resultado glorioso una vez que Dios la haya erradicado. La unión es tal con el Espíritu de Dios morando en el hombre y el hombre viviendo y andando en la fortaleza y poder del Espíritu que son un solo espíritu. Cristo es verdaderamente Señor, puesto que el nuevo hombre es un espíritu con El.[227]

Es esta unión de Espíritu con el Señor lo que Pablo describe en Gálatas 2:20:

> Con Cristo estoy juntamente crucificado, y ya no vivo yo, mas vive Cristo en mí; y lo que ahora vivo en la carne, lo vivo en la fe del Hijo de Dios, el cual me amó y se entregó a sí mismo por mí.

El resultado de la crucifixión de Pablo con Cristo es más sorprendente cuando el orden de las palabras en el texto griego se traduce literalmente: "Vivo no más [ego] pero vive en mí Cristo." El enfático pronombre personal en primera persona (ego) puede muy bien ser una construcción enfática reflexiva y por lo tanto traducirse: "Yo mismo no vivo ya más." Sin embargo, a la luz de lo que sigue, es

---

[227] Esto ilustra la importancia de entender la antropología paulina. El creyente es unido con Cristo en el hombre interior y para él ser unido con una ramera en el hombre exterior era impensable.

mucho más significativo. Pablo está diciendo: Yo no vivo más como una vez viví, sino en una nueva manera no más yo, ahora Cristo vive en mí El es el Señor de mi vida nueva.

Pablo vive "no más él" porque en una capitulación de crisis él había rendido su soberanía. El no era ya "más su yo". Por eso pudo escribir en otro pasaje: "Porque para mí el vivir es Cristo" (Fil. 1:21).

Es importante reconocer que la muerte con Cristo incluye el todo de la salvación. Todo beneficio y bendición del evangelio es posible por medio de la cruz y la identificación del creyente con ésta a través de la fe. Esto incluye no solamente libertad del poder del pecado, sino también liberación de cada pecado presente a saber, la soberanía del yo.

Sin lugar a duda un estudio del pensamiento paulino claramente revela que sus imperativos más extensos son: (1) ¡No se debe pecar más! y (2) ¡Viva (ande) por el Espíritu! Estos énfasis han sido llamados, anteriormente, el compañerismo que continúa. Indudablemente estos son los imperativos predominantes.

La importantísima pregunta es: ¿Por qué? ¿Quiere esto decir que son todo lo que es importante? Muchos estudiantes del pensamiento de Pablo forman esta conclusión y se detienen con el imperativo que presentamos en el capítulo 19 "Viva por el Espíritu." ¿Se debe a que el compromiso de crisis es de tan poca importancia el que no sea mencionado repetidamente?

Los resultados de este estudio hacen que tal conclusión sea totalmente inaceptable. En vez de ella, se pueden sugerir dos explicaciones en cuanto a por qué el imperativo del compromiso de crisis no es dado más extensamente. En primer lugar, la necesidad de tal compromiso de crisis debería ser tan obvia que correctamente se puede asumir. La repetición del énfasis de Pablo de vivir por el Espíritu claramente asume que tal cosa es posible solamente bajo la soberanía del Espíritu. No se necesita decir que uno no puede vivir bajo la soberanía del Espíritu hasta que se rinde al Espíritu y lo hace soberano. Esto requiere una crisis. No puede, por la mera naturaleza de la situación, ser una decisión humana que se repite.

En segundo lugar el compromiso de crisis tiene un valor instrumental. El valor total del compromiso de crisis se encuentra en lo que hace posible. Esto lo podemos ilustrar fácilmente. Si se guarda un tesoro muy valioso en cierto cuarto, que tiene solamente una puerta de acceso, esa puerta es de gran valor pero sólo instrumental. Su valor total sería que es la única vía hacia donde está el tesoro, en donde se encuentra el valor intrínseco. Uno ciertamente no se pasaría el tiempo hablando del valor de la puerta, sino que hablaría del valor intrínseco del tesoro.

Así Pablo le da énfasis mayor, no al valor instrumental del compromiso de crisis que es el camino hacia el tesoro, sino al valor intrínseco del compañerismo que continúa, que es el tesoro en sí mismo. Es verdad que Dios erradica el pecado original del corazón del nuevo hombre como respuesta a su compromiso de crisis. Pero la pregunta crucial es: ¿Por qué? ¿Limpia Dios el corazón del hombre simplemente por limpiarlo como un fin en sí mismo? Esto no sería que el que un hombre abriera la puerta de un cuarto con un tesoro y orgullosamente proclamara: ¡Tengo la puerta abierta! Hay sólo una razón para abrir la puerta y esta es el pasar por ella para descubrir el tesoro. Si la erradicación del pecado original del corazón del creyente fuera de un valor intrínseco, entonces la amenaza de la auto justicia farisaica sería irresistible. ¡No! El valor de un corazón limpio no es intrínseco sino instrumental es lo que hace posible.

Sin embargo, esto no quiere decir por un momento que el compromiso de crisis no tiene valor. Es absolutamente de un valor indispensable, pero no intrínseco. Su valor se encuentra en aquello a lo que le abre la puerta.

La naturaleza doble de la experiencia cristiana es sorprendentemente paralela al entendimiento contemporáneo de la autorrealización. De acuerdo a este análisis psicológico un hombre puede llegar a ser una verdadera persona solamente al ganar primero un sentido de libertad. No es una verdadera persona si ven cualquier grado está esclavizada a alguien o algo. Esta es la lucha de la adolescencia encontrar tal libertad. Entonces, cuando la libertad es una vez experimentada, se alcanza la calidad de ser persona sólo por medio del segundo paso, que consiste en la entrega voluntaria de uno mismo a otros. El intentar de guardar para sí mismo esta libertad es perderla. ¿No es esto exactamente lo que el Maestro nos enseñó?

> Y decía a todos: Si alguno quiere venir en pos de mí, niéguese a sí mismo, tome su cruz cada día, y sígame. Porque todo el que quiera salvar su vida, lo perderá; y todo el que pierda su vida por causa de mí, éste la salvará. Pues ¿qué aprovecha al hombre, si gana todo el mundo, y se destruye o se pierde a sí mismo? (Lc. 9:23-25).

El tesoro de la vida vivida bajo el Espíritu va más allá de una descripción adecuada. Cuando Pablo contempló los tesoros y los misterios de la sabiduría divina en el evangelio, pidió prestadas unas palabras emocionantes de Isaías.

> "COSAS QUE OJO NO VIO, NI OÍDO OYÓ, NI HAN SUBIDO EN CORAZÓN DE HOMBRE, SON LAS QUE DIOS HA PREPARADO PARA LOS QUE LE AMAN." Pero Dios nos las reveló a nosotros por el Espíritu; porque el Espíritu todo lo escudriña, aun lo profundo de Dios (1 Co. 2:9-10).

En la sección final nos encaminamos a este rico tesoro, y examinaremos brevemente al nuevo hombre viviendo bajo el Espíritu.

PARTE V

EL NUEVO HOMBRE: VIVIENDO POR EL ESPÍRITU

CAPÍTULO 21

Una nueva capacitación

Tal vez la mejor manera de resumir los repetidos imperativos de Pablo sea esta: Utilice los recursos que ya son suyos en Cristo. ¡El nuevo hombre en Cristo, viviendo por el Espíritu, hace precisamente esto! Sin embargo, es de importancia crucial recalcar que no hay nada automático acerca de esa vida. La vida por el Espíritu es una relación personal que se debe cultivar y mantener. Cuando el nuevo hombre deja de utilizar los recursos que son de él, el resultado es una existencia basada en sus propias fuerzas.

La experiencia de la mayoría de los hombres revela la necesidad de una renovación y avivamiento constante es una parte esencial de la humanidad. Este es uno de los benditos ministerios del Espíritu avivar, despertar y renovar. Cuando el nuevo hombre vive por su propia fuerza, se enfrenta a la amenaza del fracaso espiritual. ¡Esto puede resultar en pecado! Por el otro lado no tiene necesariamente que ser pecado propiamente así llamado. Sin embargo, conforme el creyente anda con Dios, recibe más iluminación espiritual y como consecuencia su entendimiento espiritual se sensibiliza y refina. Aquello que un día pudo haber sido un punto de olvido inocente frecuentemente se desarrolla y llega a ser un asunto de conciencia responsable.

Empero se debe recordar que la crisis de la soberanía entregada y erradicada hace una diferencia crucial en la vida del nuevo hombre. La experiencia cristiana gráficamente revela que el caer en períodos de dependencia en la fortaleza humana, debido a alguna preocupación o hasta descuido espiritual, es claramente diferente que el vivir en la tierra de nadie bajo la soberanía del yo. Es básicamente la diferencia entre independencia e insensibilidad. En tanto que el hombre viva sobre la tierra, necesitará ser "re-sensibilizado", y hasta despertado una y otra vez por el Espíritu.

Es significativo que Pablo no apela al nuevo hombre bajo el Espíritu por medio de un imperativo directo. El nunca dijo explícitamente: ¡Vive así! o ¡Deja que tu vida sea tal! o aun, ¡Debes crecer! El nuevo hombre no está esclavizado por la ley—ni siquiera una nueva ley para vivir. En vez de eso, Pablo se interesa en que el nuevo hombre mantenga una relación personal dinámica con el Espíritu ¡quien es una persona! La vida, totalmente nueva y revolucionaria, es el producto de tal relación.

Pablo tiene un término muy especial, energeo,[228] para describir esta actividad del Espíritu en y a través del nuevo hombre. Desafortunadamente con frecuencia es traducido como "trabajo", justamente como el término común para "trabajar" (ergadzomai). En vez de eso, energeo conlleva el significado básico de una influencia o capacitación de afuera del hombre y Pablo la usa regularmente para describir la operación del Espíritu en el nuevo hombre.[229] La transliteración moderna del término es energía y dar energía. La tarea del Espíritu en el hombre es más que una fuerza impersonal o poder. El Espíritu le da energía al hombre por medio de una relación personal dinámica. Esto se ve dramáticamente en Filipenses 2:12-13. Pablo amonestó a los creyentes:

> Por tanto, amados míos, como siempre habéis obedecido, no como en mi presencia solamente, sino mucho más ahora en mi ausencia, ocupaos [katergadzoma] en vuestra salvación con temor y temblor (Fil. 2:12).

Luego añade: "Porque Dios es el que en vosotros produce [energeo] así el querer como el hacer [energeo], por su buena voluntad" (Fil 2:13). Es muy significativo que Pablo cambió los términos para "trabajar", a fin de recalcar la naturaleza del trabajo del Espíritu (cf. Gá. 3:5). Pablo utiliza este término varias veces, y el reconocimiento del significado específico aumenta grandemente el entendimiento de su mensaje. Las siguientes dos referencias son ejemplos excelentes.

> Y a Aquel que es poderoso para hacer todas las cosas mucho más abundantemente de lo que pedimos o entendemos, según el poder que actúa [energeo] en nosotros (Ef. 3:20). Para lo cual también trabajo, luchando según la potencia de él, la cual actúa [energeo] poderosamente en mí (Col. 1:29).

Específicamente la tarea del Espíritu de dar energía resulta en una vida de amor. "Porque en Cristo Jesús ni la circuncisión vale algo, ni la incircuncisión, sino la fe que obra [energeo] por el amor" (Gá. 5:6). El nuevo hombre es liberado para amar, como Pablo procede a describir: "Porque vosotros, hermanos, a libertad fuisteis llamados; solamente que no uséis la libertad como ocasión para la carne, sino servíos por amor los unos a los otros" (Gá. 5:13). El nuevo hombre vive bajo el eslabón de amor en lugar de bajo el viejo látigo de la ley.

La pregunta que se hace con frecuencia es: ¿Cuál es la diferencia vital en la vida del nuevo hombre que está bajo la soberanía del Espíritu? Como se indicó anteriormente, no consiste en la ausencia total de fracaso. Si el nuevo hombre

---

[228] Energeo es un término paulino distintivo. De las 21 veces que se encuentra en el Nuevo Testamento, él lo usa 18. En los Sinópticos (Mt. 14:2; Mr. 6:14) se usa para referirse a los poderes sobrenaturales de Jesús, cuando Herodes pensó que Juan el Bautista se había levantado de entre los muertos. Sólo se encuentra de nuevo en Santiago 5:16. Los dos sustantivos (energeia, energema) se encuentran sólo en los escritos de San Pablo (18 veces) y el adjetivo (energes) es usado dos veces por San Pablo y una más en Hebreos (4:12).

[229] Arndt y Gingrich declaran que el sustantivo es usado "siempre en relación con seres sobrenaturales", significado que se encuentra también en las formas verbales y adjetivas. Incluso en la referencia a las pasiones pecaminosas que "obraban" (Ro. 7:5) en nosotros, se observan claros destellos de un poder mayor que el del hombre.

tiene cuando menos una medida de fe, esperanza y amor, con su certeza e interés, antes, mientras todavía vivía bajo el yo, entonces ¿cuál es la diferencia básica? Tal vez la menor manera de describirla sea: consistencia y prospecto.

Nada hay más característico de la vida del hombre en la tierra de nadie bajo el yo que la inconsistencia repetidas derrotas, y subidas y bajadas en la experiencia. También, esa vida está tan preocupada con obtener la victoria sobre la carne que le es imposible descubrir el tesoro de la vida espiritual que Dios ha provisto.

La energía del Espíritu a través de la vida del nuevo hombre se puede ver en varias dimensiones. Estas se examinarán en los siguientes capítulos; cualquiera de ellas podría resultar en estudios separados y mayores. Por necesidad, el tratamiento que sigue debe ser breve.

CAPÍTULO 22

Produciendo frutos espirituales

Pablo les escribió a los colosenses:

> Por lo cual también nosotros, desde el día que lo oímos, no cesamos de orar por vosotros, y de pedir que seáis llenos del conocimiento de su voluntad en toda sabiduría e inteligencia espiritual, para que andéis como es digno del Señor, agradándole en todo, llevando fruto en toda buena obra, y creciendo en el conocimiento de Dios; fortalecidos con todo poder, conforme a la potencia de su gloria, para toda paciencia y longanimidad; con gozo (Col. 1:9-11).

En los capítulos siguientes trataremos con el asunto de un andar digno y con el crecimiento, pero este capítulo tratará con el interés, por el que Pablo oraba, de que esos creyentes produjeran fruto.

La vida nueva del hombre de fe era definida en términos de fe, esperanza y amor que encontraban su expresión en confianza e interés. Esto es básicamente el fruto del Espíritu y el nuevo hombre, y está siempre y crecientemente dándose en la vida del hombre nuevo a través de la energía provista por el Espíritu. Empero, como se ha declarado, la marca del hombre que sigue viviendo bajo la soberanía del yo es una falta de consistencia espiritual. Con frecuencia se encuentra derrotado y frustrado como resultado de vivir por sus propias fuerzas, lo cual muy a menudo es sólo debilidad. En contraste, cuando acepta la soberanía del Espíritu, estos frutos son cosechados en abundancia creciente. Son básicamente la expresión del amor (ágape) —en acción.

Una exploración de este aspecto de la energía dada por el Espíritu en la vida del creyente tiene posibilidades casi ilimitadas. Podemos examinar sólo algunas de las más cruciales áreas de expresión.

¿Qué se necesita y desea más hoy que la fuerza interna? Estamos rodeados por personas que se deshacen bajo la presión de la vida diaria. No se trata de ser sobrecogidos por fuerzas externas contra las que no se puede luchar; no, el problema descansa en un defecto interior o debilidad. ¡Simplemente no están a la par con la vida!

El fanatismo en este punto es cruel y sin sentimientos. No todas las enfermedades son pecados, y tal sugestión no es escritural ni real. Las enfermedades orgánicas son demasiado reales. Algunas veces solamente Dios sabe —y los que han sufrido en manera similar— cuán reales pueden ser los nervios destrozados.

Además, algunas veces, las causas de debilidades interiores es un horario irrazonable de trabajo que abusa del cuerpo, de la mente, y de los nervios. ¡Dios no recompensará la insensatez o la avaricia del hombre! Cuando esta actitud es motivada por el insaciable deseo de seguir a Mammón, el hombre necesita reexaminar seriamente su sentido de valores.

Este es un estado triste de los asuntos de cualquier persona, pero no es menos trágico para los hijos de Dios. Dios no tiene la intención que ninguna persona se encuentre incapaz de enfrentarse con las demandas y presiones normales de la vida cotidiana.

Empero, después de hacer todas estas excepciones, todavía la razón principal de que tantos creyentes se doblen ante las presiones de la vida, o lleven una existencia miserable de derrota, es a la debilidad interior básica. Esto es cierto de la madre cuyas tareas nunca terminan; que se enfrenta con las demandas del hogar, el presupuesto familiar, enfermedades, planes inconclusos, emergencias inesperadas, problemas con los hijos, y cien y más cosas más. Esposos y padres deben enfrentarse con las presiones de trabajar en un mundo perverso; con la seguridad de su trabajo, demandas irrazonables, y obligaciones financieras sin fin. La juventud de nuestro día tiene también sus presiones peculiares y problemas, magnificados por la convicción que las generaciones de más edad no les comprenden.

Así que con demasiada frecuencia el nuevo hombre —que vive por sus propias fuerzas— vive una vida de inquietud, preocupación, desánimo, ansiedad, irritabilidad, y derrota espiritual. Está destrozado internamente, y si esto no resulta en un ataque o colapso nervioso externamente, soporta una existencia de miseria interna.

Lo que hace que esto sea tan trágico es que Dios promete y provee fuerza interior, por medio de la energía dada por el Espíritu, cuando el nuevo hombre vive en una relación personal, dinámica, con El. ¡El hombre de fe puede ser fortalecido! "Fortalecidos con todo poder, conforme a la potencia de su gloria, para toda paciencia y longanimidad" (Col. 1:11).

Esto es muy dramáticamente descrito en las promesas de paz en todo el Nuevo Testamento. Pablo principia Romanos con la bendición apostólica (Ro. 1:7) y lo termina con la bendición apostólica final (Ro. 15:33) —y recalcan la paz. Su deseo anhelante es: "Y el Dios de esperanza os llene de todo gozo y paz en el creer, para que abundéis en esperanza por el poder del Espíritu Santo" (Ro. 15:13). A los colosenses les escribió: "Y la paz de Dios gobierne en vuestros corazones, a la que asimismo fuisteis llamados en un solo cuerpo; y sed agradecidos" (Col. 3:15). La armadura de Dios provee precisamente tal protección:

> Por lo demás, hermanos míos, fortaleceos en el Señor, y en el poder de su fuerza. Vestíos de toda la armadura de Dios, para que podáis estar firmes contra las asechanzas del diablo. Porque no tenemos lucha contra sangre y carne, sino contra principados, contra potestades, contra los gobernadores de las tinieblas de este siglo, contra huestes espirituales de maldad en las regiones celestes. Por tanto, tomad toda la armadura de Dios, para que

podáis resistir en el día malo, y habiendo acabado todo, estar firmes. Estad, pues, firmes, ceñidos vuestros lomos con la verdad, y vestidos con la coraza de justicia, y calzados los pies con el apresto del evangelio de la paz. Sobre todo, tomad el escudo de la fe, con que podáis apagar todos los dardos de fuego del maligno. Y tomad el yelmo de la salvación, y la espada del Espíritu, que es la palabra de Dios (Ef. 6:10-17).

Aún más específicamente, la promesa de paz está directamente relacionada a la vida bajo el Espíritu. La paz es uno de los frutos del Espíritu (cf. Gá. 5:22), y "el ocuparse del Espíritu es vida y paz" (Ro. 8:6).

Pero ninguna otra promesa de entre todas las cartas de Pablo está más significativamente relacionada con la fortaleza interior que la paz de la presencia de Dios ofrece, que la siguiente:

> Por nada estéis afanosos, sino sean conocidas vuestras peticiones delante de Dios en toda oración y ruego, con acción de gracias. Y la paz de Dios, que sobrepasa todo entendimiento, guardará vuestros corazones y vuestros pensamientos en Cristo Jesús ... y el Dios de paz estará con vosotros (Fil. 4:6-7, 9).

La paz de Dios sobrepasa todo entendimiento. Es de más valor que todo el entendimiento. Frecuentemente los hombres piensan que lo más importante es el entendimiento, pero aun con éste todavía puede permanecer la frustración y la desesperación interior. En su lugar, la paz "guarda como una fortaleza"[230] tanto el corazón como la mente del creyente el hombre interior.

La paz interior es un fruto producido en la vida del nuevo hombre que vive bajo el Espíritu. La energía dada por el Espíritu produce confianza interior y seguridad, una paz mental y de corazón, siempre que el hombre de fe viva bajo el amor y no bajo la ley. Harriet Beecher Stowe escribió un bello poema al respecto.

LA PAZ DE DIOS

> Cuando los vientos azotan en el abierto océano, Y las olas golpean con iracundo rugir, esto afirmamos que abajo de la violenta tempestad, La quietud pacífica reina para siempre.

> Hondo, muy hondo la tempestad muere y el ruido es calma, Y las plateadas olas armonizan pacíficamente para siempre, Y por feroz que la tormenta sea, jamás se acerca, Para perturbar el día de descanso del profundo mar.

> Así el alma que conoce tu amor, o Purísimo, Hay para siempre un templo lleno de paz; Y toda la bullería de iracundas voces muere en un murmullo de quietud ante las sagradas puertas.

---

[230] Esta es una de las metáforas más vívidas de San Pablo. La palabra griega (phroureo) alude a la práctica romana de vigilar o custodiar una ciudad capturada con una fortaleza o destacamento militar (cf. 2 Co. 11:32). Por tanto, la paz de Dios es una fortaleza.

Lejos, muy lejos el ruido de la pasión murió. Y amorosos pensamientos se elevan calmados: Y por feroz que la tormenta sea, jamás se acerca a perturbar el profundo descanso, o Señor, que hay en ti. ¡O descanso de los descansos! ¡O paz serena, eterna! Tú siempre vives, y Tú eres incambiable; Y en lo secreto de tu presencia habita

La plenitud de gozo, por siempre y por siempre.

Con tal paz el nuevo hombre de fe, viviendo bajo el Espíritu, se enfrenta a cada día con la confianza de que "mi Dios, pues, suplirá todo lo que os falta conforme a sus riquezas en gloria en Cristo Jesús" (Fil. 4:19).

Una segunda área en la vida del nuevo hombre en la que él experimenta la influencia "energizadora" que el Espíritu le da es la de poder dinámico. El creyente no sólo debe poseer la fuerza interna sino que su vida debe también evidenciar el poder de Dios por medio de una influencia externa.

El poder del mal es vívido y espectacular. Se puede ver en todos lados en el crecimiento del crimen, la decadencia de los valores morales, el extendimiento de la falta de honradez y engaño, el derrumbamiento de la vida familiar, la delincuencia de los jóvenes y los padres, el alcoholismo y el uso de estupefacientes. Este período de la historia está presenciando una revolución de inmoralidad de proporciones sorprendentes.

Y en contraste notable al poder del mal está la debilidad e impotencia del testimonio cristiano individual y colectivo. Exactamente ¿cuánta influencia tiene la iglesia cristiana en la sociedad moderna? ¿Se escucha su voz realmente en los asuntos de la comunidad, el estado, la nación y el mundo? Más claramente aún, ¿qué influencia tiene el creyente individual en su vecindario, en su trabajo y en la escuela?

La historia nos muestra inequívocamente que esto no debía ser así. El trabajo de un puñado de dedicados discípulos en Hechos, el impacto de Lutero en Alemania, de Calvino y Zuinglio en Suiza, de Knox en Escocia, de Wesley en Inglaterra, y de Finney y Moody en Norteamérica todos dan un testimonio elocuente del poder dinámico de Dios manifestado en las vidas de los hombres. A esto se podría añadir multitudes infinitas de desconocidos hombres de fe que han influido en el mundo en favor de Dios y la justicia.

Dios quiere llenar de energía a los hombres que sean débiles en sí mismos y hacerlos poderosos contra las fuerzas del mal.

Pues mirad, hermanos, vuestra vocación, que no sois muchos sabios según la carne, ni muchos poderosos, ni muchos nobles; sino que lo necio del mundo escogió Dios, para avergonzar a los sabios; y lo débil del mundo escogió Dios, para avergonzar a lo fuerte; y lo vil del mundo y lo menospreciado escogió Dios, y lo que no es, para deshacer lo que es (1 Co. 1:26-28).

Los hombres de fe de hoy necesitan una nueva comprensión de que todas las cosas son de ellos en Cristo.

Así que, ninguno se gloríe en los hombres; porque todo es vuestro: sea Pablo, sea Apolos, sea Cefas, sea el mundo, sea la vida, sea la muerte, sea lo presente, sea lo por venir, todo es vuestro, y vosotros de Cristo, y Cristo de Dios (1 Co. 3:21-23).

El entendimiento que Pablo tenía del poder que Dios ya ha ejercido en pro del hombre desafía la imaginación.

Yo oro pidiendo que Dios alumbre los ojos de vuestro entendimiento, para que sepáis cuál es la esperanza a que él os ha llamado, y cuáles las riquezas de la gloria de su herencia en los santos, y cuál la supereminente grandeza de su poder para con nosotros los que creemos, según la operación del poder de su fuerza, la cual operó en Cristo, resucitándole de los muertos y sentándole a su diestra en los lugares celestiales, sobre todo principado y autoridad y poder y señorío, y sobre todo nombre que se nombra, no sólo en este siglo, sino también en el venidero; y sometió todas las cosas bajo sus pies, y lo dio por cabeza sobre todas las cosas a la iglesia, la cual es su cuerpo, la plenitud de Aquel que todo lo llena en todo (Ef. 1:18-23).

Este poder que Dios utilizó para levantar a Cristo de entre los muertos no sólo es experimentado en la resurrección espiritual de la muerte del pecado, la cual Pablo procede a describir (cf. Ef. 2:1-10), sino que también es ejercida a través de la vida del hombre de fe. La oración de Pablo de que Dios "os dé, conforme a las riquezas de su gloria, el ser fortalecidos con poder en el hombre interior por su Espíritu" (Ef. 3:16) se basa en la convicción que Dios es "poderoso para hacer todas las cosas mucho más abundantemente de lo que pedimos o entendemos, según el poder que actúa en nosotros" (Ef. 3:20). El creyente de hoy necesita escuchar otra vez la exhortación de Pablo a Timoteo, su hijo en el evangelio.

Por lo cual te aconsejo que avives el fuego del don de Dios que está en ti por la imposición de mis manos. Porque no nos ha dado Dios espíritu de cobardía, sino de poder, de amor y de dominio propio (2 Ti. 1:6-7).

Una causa de la impotencia yace en dejar de apreciar la manera en que el poder dinámico del Espíritu se recibe. Con mucha frecuencia este poder es visto como un regalo que Dios deposita dramáticamente Dios deposita en el corazón del hombre en una experiencia culminante, y de allí en adelante él recibe poder de esta energía sobrenatural en su interior. Nada hay más lejos de la verdad. El poder del Espíritu no se puede embodegar por la sencilla razón que es dinámico. Así como el poder eléctrico que da energía a las grandes ciudades no puede ser almacenado, sino que está a disposición sólo cuando los gruesos cables se unen al enorme dínamo que los suple, así el poder del Espíritu solamente se experimenta sólo conforme el hombre vive en una relación personal dinámica bajo el Espíritu. Al vivir bajo el Espíritu, el nuevo hombre él conocerá este poder en su vida.

La tercera área de expresión de la energía que el Espíritu le provee a la vida del nuevo hombre se ve en el fruto de un testimonio compelido. Es altamente dudoso si Pablo jamás haya utilizado el término y concepto de fruto (karpos) para referirse a la ganancia de los convertidos para Cristo,[231] pero la compasión que motiva el testimonio, y que resulta ganancia de almas, es ciertamente un fruto.

A medida que el creyente se preocupa por sus necesidades y los problemas de su propia vida, es muy fácil hacerse indiferente y hasta empedernido hacia las necesidades de otros. Hemos visto que la vida del nuevo hombre en Cristo se debe caracterizar por la preocupación ágape, especialmente hacia sus hermanos. Si esto es así, entonces ¿por qué el corazón del creyente está frecuentemente sin compasión? Ciertamente el Nuevo Testamento indica claramente que Dios espera que los hombres tengan compasión como su Señor. La dificultad debe estar en el fracaso de comprender que el corazón compasivo no es creado ni sostenido por el hombre. Este es más bien uno de los frutos de vivir bajo el Espíritu. Como lo notamos anteriormente, el amor (ágape) es la manera específica como el Espíritu llena de energía al hombre nuevo. ¡La fe obra por medio del amor (Gá. 5:6)! Hay un sentido en el que todos los frutos del Espíritu son amor en acción.

> Por tanto, si hay alguna consolación en Cristo, si algún consuelo de amor, si alguna comunión del Espíritu, si algún afecto entrañable, si alguna misericordia, completad mi gozo, sintiendo lo mismo, teniendo el mismo amor, unánimes, sintiendo una misma cosa. Nada hagáis por contienda o por vanagloria; antes bien con humildad, estimando cada uno a los demás como superiores a él mismo; no mirando cada uno por lo suyo propio, sino cada cual también por lo de los otros (Fil. 2:1-14).

El resultado de la experiencia del ánimo de Cristo, y el amor y el compañerismo de su Espíritu es que los hombres viven juntos en armonía y amor. Hay una unidad de mente y espíritu entre ellos. Así es porque no miran "meramente por lo suyo propio, sino cada cual también por lo de los otros" (Fil. 2:4). La verdadera humildad es puesta a prueba cuando otros son considerados superiores a nosotros (cf. v. 3). No se puede recalcar lo suficiente que la compasión que hace esto posible de emana de la experiencia del amor de Cristo y el compañerismo de su Espíritu. El interés hacia otros nace directamente del compañerismo con el Espíritu.

Pero el testimonio compelido del creyente no es sólo entre los del círculo de su misma fe. Fluyendo del amor de Cristo en su corazón, el nuevo hombre que vive bajo el Espíritu siente un impulsivo interés hacia los que están fuera de Cristo.

> Porque si estamos locos, es para Dios; y si somos cuerdos, es para vosotros. Porque el amor de Cristo nos constriñe (2 Co. 5:13-14). De manera que nosotros de aquí en adelante a nadie conocemos según la carne ... De

---

[231] Referencias tales como Gálatas 5:22; Romanos 6:21-22; Efesios 5:9; Filipenses 1:11; Romanos 7:4-5; Colosenses 1:10, se refieren todas claramente a cualidades espirituales dentro de la vida del creyente. En Romanos 1:13 y Colosenses 1:6 el significado no es muy claro, pero probablemente debería entenderse por el uso claro del término en otras partes.

modo que si alguno está en Cristo, nueva criatura es; las cosas viejas pasaron; he aquí todas son hechas nuevas. Y todo esto proviene de Dios, quien nos reconcilió consigo mismo por Cristo, y nos dio el ministerio de la reconciliación; que Dios estaba en Cristo reconciliando consigo al mundo, no tomándoles en cuenta a los hombres sus pecados, y nos encargó a nosotros la palabra de la reconciliación. Así que, somos embajadores en nombre de Cristo, como si Dios rogase por medio de nosotros; os rogamos en nombre de Cristo: Reconciliaos con Dios (2 Co. 5:16-20).

Pablo estaba fuera de sí mismo por su preocupación por los perdidos. El amor de Cristo le controlaba completamente, y era la mera fuente de sus acciones (cf. 2 Co. 5:14). El veía a los hombres bajo una nueva luz, no en su apariencia externa, sino como las nuevas criaturas que podían llegar a ser en Cristo. Dios les había dado a Pablo y a todos los nuevos hombres en Cristo con el ministerio de la reconciliación. El seguidor de Cristo es su embajador, por medio del cual Dios puede suplicarles a los hombres que se reconcilien con El, Cristo.

A medida que el nuevo hombre viva bajo el Espíritu, su corazón se tornará más compasivo hacia los perdidos tal como el Señor, cuando se enfrentó con las almas perdidas. El tiene una compulsión de testificar, debido a la compulsión interna de amor.

Si Pablo usó el término fruto básicamente para referirse a las cualidades existentes dentro de la vida del creyente, él definitivamente relacionó los dones con el testimonio evangelizador del hombre de fe.

Ahora bien, hay diversidad de dones, pero el Espíritu es el mismo. Y hay diversidad de ministerios, pero el Señor es el mismo. Y hay diversidad de operaciones [energema], pero Dios que hace [energeo] las cosas en todos, es el mismo. Pero a cada uno le es dada la manifestación del Espíritu para provecho. Porque a éste es dada por el Espíritu palabra de sabiduría; a otro, palabra de ciencia según el mismo Espíritu; a otro, fe por el mismo Espíritu; y a otro, dones de sanidades por el mismo Espíritu. A otro, el hacer [energema] géneros de lenguas; y a otro, interpretación de lenguas. Pero todas estas cosas las hace [energeo] uno y el mismo Espíritu, repartiendo a cada uno en particular como él quiere (1 Co. 12:4-11; cf. 1 Co. 12:28-31; Ro. 12:6).

Hemos visto que Pablo utiliza su término distintivo [energeo, energema] para indicar el dar energía al nuevo hombre por el Espíritu. Es por medio de esta capacitación que el hombre de fe puede testificar efectivamente. El Espíritu Santo opera por medio de estos dones para alcanzar a otros hombres. Todavía el camino más excelente es el camino del amor (cf. 1 Co. 12:31; 13:1-13). Este es el camino del amor que debemos seguir (cf. 1 Co. 14:1).

De significado supremo para este estudio es el reconocimiento y el recuerdo de que el fruto, los dones, y particularmente el camino más excelente del amor son todos el resultado de la energía dada por el Espíritu al nuevo hombre que vive bajo su soberanía en un compañerismo personal y dinámico.

CAPÍTULO 23

Obrando la salvación

En los capítulos anteriores se recalcó la comunicación de energía del Espíritu en la vida del creyente. Ahora debemos considerar el otro aspecto de la relación dinámica. Como se observó previamente, Pablo en su Carta a los Filipenses, expresó bellamente la síntesis vital entre el hombre y el Espíritu obrando por medio del hombre:

> Por tanto, amados míos, como siempre habéis obedecido, no como en mi presencia solamente, sino mucho más ahora en mi ausencia, ocupaos en vuestra salvación con temor y temblor, porque Dios es el que en vosotros produce así el querer como el hacer, por su buena voluntad (Fil. 2:12-13).

Se debe recalcar que esto es una síntesis ni el Espíritu ni el hombre pueden actuar solos.

Sería una comprensión equivocada el creer que esto quiere decir que se trata de obras humanas per se. En la relación dinámica, el Espíritu lleva a cabo su tarea por medio del hombre en tal forma que se puede concluir con exactitud que esta no es la obra del hombre, sino la de Dios. Las obras son realmente el fruto del Espíritu morando en los que son obedientes a la justicia. Empero el hombre tiene una responsabilidad fundamental de ocuparse en favor de su salvación.

La naturaleza sinergística de la salvación, que significa la cooperación del hombre y el Espíritu, no es vista en parte alguna tan gráficamente como en el área del crecimiento y desarrollo. Es erróneo el sugerir que inmediatamente después que se entra a la vida bajo la soberanía del Espíritu, el nuevo hombre dará fruto espiritual en un grado total y completo. Las cartas de Pablo abundan con metáforas del progreso y desarrollo.

Como se sugirió anteriormente, Pablo no ordena el crecimiento. En vez de eso, él ve el crecimiento como un resultado de la relación dinámica entre el nuevo hombre y el Espíritu. "Por lo cual ... nosotros ... no cesamos de orar por vosotros, y de pedir que seáis llenos de conocimiento de su voluntad ... llevando fruto en toda buena obra, y creciendo en el conocimiento de Dios" (Col. 1:10). Pablo les escribe a los tesalonicenses que está agradecido a Dios "por cuanto vuestra fe va creciendo" (2 Ts. 1:3; cf. 2 Co. 10:15). En un sentido colectivo, el creyente, como parte de la iglesia, crece. Pablo lo describe vívidamente en pasajes como Efesios 2:21; 4:15-16; Colosenses 2:19.

Además de estos términos específicos para crecimiento,[232] Pablo utiliza algunas metáforas gráficas para describir el concepto de crecimiento. Hay tres que están íntimamente relacionadas entre sí en cuanto a su significado básico, que indican un ascenso de ideas. Primero, está el término "incremento" (pleonadzo), enseguida el término "llenar" (pleroo), y finalmente "abundar o desbordar" (perisseuo). Aunque estos tres términos no se utilizan generalmente en relación directa a cada uno, serán examinados en esta forma y orden para mostrar el concepto básico de crecimiento y desarrollo.

Pablo no sólo da gracias porque la fe de los tesalonicenses va creciendo sino también porque "el amor de todos y cada uno de vosotros abunda para con los demás" (2 Ts. 1:3). Pablo ora para que "el Señor os haga crecer [pleonadzo] y abundar [perisseuo] en amor unos para con otros y para con todos, como también lo hacemos nosotros para con vosotros" (1 Ts. 3:12). Aquí el aumento está relacionado con la abundancia o el desbordar.

Pablo frecuentemente habla del crecimiento en términos de que el creyente sea lleno o llenado hasta que se derrame (pleroo), cuyo significado intrínseco es un avance más allá de sencillamente aumentar. El se preocupa de que el creyente sea lleno de conocimiento (Ro. 15:14), específicamente de la voluntad de Dios (Col. 1:9). El hombre de fe será sincero y sin mancha en la Parousia porque ha sido "lleno de frutos de justicia que provienen por medio de Jesucristo, para gloria y alabanza de Dios" (Fil. 1:11). La medida es "que seáis llenos de toda la plenitud de Dios" (Ef. 3:19).[233] Además, el Espíritu es el Agente que llena la vida del creyente; sobre esto Pablo directamente amonesta a los creyentes a que sean llenos del Espíritu (cf. Ef. 5:18).

Pablo asocia llenar y abundar en Romanos 15:13, cuando escribe: "Y el Dios de esperanza os llene de todo gozo y paz en el creer, para que abundéis en esperanza por el poder del Espíritu Santo." Como observamos en este pasaje, Pablo está preocupado de que el amor de los tesalonicenses aumente y abunde (cf. 1 Ts. 3:12). Los exhorta aún más específicamente: "Y también lo hacéis así [amor] con todos los hermanos que están por toda Macedonia. Pero os rogamos, hermanos, que abundéis en ello más y más" (1 Ts. 4:10). Su oración en favor de los filipenses era de que "vuestro amor abunde", el que resultará "en ciencia y en todo conocimiento" (Fil. 1:9). Aquí el crecimiento y conocimiento está relacionado al amor abundante, lo que ciertamente es similar al ser lleno con conocimiento, como se vio anteriormente.

En uno de sus cuadros más gráficos del resultado de crecimiento, Pablo afirma que el gozo de los creyentes de Macedonia se había derramado, lado a lado de su pobreza, y les había impulsado a ofrendar liberalmente para ayudar a los santos destituidos de Jerusalén (cf. 2 Co. 8:2). Por eso Pablo les urgió a los corintios, que abundaban en fe, expresión, conocimiento, vehemencia y amor, a que también abundaran en ofrendar, siguiendo el ejemplo de los de Macedonia. De esta

---

[232] Auxano, auxesis, huperauxano.

[233] Esta traducción capta el significado apropiado de eis con el acusativo. Debería traducirse "hasta" y no tanto "con" (cf. Robertson y David, A New Short Grammar, pp. 224 ss. y LVL).

abundancia se encuentra la plenitud del crecimiento y desarrollo. "Y poderoso es Dios para hacer que abunde en vosotros toda gracia, a fin de que teniendo siempre en todas las cosas todo lo suficiente, abundéis para toda buena obra" (2 Co. 9:8).

Una metáfora adicional para ilustrar el crecimiento que Pablo utilizó se traduce en diversas versiones como "edificar" (oikodomeo) o "edificación" (oikodome). Se entiende mejor como "construir" o "edificando". Pablo les escribió a los colosenses que el resultado de andar en Cristo era que, entre otras cosas, serían "sobreedificados" (Col. 2:7). Los romanos fueron desafiados a seguir "lo que contribuye a la paz y a la mutua edificación" (Ro. 14:19; cf. Ro. 15:2; 1 Ts. 5:11).

Pablo consideró que su autoridad apostólica era un medio para edificar a los que se habían convertido (cf. 2 Co. 10:8; 13:10) y los vio como el campo y edificio de Dios en el que él y Dios eran colaboradores (cf. 1 Co. 3:9). Así justificó la defensa de su apostolado como que era para la edificación de ellos (2 Co. 12:19). El criterio para determinar si la actividad y la conducta son adecuadas no es si están o no dentro de la ley, sino si edifican o no (1 Co. 10:23). Es el amor, por supuesto, lo que edifica y esto es de primordial importancia (cf. 1 Co. 8:1; 13:1-13; 14:3).

Aparentemente Pablo no concibió la vida del nuevo hombre bajo el Espíritu como una que llevó fruto hasta que maduró o hubo crecido plenamente. El más bien lo vio en su proceso de crecimiento y desarrollo en conocimiento, justicia, agradecimiento, liberalidad, gozo, paz, fe y esperanza. De suprema importancia era el crecimiento del creyente en amor (ágape).

Muy similar al concepto de crecimiento, es la preocupación que Pablo tiene de que el hombre de fe se establezca, lo cual posiblemente puede ser concebido como un aspecto del crecimiento. Ciertamente es parte del proceso de ocuparnos en nuestra salvación.

Algunas veces Pablo utiliza el término "ser establecido" (steridzo). Aunque nunca había estado en Roma, le escribió a esa iglesia diciéndole: "Porque deseo veros, para comunicar algún don espiritual, a fin de que seáis confirmados [establecidos]" (Ro. 1:11). Pablo cierra esta carta con la siguiente bendición: "Y al que puede confirmaros [estableceros] según mi evangelio y la predicación de Jesucristo" (Ro. 16:25). Pablo explicó la razón de haber enviado a Timoteo a los tesalonicenses, "para confirmaros [estableceros] y exhortaros respecto a vuestra fe" (1 Ts. 3:2). Pero es Dios quien en realidad establece el corazón del creyente (2 Ts. 2:17; 3:3). Como muchos conceptos que ya se han examinado en este y capítulos previos, el establecimiento del creyente está directamente relacionado con el amor. Esto no debe ser motivo de sorpresa, porque se ha visto repetidamente que el amor es el resultado primordial de la energía del Espíritu en la vida del nuevo hombre.

Y el Señor os haga crecer y abundar en amor unos para con otros y para con todos, como también lo hacemos nosotros para con vosotros, para que sean afirmados vuestros corazones, irreprensibles en santidad delante de Dios nuestro Padre, en la venida de nuestro Señor Jesucristo con todos sus santos (1 Ts. 3:12-13).

En las cartas a los efesios y colosenses, el concepto de establecer se describe con metáforas de agricultura "arraigado, enraizados", (ridzoo) y arquitectura ("fundado" o "cimentado", themelioo). A medida que el creyente anda en Cristo es arraigado y cimentado (cf. Col. 2:7), y si sigue en la fe será cimentado (cf. Col. 1:23). Pablo une las dos figuras en la oración que eleva en favor de los efesios: "Para que habite Cristo por la fe en vuestros corazones, a fin de que, arraigados y cimentados en amor ... " (Ef. 3:17).

Además Pablo utiliza otra variedad de términos metafóricos para describir el concepto básico de establecer. El término "confirmar" (bebaioo, 1 Co. 1:8) algunas veces es traducida como "establecer" (cf. 2 Co. 1:21; Col. 2:7). Los términos "firmes" (hedraios) y "constantes" o "sin moveros" (ametakinetos) se usan juntos (cf. 1 Co. 15:58; Col. 1:23). En algunas ocasiones la palabra común para "estar firmes" o (histemi) se usa en el sentido metafórico de establecimiento (cf. Ro. 5:2; 1 Co. 15:1). Finalmente, el creyente debe "continuar" o permanecer (epimeno) (cf. Ro. 11:22; Col. 1:23).

Se ha señalado que probablemente la característica primordial de la vida bajo la soberanía del Espíritu era consistencia o establecimiento, en contraste con la experiencia de "sube y baja" del creyente que vive en la tierra de nadie bajo el yo. Pero se debe ver claramente que este es un asunto de llegar a ser y es parte de ocuparnos en nuestra salvación.

Un área específica de establecimiento en la vida del nuevo hombre bajo el Espíritu se puede identificar como la vida victoriosa. Como la vimos en la última sección, ésta principia con el triunfo sobre el pecado que se manifiesta por medio de la carne. Por lo tanto Pablo promete: "Digo, pues: Andad en el Espíritu, y no satisfagáis los deseos de la carne" (Gá. 5:16). ¡Pero esto es solamente el principio! Nada podría estar más en el error que sugerir que cuando el creyente anda por el Espíritu está libre de la tentación y la adversidad. ¡Esto sencillamente no es verdad!

Con frecuencia los términos "tentación" (peirasmos) y "tentar" (peiradzo) son seriamente mal interpretados. En el inglés moderno hay un sinónimo de tentación es seducción obviamente hacia la maldad. Cuando la versión del Rey Santiago se escribió no era así, y por ende vino la confusión. El término en el griego significa básicamente poner a prueba o probar, y sólo en un sentido secundario o menor, seducir al mal. Así que toda seducción o tentación al mal es peirasmos, pero lo opuesto no es verdad.

Por supuesto, el nuevo hombre que vive bajo el Espíritu es tentado en el sentido más reducido en cuanto a la seducción del mal. No hay esperanza o prospecto de que podamos escapar de la tentación en esta vida. Pero la más grande y más exitosa defensa es el vivir y andar por el Espíritu.

Sin embargo, el nuevo hombre que vive bajo el Espíritu también se enfrenta con la tentación en el sentido más amplio de la prueba o dificultad. Eso les causa sorpresa a algunas personas, porque el evangelio de Jesucristo ha sido presentado en una manera que sugiere un escape de las pruebas y la adversidad de la vida. Esto es muy lamentable, porque tal pensamiento no se encuentra en la Escritura. Dios nos promete la victoria sobre las pruebas, pero nunca un escape.

Uno de los más grandes versos de la Biblia, y el favorito de este autor, deletrea vívidamente cuatro verdades fundamentales acerca de las pruebas.

> No os ha sobrevenido ninguna tentación que no sea humana; pero fiel es Dios, que no os dejará ser tentados más de lo que podéis resistir, sino que dará también juntamente con la tentación la salida, para que podáis soportar (1 Co. 10:13).

En 1 Corintios Pablo trata con varios problemas prácticos, incluyendo los que incluyen la idolatría y la inmoralidad. El capítulo 10 principia con la amonestación de que todos los israelitas habían recibido el mismo ministerio maravilloso y milagroso en el desierto, pero la mayoría de ellos perecieron. Esto ocurrió debido a que cometieron los mismos pecados que los corintios estaban cometiendo. Sucedió como ejemplo para ellos, y "Así que, el que piensa estar firme, mire que no caiga" (1 Co. 10:12). Pablo entonces anticipa que estos corintios, al vivir en su medio ambiente perverso, podían pensar que la prueba iba más allá de sus fuerzas para resistir. Así que Pablo, en un verso tremendo, explica cuatro verdades eternas acerca de la prueba.

Primero, hay una perspectiva básica. Las pruebas son una parte normal de la experiencia humana y no hay nada singular o único en cuanto a pasar por ellas. Segundo, está el fundamento que Dios es guardador de la fe. Es esencial comprender y recordar que en cada prueba Dios es fiel en ministrar a quien está pasando por la prueba. Tercero, hay la confianza de que cada prueba es controlada por Dios, quien nos ha garantizado que ninguna prueba irá más allá de lo que el hombre pueda resistir por la gracia. Finalmente, en medio de cada prueba hay la expectativa de que Dios proveerá una puerta de salida, que capacitará al hombre a resistir la prueba.

Estas verdades acerca de las pruebas son las que hacen posible que el hombre de fe viva victoriosamente.

> ¿Quién nos separará del amor de Cristo? ¿Tribulación, o angustia, o persecución, o hambre, o desnudez, o peligro, o espada? Como está escrito: "POR CAUSA DE TI SOMOS MUERTOS TODO EL TIEMPO; SOMOS CONTADOS COMO OVEJAS DE MATADERO." Antes, en todas estas cosas somos más que vencedores por medio de aquel que nos amó. Por lo cual estoy seguro de que ni la muerte, ni la vida, ni ángeles, ni principados, ni potestades, ni lo presente, ni lo por venir, ni lo alto, ni lo profundo, ni ninguna otra cosa creada nos podrá separar del amor de Dios, que es en Cristo Jesús Señor nuestro (Ro. 8:35-39).

No podríamos recalcar lo suficientemente fuerte que la vida en el Espíritu no es la promesa para escapar de la adversidad o hasta del sufrimiento.

> Que estamos atribulados en todo, mas no angustiados; en apuros, mas no desesperados; perseguidos, mas no desamparados; derribados, pero no destruidos; llevando en el cuerpo siempre por todas partes la muerte de Jesús, para que también la vida de Jesús se manifieste en nuestros cuerpos. Porque nosotros que vivimos, siempre estamos entregados a muerte por causa de Jesús, para que también la vida de Jesús se manifieste en nuestra carne mortal (2 Co. 4:8-11).

En alguna parte, posiblemente como un ataque sutil de Satán, se introdujo la idea de que el sufrimiento es malo, per se. Esta definitivamente no es la enseñanza del Nuevo Testamento, y particularmente de Pablo. Su consejo para los filipenses no es una excepción, sino más bien refleja esta actitud: "Porque a vosotros os es concedido a causa de Cristo, no sólo que creáis en él, sino también que padezcáis por él" (Fil. 1:29). ¡El sufrimiento es tanto el don de la gracia de Dios como el privilegio de la fe! En el sufrimiento, el creyente encuentra un nivel muy precioso de compañerismo con Cristo (cf. Fil. 3:20), "si es que padecemos juntamente con El, para que juntamente con El seamos glorificados" (Ro. 8:17).

Hay una perspectiva vital en el sufrimiento que descubre el nuevo hombre en Cristo que vive bajo el Espíritu.

> Pues tengo por cierto que las aflicciones del tiempo presente no son comparables con la gloria venidera que en nosotros ha de manifestarse (Ro. 8:18). Y sabemos que a los que aman a Dios, todas las cosas les ayudan a bien, esto es, a los que conforme a su propósito son llamados (Ro. 8:28). No mirando nosotros las cosas que se ven, sino las que no se ven; pues las cosas que se ven son temporales, pero las que no se ven son eternas (2 Co. 4:18).

Así pues el sufrimiento es llevado en fe y esperanza.[234]

Esta no es una ética nacida de la psicología de la persecución. Ciertamente no es un asunto de buscar el sufrimiento, como más tarde fue practicado entre algunos padres apostólicos cuando se desarrolló un culto al martirio. Más bien, es un reconocimiento de que el sufrimiento es transformado en una bendición espiritual en las manos de Dios. Cuando el creyente a quien se pide que pase por el sufrimiento, inmediatamente clama por una escapatoria o liberación, pierde los tesoros de la oscuridad que Dios en su gracia ha provisto. Solamente la eternidad revelará las pérdidas espirituales debido a las actitudes erróneas hacia el sufrimiento.

Es la responsabilidad del nuevo hombre que vive bajo el Espíritu ocuparse en su salvación. Esto no es necesariamente sus buenas obras, pero es posible sola-

---

[234] Cf. los repetidos casos en Hechos, de los cuales 5:40-42 es típico. Cf. también Santiago 1:2-4; 1 Pedro 1:6-9.

mente a través de la energía que le provee el Espíritu, con quien vive en una relación dinámica. El crecimiento y el desarrollo resultarán conforme su vida crezca, se llene y se desborde con el fruto del Espíritu. Al continuar en el amor de Dios el creyente llega a establecerse, echa raíces y se cimenta con toda firmeza. En las pruebas y las adversidades de la vida encuentra que la gracia es suficiente de Dios para salir victorioso.

CAPÍTULO 24

Conforme a Su imagen

Se ha visto que en la vida bajo el Espíritu hay crecimiento, desarrollo y establecimiento. Ahora surgen las preguntas ¿hacia qué? ¿En qué? ¿Cuál es la norma, la medida, la meta, el patrón? Es ciertamente más que una victoria negativa sobre el pecado. ¡En ninguna parte en los escritos de Pablo hay la sugestión de que el hombre nuevo crece en impecabilidad! Tal cosa es una equivocación bíblica.

Pablo sí establece algunas normas definitivas relacionadas a la vida del hombre de fe. El creyente se debe comportar debidamente.

La noche está avanzada, y se acerca el día. Desechemos, pues, las obras de las tinieblas, y vistámonos las armas de la luz. Andemos como de día, honestamente; no en glotonerías y borracheras, no en lujurias y lascivias, no en contiendas y envidia, sino vestíos del Señor Jesucristo, y no proveáis para los deseos de la carne (Ro. 13:12-14).[235] Y que procuréis tener tranquilidad, y ocuparos en vuestros negocios, y trabajar con vuestras manos de la manera que os hemos mandado, a fin de que os conduzcáis honradamente para con los de afuera, y no tengáis necesidad de nada (1 Ts. 4:11-12).

Además, en el verso considerado en capítulos previos en lo que se relaciona a llevar fruto y crecimiento (aumento), Pablo también habla de un andar digno.

Para que andéis como es digno del Señor, agradándole en todo, llevando fruto en toda buena obra, y creciendo en el conocimiento de Dios (Col. 1:10).

El apóstol tiene mucho cuidado en recalcar que es la manera de andar o forma de comportarse lo que debe ser digno.

Yo pues, preso en el Señor, os ruego que andéis como es digno de la vocación con que fuisteis llamados (Ef. 4:1). Solamente que os comportéis como es digno del evangelio de Cristo, para que o sea que vaya a veros, o que esté ausente, oiga de vosotros que estáis firmes en un mismo espíritu, combatiendo unánimes por la fe del evangelio (Fil. 1:27). Y os encargábamos que anduvieseis como es digno de Dios, que os llamó a su reino y gloria (1 Ts. 2:12).

---

[235] El hecho de que la lectura de estos versículos haya precipitado la conversión del piadoso San Agustín les ha dado un lugar especial en los corazones de creyentes desde aquellos días hasta el presente.

Desafortunadamente esto ha sido malentendido con frecuencia. Pablo no sugiere ni por un momento que un ser humano merece y es personalmente digno del amor y la gracia de Dios concedida por medio de Cristo en la cruz. Esta posición será contraria a su convicción teológica básica. ¡Todos los hombres son inmerecedores e indignos! Más bien Pablo está recalcando que la manera como el nuevo hombre vive debe ser tal que sea una reflexión adecuada de lo que Dios ha hecho por él en Cristo. Por eso Pablo subraya el andar y la conducta y no la dignidad intrínseca. Hay una gran diferencia entre andar dignamente y ser digno.[236]

Como vimos en Colosenses 1:10, el andar digno es específicamente con el fin de agradar a Cristo en todos sentidos. Pablo también escribió:

> Por lo demás, hermanos, os rogamos y exhortamos en el Señor Jesús, que de la manera que aprendisteis de nosotros cómo os conviene conduciros y agradar a Dios (justamente como ustedes andan), así abundéis más y más (1 Ts. 4:1).

Esto muestra claramente que el andar del nuevo hombre es digno ya que agrada a su Señor, lo que ciertamente no es un asunto de valor personal. Sólo los que andan por el Espíritu pueden agradar a Dios, (cf. Ro: 8:1-9), porque "los que viven según la carne no pueden agradar a Dios" (Ro. 8:8).

El comportamiento debido, que es una conducta digna y agradable, ciertamente incluye sinceridad. Pablo estaba interesado en que los filipenses fueran "sinceros e irreprensibles para el día de Cristo" (Fil. 1:10). La sinceridad y la hipocresía son directamente contrarias en su significado básico escritural. La sinceridad es el desear sólo una cosa, y por ende, pureza de móvil; mientras que la hipocresía se caracteriza por su doblez, por lo tanto duplicidad de móvil. El significado básico del significado del término griego (eilikrines) es "no mezclado".

El término sinceridad está formado de dos palabras latinas que significan "sin" (sine) y "cera" (cera), aludiendo a la práctica de cubrir las imperfecciones en alguna pieza de arte al cubrirla con cera. Pablo compara la sinceridad con el pan sin levadura (cf. 1 Co. 5:8). Así que la vida del nuevo hombre en Cristo bajo el Espíritu es pura en móviles. En su vida no hay lugar para la duplicidad, los móviles ulteriores. Es sincero y no hipócrita (cf. Ro. 12:9).

Pero la norma de la vida del nuevo hombre bajo el Espíritu es más que móviles internos, por importante que éstos sean. Es significativo que el concepto de las buenas obras y hacer el bien se encuentra extensamente en todas las cartas pauli-

---

[236] En cada uno de los versículos anteriores se usa el adverbio "digno" (axios). Aun cuando se usa el adjetivo "digno" varias veces en el Nuevo Testamento, San Pablo nunca lo usa en relación con el creyente como digno de Cristo. Lo más cercano es el uso único del verbo "tener por digno" (axioo) ——"Por lo cual asimismo oramos siempre por vosotros, para que nuestro Dios os tenga por dignos de su llamamiento, y cumpla todo propósito de bondad y toda obra de fe con su poder" (2 Ts. 1:11). El contexto aclara que el se está refiriendo a la conducta. El asunto de participar del sacramento de la comunión "indignamente" (1 Co. 11:27) con mucha frecuencia se ha mal entendido trágicamente. El contexto claramente muestra que San Pablo no está hablando de dignidad personal, sino de relaciones horizontales impropias (con los hermanos) que lo hacen a uno inmerecedor de las relaciones verticales experimentadas en la comunión.

nas. Como una comprensiva reacción a la errónea enseñanza de que la justicia era alcanzada por las buenas obras del hombre, en ocasiones se pinta a Pablo como que desprecia todo esfuerzo del hombre, incluyendo las buenas obras. En vez de eso, sin embargo, él vio las buenas obras del nuevo hombre como el fruto del Espíritu, bajo cuya soberanía el creyente vive. El Espíritu le da energía al hombre, operando y trabajando por medio de él. Pablo escribe que los filipenses eran "llenos de frutos de justicia que son por medio de Jesucristo, para gloria y alabanza de Dios" (Fil 1:11; cf. Gá. 5:22-23).

Pablo les escribe a los romanos: "El amor sea sin fingimiento. Aborreced lo malo, seguid lo bueno" (Ro. 12:9). Al final de su detallada explicación de lo que es el amor en acción, los exhorta: "No seas vencido de lo malo, sino vence con el bien el mal" (Ro. 12:21). Su consejo práctico es que no debe haber causa para tener temor de los que están en autoridad si uno hace el bien; el hecho es que una conducta tal merece el reconocimiento (cf. Ro. 13:3). Una de las amonestaciones finales para la iglesia de Roma fue: "Pero quiero que seáis sabios para el bien, e ingenuos para el mal" (Ro. 16:19).

El bien será la cuestión en el día del juicio. "Porque es necesario que todos nosotros comparezcamos ante el tribunal de Cristo, para que cada uno reciba según lo que haya hecho mientras estaba en el cuerpo, sea bueno o sea malo" (2 Co. 5:10). El resultado de la abundante gracia de Dios en la vida del creyente es que "abundéis para toda buena obra" (2 Co. 9:8). Pablo amonesta a los gálatas: "Así que, según tengamos oportunidad, hagamos bien a todos, y mayormente a los de la familia de la fe" (Gá. 6:10; cf. 1 Ts. 5:15). Con más claridad les escribe a los efesios: "Porque somos hechura suya, creados en Cristo Jesús para buenas obras, las cuales Dios preparó de antemano para que anduviésemos en ellas" (Ef. 2:10).

No se puede recalcar con demasiada intensidad que, en lugar de menospreciar una vida de buenas obras en el creyente, Pablo la vio como una de las normas o criterios en la vida del nuevo hombre bajo el Espíritu. Este interés es central, en lugar de ser de menor cuantía o de inconsecuencias. Empero siempre se debe recordar que las buenas obras son el fruto del Espíritu, lo que no deja base alguna para la autojusticia del hombre.

Cuando el creyente vive por el Espíritu, el justo requerimiento de la ley es cumplido. Hay un sentido vital en el cual la ley, como la voluntad divina, es la norma para el nuevo hombre que vive bajo el Espíritu. Se ha visto repetidamente que el Espíritu le da energía al nuevo hombre específicamente en términos de amor (ágape). Este amor, que es la única manera en la que la norma divina es traída a su plena validez y efectividad, es la regla o estándar de la novedad de vida bajo el Espíritu.

Otra norma de la vida del nuevo hombre bajo el Espíritu es que debe ser sin culpa. Aunque Pablo utiliza cuatro diferentes adjetivos, y la forma adverbial de uno de ellos, para describir esta norma,[237] los cuatro términos son sinónimos en significado, como se puede ver en las diversas versiones.

> Según nos escogió en él antes de la fundación del mundo, para que fuésemos santos y sin mancha [amomos] delante de él (Ef. 1:4). Para que seáis irreprensibles [amemptos] y sencillos, hijos de Dios sin mancha [amomos] en medio de una generación maligna y perversa, en medio de la cual resplandecéis como luminares en el mundo (Fil. 2:15).

Las imágenes emanan de los sacrificios, y aluden a los animales sin tacha que se usaban en la adoración en el templo. Empero esto no quiere decir que el concepto de Pablo en cuanto a lo intachable fuera una moralidad activa o intrínseca. A medida que él aplica las vívidas metáforas, Pablo aclara que es el poder el Espíritu el que preserva al creyente sin tacha en medio del mundo perverso en el que debe vivir.

Es significativo que el concepto de estar o ser sin tacha es frecuentemente relacionado con la Parousia.

> El cual también os confirmará hasta el fin, para que seáis irreprensibles [anegkletos] en el día de nuestro Señor Jesucristo (1 Co. 1:8) Ahora os ha reconciliado en su cuerpo de carne, por medio de la muerte, para presentaros santos y sin mancha [amomos] e irreprensibles [anegkletos] delante de él (Col. 1:21-22).

Pablo estaba interesado en que el hombre en Cristo fuera capaz de someterse a un escrutinio delante de la presencia de Dios sin reproche. Ya se ha declarado que una norma de la vida bajo el Espíritu era sinceridad o pureza de móvil. y la norma debe igualmente ser una conducta intachable, no delante de los ojos de los hombres, sino cuando el creyente se presente delante del Señor. De modo que sólo puede estar libre de ofensa a través de la energía que le dará el Espíritu.

La asociación de Pablo entre la norma de la vida sin tacha con la Parousia no debe ser mal entendida al verla nosotros después de esa época. Siempre se debe recordar que para Pablo, particularmente en sus primeras cartas, la venida de Cristo no era un evento que estuviera a gran distancia en el futuro, sino que estaba tan cerca como el amanecer de un nuevo día. El quería que sus convertidos se presentaran ante Cristo sin mancha. Esto era cierto, no sólo del cristiano individual, sino de la iglesia en su totalidad (cf. Ef. 5:25-27).

El nuevo hombre, que vive bajo el Espíritu, no sólo debe ser intachable, sino también santo. El término "santo" (hagios) se encuentra en tres de las cinco referencias relacionadas a la vida sin mancha que citamos antes. La posición [status] objetiva del hombre en Cristo es identificada muchas veces como santo, pero siempre en un sentido colectivo, como parte del compañerismo santo. Es solamente una forma en la que Pablo usa el concepto de santidad. Es claro que este es

---

[237] Anegkletos significa "irreprochable" o "sin reproche"; amomos significa "sin mancha"; amemptos significa "sin falta" y aproskopos "sin daño", "sin ofensa" (cf. A y G).

otro término que él utiliza para describir la norma de la vida bajo el Espíritu. La verdad es que el concepto de la santidad liga los varios términos que Pablo utiliza para describir la norma para la vida del nuevo hombre.

El concepto de la santidad es complejo y necesita examinarse desde varias perspectivas. Además de las varias referencias a los creyentes como los santos (hagoi, "santos"), que se consideran en un capítulo anterior, Pablo se refiere a los hombres de fe como el "santo [hagios] templo" (cf. 1 Co. 3:17; Ef. 2:21). En terminología teológica esto es llamado "santificación posicional"[238] y es la descripción del creyente como parte del compañerismo santo, la iglesia de Jesucristo.

Pablo no sólo utiliza la santidad en el sentido de ser la posición [status] objetiva del creyente, sino también con un significado que claramente indica un estado subjetivo o condición. Pablo reconoce que el propósito que Dios tenía desde antes de la creación para el creyente era que fuera santo. "Según nos escogió en él antes de la fundación del mundo, para que fuésemos santos y sin mancha delante de él" (Ef. 1:4).[239] La verdad de que este estado santo sea identificado con sin mancha [amomos] y con el expresa claramente que Pablo se está refiriendo a una santidad activa. Similarmente Pablo asocia la santificación por el Espíritu con el propósito de Dios para la salvación del hombre.

> Pero nosotros debemos dar siempre gracias a Dios respecto a vosotros, hermanos amados por el Señor, de que Dios os haya escogido desde el principio para salvación, mediante la santificación por el espíritu y la fe en la verdad (2 Ts. 2:13).

Aun con más claridad Pablo afirma que el nuevo hombre ha sido "creado según Dios en la justicia y santidad [hosiotes] de la verdad" (Ef. 4:24).[240]

Se ve claro que Pablo consideró que el nuevo hombre era un hombre santificado o santo, no solamente en estado o posición objetiva sino en un estado subjetivo. Los teólogos identifican esto como la santificación inicial, o diciendo que la vida de santificación ha empezado.

Sin embargo, con el fin específico de este estudio, es significativo reconocer que Pablo vio la vida de santificación esencialmente relacionada al imperativo que dirigía al nuevo hombre. Este imperativo se ha visto como el clímax en términos de una presentación de crisis. Es importante que los resultados de esa presentación sean, por lo menos en parte, descritos por Pablo en términos de la santificación.

---

[238] No hay diferencia básica entre la santificación y la santidad. En la Reina-Valera son traducciones de la misma palabra (cf. 1 Ts. 4:3, 7). El término hagiasmos básicamente se relaciona con el "estado [se le ha agregado el énfasis con cursivas] de ser hecho santo con más frecuencia que con un proceso" (A y G). Hagiosune y hagiotes se relacionan primordialmente con una cualidad de carácter y no tanto con un estado, y los dos términos provienen posiblemente de dos diferentes escuelas de filosofía griega (cf. A y G). Hosiotes significa más la idea de piedad o devoción. El verbo hagiadzo significa simplemente hacer santo.

[239] Queda abierta la pregunta de si la frase "en amor" concuerda con el versículo 4 o con el 5. Cf. la discusión en CBB, en loc., con la conclusión de que se comprende mejor con el versículo 4.

[240] Debería observarse que San Pablo no usa uno de los cognados de hagios aquí, el cual es el término básico para santo, sino más bien un término que significa más piedad o devoción (cf. A y G).

Así ahora para santificación [hagiasmos] presentad vuestros miembros para servir a la justicia (Ro. 6:19). Mas ahora que habéis sido libertados del pecado y hechos siervos de Dios, tenéis por vuestro fruto la santificación [hagiasmos], y como fin, la vida eterna o. 6:22).

La relación entre la santificación y el imperativo de crisis en la vida del creyente se ve más adelante en la enseñanza más extensa en 1 Tesalonicenses.

Como se mostró repetidas veces anteriormente, esta carta es dirigida a creyentes que eran ejemplares.

Pues nuestro evangelio no llegó a vosotros en palabras solamente, sino también en poder, en el Espíritu Santo y en plena certidumbre, como bien sabéis cuáles fuimos entre vosotros por amor de vosotros. Y vosotros vinisteis a ser imitadores de nosotros y del Señor ... de tal manera que habéis sido ejemplo a todos los de Macedonia y de Acaya que han creído ... cómo os convertisteis de los ídolos a Dios, para servir al Dios vivo y verdadero (1 Ts. 1:5-9).

Empero Pablo estaba interesado en una necesidad que ellos todavía tenían. "Orando de noche y de día con gran insistencia, para que veamos vuestro rostro, y completemos lo que falte a vuestra fe" (1 Ts. 3:10). Entonces él procede a dirigirse a sí mismo en cuanto a esta necesidad en términos de santificación.

Y el Señor os haga crecer y abundar en amor unos para con otros y para con todos, como también lo hacemos nosotros para con vosotros, para que sean afirmados vuestros corazones, irreprensibles en santidad [hagiosune] delante de Dios nuestro Padre, en la venida de nuestro Señor Jesucristo con todos sus santos (1 Ts. 3:12-13).

Se sugirió que el uso que Pablo hace del término "santidad" liga varios conceptos que él usa para describir la norma o estándar de la vida del nuevo hombre bajo el Espíritu. Esto se puede ver vívidamente aquí. El interés de Pablo acerca de crecer, de establecerse y de ser sin tacha (amemptos) todos están relacionados a la santidad. El crecimiento del creyente debía ser específicamente en amor, lo que a su vez establecería sus corazones en santidad [hagiosune] sin tacha. Más aún, es significativo que el crecimiento en amor es el resultado directo de vivir bajo la soberanía del Espíritu.

En su siguiente capítulo Pablo procede a explicar y desarrollar el asunto de la santidad en la vida del nuevo hombre.

Pues la voluntad de Dios es vuestra santificación [hagiasmos]; que os apartéis de fornicación; que cada uno de vosotros sepa tener su propia esposa[241] en santidad [hagiasmos] y honor; no en pasión de concupiscencia, como los gentiles que no conocen a Dios (1 Ts. 4:3-5).

---

[241] Muchos han cuestionado si la palabra "vaso" (skeuos) se refiere a cuerpo o esposa (cf. las notas marginales de la BLA y LVL). Si se interpreta como cuerpo parece más bien interpretación que traducción (cf.

Aunque Pablo hace una aplicación inmediata a la pureza sexual, que era un problema vital en ese día, es un error entender el concepto de Pablo de la santidad como sólo eso. El contexto claramente relaciona la santidad a la vida de amor de la cual la debida disciplina del cuerpo es una parte necesaria (cf. 3:12-13; 4:9). Pablo añade:

Pues no nos ha llamado Dios a inmundicia, sino a[242] santificación [hagiasmos]. Así que, el que desecha esto, no desecha a hombre, sino a Dios, que también nos dio su Espíritu Santo (1 Ts. 4:7-8).

Hemos visto que Pablo relaciona directamente la santificación del creyente con el imperativo de que se presenten a sí mismo a Dios en una entrega o compromiso de crisis. El resultado de esta presentación es la santificación. El problema crucial surge con la siguiente pregunta lógica. ¿Cuál es la naturaleza de esta santificación? ¿Es un proceso o un estado? Pablo usa primordialmente el término hagiasmos, que en la opinión de Arndt y Gingrich se relaciona específicamente "a un estado de ser hecho santo más frecuentemente que a un proceso". Aunque Pablo no lo dice así, esto definitivamente sugeriría que Pablo está hablando de una experiencia de crisis de santificación al escribirles así a los tesalonicenses.

Pablo cierra 1 Tesalonicenses con una oración (optativa) en favor de esos creyentes:

Y el mismo Dios de paz os santifique [hagiadzo] por completo; y todo vuestro ser, espíritu, alma y cuerpo,[243] sea guardado irreprensible [amemptos] para la venida de nuestro Señor Jesucristo (1 Ts. 5:23).

Aquí está otra vez el eslabón entre la santidad y la norma de ser intachables. La sencilla implicación es que el creyente será guardado o preservado completo y sin tacha hasta la Parousia, porque ha sido enteramente santificado.[244] Es de significado particular que, después de utilizar el tiempo presente, que describe una acción progresiva, cinco veces en los versos del 19 al 22, Pablo emplea cuidadosamente el tiempo aoristo en el versículo 23. Este cambio decisivo de tiempos parece identificar la obra santificadora de Dios como un acto de crisis. Esta construcción definitiva puede clarificar las referencias menos definitivas en los capítu-

---

el uso paralelo en 2 Co. 4:7, donde se refiere claramente al cuerpo). En realidad, la interpretación de esposa se relacionaría básicamente con el control del hombre de su propio cuerpo, así que no hay realmente una gran diferencia en significado.

[242] San Pablo usa una preposición completamente inesperada (en), la cual es normalmente locativa (en, a) o instrumental (por medio de), pero ninguna encaja muy bien en el versículo. El contexto sugiere que hagiasmos es el objeto del llamado, de ahí que la Reina Valera traduzca "a". Moule sugiere que quizá sea adverbial, con lo cual se relacionaría con la naturaleza del llamamiento —un "llamamiento santo".

[243] Cualquier esfuerzo por encontrarle significado antropológico a este caso aislado donde San Pablo distingue entre espíritu, alma y cuerpo está incorrecto. San Pablo se interesa simplemente en que el hombre total sea preservado enteramente.

[244] Esta sola referencia paulina a ser santificado enteramente o por completo no debe confundirse con la idea teológica de santificación final (v.g., glorificación). En la teología wesleyana se entiende como referencia a la remoción entera del pecado original (cf. capítulo 4) y no al final del proceso de la santificación.

los 3 y 4. La palabra conclusiva de Pablo parece ser dirigida a una posible pregunta que pueda surgir. "Fiel es el que os llama, el cual también lo hará" (1 Ts. 5:24).

Una referencia más, que se refiere a la santificación de la iglesia más bien que a los individuos, respalda la siguiente interpretación.

> Así como Cristo amó a la iglesia, y se entregó a sí mismo por ella, para santificarla [hagiadzo], habiéndola purificado en el lavamiento del agua por la palabra, a fin de presentársela a sí mismo, una iglesia gloriosa, que no tuviese mancha ni arruga ni cosa semejante, sino que fuese santa [hagios] y sin mancha [amomos] (Ef. 5:25-27).

Una vez más aparecen ligados los elementos de intachabilidad (amomos), santidad (hagidazo, hagios), y el día de Cristo. En el verso 26 la NASB (Nueva Versión Standard Americana) ha recalcado adecuadamente una verdad importante, que no se encuentra en la KJV (Versión del Rey Santiago), y es que la limpieza de la iglesia precede a la santificación de la iglesia.[245] Generalmente se está de acuerdo que Pablo se refiere al limpiamiento de la iglesia por medio del lavamiento de la regeneración, con una alusión aparente al bautismo. Es después de esto que el Señor santifica a la iglesia, para presentarla a sí mismo santa y sin mancha. El término "santificar" (hagiadzo) está en el tiempo aoristo, lo que indica un acto de crisis en vez de un proceso.

Sin lugar a duda la santificación que caracteriza la nueva vida del creyente bajo el Espíritu también incluye un proceso. Después de todo, es una vida y es vivir. La santificación que empezó cuando el pecador vino a ser un nuevo hombre en Cristo ciertamente continúa al vivir él bajo la soberanía del Espíritu. Por lo tanto hay la santificación inicial y la santificación progresiva. Sin embargo, Pablo también se refiere a la santificación en términos de un estado de ser que es el resultado de la presentación de crisis del creyente de sí mismo y de sus miembros a Dios. Es fiel al pensamiento paulino el testificar: Soy santificado, tanto como lo es el decir: estoy siendo santificado. Es un estado alcanzado tanto como un proceso.

Es de gran importancia el recalcar que tal estado de santificación no es el resultado de obras humanas, sino es un acto de Dios en respuesta a la consagración de crisis del creyente y su fe. Cuando el nuevo hombre entrega su soberanía, Dios la quita, limpiándolo del pecado original o depravación. Los teólogos wesleyanos identifican esto como la entera santificación, con referencia especial a 1 Tesalonicenses 5:23. Esto no sugiere que el proceso de santificación es completo, sino más bien que la depravación original es totalmente quitada. Todavía falta el proceso continuo de la santificación que será más definitivamente examinado en el siguiente capítulo.

De importancia primordial al asunto de este capítulo es la pregunta de cómo la santidad se relaciona a la norma de la vida del nuevo hombre que vive bajo el

---

[245] La frase "habiéndola purificado" (katharisas) es un participio aoristo, que indicaba acción antecedente al verbo principal ("santificar", hagiase) (cf. CBB, en loc.).

Espíritu. La norma ha sido identificada como un comportamiento debido, una conducta agradable y digna, sinceridad, buenas obras, el cumplimiento de la ley por medio del amor, una vida intachable y santidad. Hay un sentido propio en el que la santidad une a los otros conceptos en una unidad cohesiva, particularmente cuando la santidad es entendida en términos de amor (ágape).

Empero, también es posible ver los muchos aspectos de la norma de la vida bajo el Espíritu en una manera puramente impersonal —lo cual es un error serio. Si se le hubiera preguntado a Pablo directamente: "¿Cuál es la norma de la vida vivida bajo el Espíritu?" él posiblemente habría dado una respuesta muy sencilla: "¡La norma o regla no es otra cosa sino Jesucristo!" Aunque Pablo tuvo muy poco que decir acerca de la vida terrenal de Jesús, no hay duda de que él estaba tan interesado como Pedro en que el creyente anduviera "en sus pasos" (cf. 1 P. 2:21).

Después de haberles presentado a los filipenses el desafío de vivir en amor y humildad,[246] Pablo los amonestó: "Haya, pues, en vosotros este sentir que hubo también en Cristo Jesús" (Fil 2:5). La descripción que sigue al pasaje de la actitud de Cristo es el famoso "pasaje de la Kenosis".[247]

Aun en forma más directa Pablo les escribió a los efesios: "Sed, pues, imitadores de Dios como hijos amados. Y andad en amor, como también Cristo nos amó, y se entregó a sí mismo por nosotros, ofrenda y sacrificio a Dios en olor fragante" (Ef. 5:1). Esto aparece en medio de su imperativo más extenso a vivir bien (cc 4—6), y es la exhortación principal. Es la de ser un imitador de Dios particularmente del amor que fue demostrado en la cruz. Pablo elogia a los tesalonicenses: "Y vosotros vinisteis a ser imitadores de nosotros y del Señor, recibiendo la palabra en medio de gran tribulación, con gozo del Espíritu Santo" (1 Ts. 1:6). Pablo además desafía a sus convertidos a que sigan su ejemplo (como en Gá. 4:12; Fil. 3:17; 4:9 y 2 Ts. 3:7), y hasta que lo imiten (como en 1 Co. 4:16). Esto era posible porque él pudo decir más adelante: "Sed imitadores de mí, así como yo de Cristo" (1 Co. 11:1). Cristo es el ejemplo y norma o patrón.

¡Pero Cristo es más que un Ejemplo de cómo el nuevo hombre debe vivir y andar! Nos sacude el leer: "Porque a los que antes conoció, también los predestinó para que fuesen hechos conformes a la imagen de su Hijo, para que él sea el primogénito entre muchos hermanos" (Ro. 8:29).

¡Conformes a su imagen! Expresado en otras palabras, ¡esto es ser como Cristo! El deseo natural del nuevo hombre que vive bajo el Espíritu es: "¡Oh, ser co-

---

[246] "Así que, si Cristo los anima, si el amor los consuela, si el Espíritu está con ustedes, si conocen el cariño y la compasión, llénenme de alegría viviendo todos en armonía, unidos por un mismo amor, por un mismo espíritu y por un mismo propósito. No hagan nada por rivalidad o por orgullo, sino con humildad, y que cada uno considere a los demás como mejores que él mismo. Ninguno busque únicamente su propio bien, sino también el bien de los otros" (Fil. 2:1-4, VP).

[247] "[Cristo Jesús,] el cual, siendo en forma de Dios, no estimó el ser igual a Dios como cosa a que aferrarse, sino que se despojó a sí mismo, tomando forma de siervo, hecho semejante a los hombres; y estando en la condición de hombre, se humilló a sí mismo, haciéndose obediente hasta la muerte, y muerte de cruz. Por lo cual Dios también le exaltó hasta lo sumo, y le dio un nombre que es sobre todo nombre, para que en el nombre de Jesús se doble toda rodilla de los que están en los cielos, y en la tierra, y debajo de la tierra; y toda lengua confiese que Jesucristo es el Señor, para gloria de Dios Padre" (Fil. 2:6-11).

188 / Novedad de vida

mo Cristo!" El es la norma y el carácter de la novedad de vida. Empero esto no debe verse como algo que se logra en un momento culminante ya sea de rendimiento o de haberse buscado. En vez de eso, la conformidad a Cristo es la meta grandiosa de la nueva vida.

Pablo enseña diáfanamente que la conformidad a Cristo es un proceso. "Por tanto, nosotros todos, mirando a cara descubierta como en un espejo la gloria del Señor, somos transformados de gloria en gloria en la misma imagen, como por el Espíritu del Señor" (1 Co. 3:18). En otra epístola escribe algo similar: "Y [nosotros] revestido del nuevo, el cual conforme a la imagen del que lo creó, se va renovando hasta el conocimiento pleno" (Col. 3:10). Las palabras claves son transformadas y renovadas. La transformación siempre describe un proceso de continuidad y nunca un hecho completo.[248] El creyente, viviendo bajo la soberanía del Espíritu, es gradualmente transformado en la imagen de Cristo. Además, es el hombre interior el que está siendo transformado. "Por tanto, no desmayamos; antes aunque este nuestro hombre exterior se va desgastando, el interior no obstante se renueva de día en día" (2 Co. 4:16). En el siguiente capítulo se examinará la disciplina del hombre exterior, y en el capítulo final veremos la promesa de recibir un nuevo hombre exterior en la resurrección. Sin embargo, en el presente el nuevo hombre interior está siendo transformado, a través de una renovación de día en día (cf. Col. 3:10). En manera aún más específica este proceso de transformación ocurre por medio de la renovación de la mente.

> Así que, hermanos, os ruego por las misericordias de Dios, que presentéis vuestros cuerpos en sacrificio vivo, santo, agradable a Dios, que es vuestro culto racional. No os conforméis a este siglo, sino transformaos por medio de la renovación de vuestro entendimiento, para que comprobéis cuál sea la buena voluntad de Dios, agradable y perfecta (Ro. 12:1-2).

Esto, como otros aspectos, está atado a la consagración de crisis que examinamos en el capítulo 20. A medida que el creyente lleva a cabo una presentación de crisis de sí mismo (su cuerpo) a Dios como un sacrificio vivo, aceptable y santo, encuentra protección de las presiones del mundo y entra en un proceso de transformación por la renovación de su mente. "No os conforméis a este siglo, sino transformaos por medio de la renovación de vuestro entendimiento, para que comprobéis cuál sea la buena voluntad de Dios, agradable y perfecta" (Ro. 12:2). En esta manera nosotros probamos que la voluntad de Dios es buena, aceptable (satisfactoria para nosotros), y perfecta.

A medida que el creyente es conformado a la imagen de Cristo, alcanza la medida de la norma o regla de la nueva vida vivida bajo el Espíritu. Bajo la soberanía del Espíritu trata de vivir una vida que es debida, digna, agradable, sincera, buena, justa, sin tacha y santa. Sin embargo, nunca se debe entender en términos

---

[248] La palabra griega es metamorphoo, la cual ha sido transliterada como metamorfosis o metamorfosear. Siempre se refiere a un cambio gradual (cf. la metamorfosis de una mariposa). El término griego está siempre en el tiempo presente, con lo cual indica proceso y no es correcto hablar de transformación instantánea.

de normas impersonales, sino más bien como la expresión externa de su conformidad creciente a Cristo.

CAPÍTULO 25

Santos pero humanos

Uno de los problemas más serios con que el nuevo hombre se enfrenta al vivir bajo la soberanía del Espíritu es el de reconciliar la clara norma de Dios de la santidad con las obvias limitaciones, debilidades y fracasos que son una parte normal de su vida. Como examinamos en los capítulos anteriores, en respuesta a la fe del cristiano en la cruz, Dios ha hecho obras maravillosas en su favor. Entra en una nueva relación, lo que le da una nueva posición, le hace una nueva persona, y él puede vivir una nueva vida como parte de un nuevo compañerismo. A través de la presentación de crisis de su nueva vida a Dios entra a un compañerismo personal con el Espíritu. Empero este gran tesoro es alojado en un vaso de barro. "Pero tenemos este tesoro en vasos de barro, para que la excelencia del poder sea de Dios, y no de nosotros" (2 Co. 4:7).

El adjetivo traducido "de barro" (ostrakinos) describe lo que es hecho de arcilla; un pedazo de alfarería horneado, quebradizo. La metáfora es clara, pinta algo que es frágil y rompible. Pablo sigue diciendo: "Estamos atribulados en todo, mas no angustiados; en apuros, mas no desesperados; perseguidos, mas no desamparados; derribados, pero no destruidos" (2 Co. 4:8-9). Al enfrentarse Pablo a las intensas presiones y persecuciones de los primeros viajes misioneros, él se sorprendió al ver cómo Dios lo guardó, y comparó su diaria liberación como a la del poder que resucitó a Jesús.

> Llevando en el cuerpo siempre por todas partes la muerte de Jesús, para que también la vida de Jesús se manifieste en nuestros cuerpos. Porque nosotros que vivimos, siempre estamos entregados a muerte por causa de Jesús, para que también la vida de Jesús se manifieste en nuestra carne mortal. De manera que la muerte actúa en nosotros, y en vosotros la vida (2 Co. 4:10-12).

La morada humana, o el vaso de barro, es el hombre exterior, y es frágil y débil. Algunas veces esta fragilidad se ve a medida que el hombre nuevo se enfrenta a las pruebas y dificultades de la vida. Aunque no son de la misma naturaleza con las que Pablo se enfrentó, son sin embargo muy reales. Sin embargo, esto no es en sentido alguno la única manera en la que la debilidad del hombre exterior es revelada. Unos de los más difíciles aspectos del problema es que Pablo no trató explícitamente con las limitaciones humanas y debilidades. Esto no debe sorprendernos porque hay muchos asuntos prácticos que él no consideró mientras estuvo bajo presión en sus viajes misioneros de evangelismo y posiblemente debido a su expectación de la inminente Paraousia. Empero es posible proyectar cuáles podrían ser sus respuestas como sugestiones implícitas en los varios principios enunciados.

La casa humana muestra su fragilidad por su edad. Pablo lo sugirió plenamente: "Por tanto, no desmayamos; antes aunque este nuestro hombre exterior se va desgastando, el interior no obstante se renueva de día en día" (2 Co. 4:16). El cuerpo humano físico y psicológico progresivamente sí se va desgastando e inequívocamente se ven los efectos de las enfermedades físicas, la pérdida de las facultades, la pérdida de la memoria, la pérdida del entendimiento, la falta de juicio, demandas irrazonables, impaciencia, y hasta dureza y aspereza en las palabras y el espíritu.

Sin embargo, el punto más crucial de la debilidad humana no viene por las pruebas y ni siquiera en la vejez. El creyente profundamente sensible y sincero encuentra su más grande lucha con el fracaso espiritual, debilidad y limitaciones, falta de juicio, y cualquiera de los muchos problemas que surgen de la personalidad o el temperamento. No hay dos personas que tengan fácilmente el mismo tipo de lucha. ¡Con cuánta frecuencia la asediada alma le suplica a Dios que la cambie o lo quite la dificultad solamente para saber que Dios no cambia la personalidad del hombre como una parte intrínseca de la salvación!

La pregunta crucial es cómo el hombre de fe reconcilia esta verdad actual de la debilidad humana con el claro ideal de Dios de la santidad. ¿Puede haber una reconciliación del idealismo y el realismo? Desafortunadamente todo esto es tratado muy pocas veces desde el púlpito o por medio de la pluma. Posiblemente esto se debe a que todas las áreas de pensamiento de este asunto se prestan menos para dogmatismo y más para entendimientos equivocados. Empero no hay una área de la verdad cristiana en donde más se necesitan la clara y franca honestidad y ver la realidad como es.

Algunas personas dejan de ver, o por lo menos aceptar para ellos mismos el problema que es tan claramente visible a otros, y el resultado es que viven en niveles espirituales superficiales. Otros se enfrentan con el problema y luchan con él solos, sin la ayuda y comprensión que necesitan.

Mucho se dice hoy en cuanto a que la religión sea pertinente; esto lleva a algunos a ridiculizar su importancia en tanto que otros se inclinan ante su altar. La simple verdad es que para un alarmante número de personas jóvenes y ancianos el cristianismo ha venido a ser algo sin importancia, ya que Dios es sistemáticamente hecho a un lado de sus vidas. Probablemente una de las causas de ello sea la falta de realidad espiritual, que está lista a usar la negación como un mecanismo de defensa. Hay muchas razones prácticas para la falta de realidad espiritual, pero ciertamente una de las principales es el fracaso que frecuentemente es llamado hipocresía y se debe recordar que la hipocresía y la inconsistencia no son sinónimos.

Cuando algo "no funciona" ¡es fácil concluir que no es necesario! La inconsistencia en otras personas siempre ha causado problemas en la iglesia, pero el neófito debe aprender temprano que su ejemplo es Cristo no el hombre. El hombre de fe debe dejar a las personas con Dios, y su justo juicio. Empero, ¿qué podemos decir acerca del fracaso y la inconsistencia en uno mismo? Es la convicción creciente del autor que la causa principal para la apostasía espiritual es la frustración y la desilusión que resulta de la disparidad entre el ideal y lo actual dentro del apóstata mismo. Desde luego, hay muchos telones de humo que él usa para cubrir su propia desilusión, pero son solamente mecanismos de defensa.

El hombre de fe que toma seriamente el ideal claramente definido de la santidad en el Nuevo Testamento es más vulnerable a esta amenaza crucial. Necesita entender cómo el hombre puede ser santo y a la vez humano. Tal comprensión debe principiar con una intuición acerca de lo que el Nuevo Testamento, y específicamente Pablo, enseñan acerca del ideal.

Es muy desafortunado que el ideal cristiano sea identificado, por un gran número, con un concepto de la santidad que es totalmente no bíblico. Lo primero que el creyente debe hacer es desasociar de su pensamiento esas ideas teológicas de la santidad que no son escriturales ni apegadas a la realidad. Por ejemplo, en ninguna parte del pensamiento de Pablo hay la remota sugestión de que la santidad o perfección es obtenida a través de un crecimiento progresivo hacia la impecabilidad. Tal idea contradice totalmente su concepto teológico básico.

¿Cuál es el concepto paulino de la perfección?[249] Lo primero y lo más importante que se debe entender acerca de la idea de la perfección de Pablo y de todo el Nuevo Testamento, es reconocer que es un concepto relativo. Su significado básico, de acuerdo a Arndt y Gingrich, es "completar", "terminar", "lograr sus fines o propósitos". Su significado depende enteramente de la naturaleza de la meta u objeto que se va a completar. Hay un sentido vital en el que la distinción entre la perfección absoluta y la perfección relativa es artificial. Toda perfección, en su sentido novotestamentario, es relativa relacionada a qué o quién se está siendo perfeccionado. La distinción entre absoluto y relativo es en la meta y no en el grado de logro.

La perfección es la terminación, el completar de una meta declarada u obviamente asumida. Esta meta puede ser temporal (obtenible en esta vida) o eterna (obtenible sólo al final de esta vida o en la vida venidera). El crecimiento y el desarrollo no son la perfección; sólo el completarlos es la perfección.

Pablo aconseja a los corintios: "Hermanos, no seáis niños en el modo de pensar, sino sed niños en la malicia, pero maduros [teleios] en el modo de pensar, (1 Co. 14:20). Aquí el contraste es claramente entre el ser como niño o como un adulto específicamente en su manera de pensar. Pablo está interesado en poder "presentar perfecto [teleion] en Cristo Jesús a todo hombre" (Co. 1:28). En este contexto, la perfección en que Pablo estaba interesado era el estar totalmente informado "enseñando a todo hombre en toda sabiduría". Más tarde en esta carta Pablo se refiere a ágape (amor) como el eslabón de lo completo, significando que el amor ata completamente todas las otras virtudes, como una capa lo cubre todo

---

[249] Los términos básicos son los adjetivos teleios (perfecto) y sus cognados teleiotes (perfección), teleioo (perfeccionar) y epiteleo (completar).

(cf. Col. 3:14). Varias veces Pablo utiliza los términos epiteleo para describir que se ha completado lo que se empezó. ¿Tan necios sois? ¿Habiendo comenzado por el Espíritu, ahora vais a acabar [epiteleo] por la carne?" (Gá. 3:3; cf. 2 Co. 7:1; 8:6).

Las referencias mencionadas tienen claramente un significado temporal. Hay por lo menos dos pasajes en donde Pablo utiliza perfección con un significado eterno. En 1 Corintios 13, Pablo contrasta amor (junto con fe y esperanza), como un valor que permanecerá, con la profecía, el conocimiento y las lenguas, como valores que acabarán. El afirma que, en el presente, el conocimiento y las profecías son parciales, como se ve una imagen en un espejo, "mas cuando venga lo perfecto [teleion], entonces lo que es en parte se acabará" (1 Co. 13:10). Pablo explica que esta perfección está frente a frente con el conocimiento. "Ahora vemos por espejo, oscuramente; mas entonces conoceré como fui conocido" (1 Co. 13:12). Tal perfección obviamente se logrará sólo después de esta vida.

El otro pasaje que examinaremos es el muy conocido pasaje acerca de la perfección que Pablo presenta en Filipenses 3:12-15. En este capítulo Pablo recalca sencillamente su objetivo o meta, lo que provee la clave a su significado de perfección.

> Y ciertamente, aun estimo todas las cosas como pérdida por la excelencia del conocimiento de Cristo Jesús, mi Señor, por amor del cual lo he perdido todo, y lo tengo por basura, para ganar a Cristo, y ser hallado en él, no teniendo mi propia justicia, que es por la ley, sino la que es por la fe de Cristo, la justicia que es de Dios por la fe; a fin de conocerle, y el poder de su resurrección, y la participación de sus padecimientos, llegando a ser semejante a él en su muerte, si en alguna manera llegase a la resurrección de entre los muertos (Fil. 3:8-11).

Su objetivo es ganar a Cristo, ser encontrado en El, conocerle a El y el poder de su resurrección, ser conformado con su muerte, y alcanzar la resurrección de entre los muertos. A esto se refiere cuando dice:

> No que lo haya alcanzado ya, ni que ya sea perfecto; sino que prosigo, por ver si logro asir aquello para lo cual fui también asido por Cristo Jesús. Hermanos, yo mismo no pretendo haberlo ya alcanzado; pero una cosa hago: olvidando ciertamente lo que queda atrás, y extendiéndome a lo que está delante, prosigo a la meta, al premio del supremo llamamiento de Dios en Cristo Jesús (Fil. 3:12-14).

Aquí está la perfección en términos inequívocos, en su sentido eterno, y la actitud presente hacia ella.

Un examen de este pasaje revela que no dice absolutamente nada acerca de una impecabilidad progresiva, o desarrollo en la estatura moral. La meta de Pablo era terminar la carrera cristiana y alcanzar la resurrección de entre los muertos. Esta perfección era el completar la carrera. Es un error muy serio el inyectar aquí cualquier idea de un desarrollo o crecimiento moral gradual.

Lo que complica el pasaje antes citado es el verso que le sigue: "Así que, todos los que somos perfectos, esto mismo sintamos; y si otra cosa sentís, esto también os lo revelará Dios (Fil. 3:15). La expresión "todos los que somos perfectos" se ha interpretado en forma casi universal como madurez, refiriéndose a la perfección en el sentido enteramente de perfección temporal, entendida como madurez de conocimiento y experiencia (cf. la discusión anterior). Empero es un misterio profundo porqué Pablo quiso inyectar tan extraño concepto en este pasaje.

Es instructivo que en este verso controversial (v. 15), en la frase crucial, "así que, todos los que somos perfectos", no hay forma verbal.[250] El griego se lee literalmente así: "Nosotros, tantos como perfectos, tengamos esta actitud." La cópula o verbo que ata (ser) es asumido. De acuerdo a unas reglas muy antiguas de elipsis[251] el principio más fundamental es que el significado sea fácilmente asumido del contexto o del uso acostumbrado, y la cópula asumida no puede introducir un nuevo elemento. El insertar la forma del presente de indicativo "ser" (eimi), a saber, "somos" como es universalmente hecho, muy ciertamente introduce el totalmente nuevo concepto de la presente perfección poseída, como la historia exegética de este pasaje elocuentemente demuestra. No hay absolutamente nada en el contexto que remotamente sugiera tal experiencia presente, y no hay nada en el contexto que defina la meta de tal perfección presente.

En vez de eso, el argumento inequívoco del contexto podría dictar la forma futura del verbo asumido. Este verso, que en resumen, leería: "Así que, todos los que serán perfectos, esto mismo sientan." Esta traducción integra el verso 15 dentro del contexto completo, que se relaciona a cuando se complete la carrera cristiana (cf. un ejemplo similar de elipsis se encuentra en Ro. 8:29).

La enseñanza de Pablo sobre la perfección se ha examinado en detalle para demostrar claramente la verdad de que él no relaciona, en forma alguna, la perfección a una impecabilidad gradual. En vez de eso, ya sea en una perspectiva temporal o eterna, la perfección es el logro de una meta claramente definida y no se relaciona a un grado de crecimiento o desarrollo. Un entendimiento de esto es esencial para el hombre de fe que toma seriamente el ideal de la santidad del Nuevo Testamento.[252]

Si el ideal de la santidad de Pablo, y todo el Nuevo Testamento, no se debe entender en términos de una impecabilidad progresiva, entonces ¿cómo se debe entender? La respuesta a esta pregunta ya la hemos dado repetidas veces. A través de los capítulos anteriores la energía que el Espíritu da que resulta en llevar fruto, la base del desarrollo y crecimiento, y la norma de la santidad han sido definidos

---

[250] A esto se le llama elipsis y se usa comúnmente en el griego del Nuevo Testamento donde el significado es obvio y puede suponerse de inmediato. Es como un tipo de taquigrafía griega probablemente en parte motivada por el alto costo de los materiales de escritura.

[251] Cf. George B. Winer, A Grammar of the Idiom of the New Testament (Andover, Mass.: Warren F. Draper, 1897), pp. 580 ss.

[252] Con frecuencia las discusiones sobre la perfección no se basan en términos del Nuevo Testamento, sino en conceptos teológicos que identifican la perfección con la conformidad a la imagen de Cristo —— llegar a ser sin pecado como Cristo es sin pecado. San Pablo nunca identifica tal conformidad como perfección (cf. capítulo 24).

todos en términos de amor (ágape). Así es también aquí que la reconciliación del ideal con lo actual se puede ver. La disparidad entre lo santo y lo humano es resuelta por medio del amor. Esto se encuentra en las enseñanzas de Jesús (Mt. 5:38-48; 22:36-40) y de Juan (1 Jn. 4:15-21).

La santidad no es la impecabilidad progresiva, que la limitaría básicamente al concepto negativo (la ausencia de pecado), sino es el poder conquistador de Cristo por medio del amor. Pero ¿qué quiere decir eso exactamente? En el amor hay la realización de las normas de la nueva vida, mientras a la vez hay anticipación en términos de aumento y crecimiento. Aquí se resuelve la paradoja del ideal y lo actual, "así como la perfección del botón comparte la gloria de la flor perfecta, y el tema inicial de la sinfonía forma parte de la belleza del movimiento final".[253]

El nuevo hombre no solamente debe entender el concepto paulino del ideal de la santidad en términos de amor, sino que también se debe entender a sí mismo. Un sorprendente grado de confusión y desesperación surge del fracaso de relacionar la promesa de la salvación a la naturaleza fundamental del hombre. Esta es la razón básica por la cual en la sección inicial de este estudio intentamos describir el punto de vista paulino del hombre. Se ha visto que el hombre tiene dos partes; que el hombre interior del corazón (mente) encuentra expresión y logro presentes a través del hombre exterior del cuerpo (carne).

Es necesario primero entender, por lo menos en alguna medida, cómo están constituidos el hombre interior y el hombre exterior. El hombre interior es formado por tres elementos: a saber, la herencia, el medio ambiente (incluyendo su crianza y entrenamiento), y la depravación o el pecado original con el que el hombre nace. Juntas estas tres influencias "crean" el yo interior, determinando las cualidades del carácter, convicciones e ideales que reflejan lo que la persona realmente es. Frecuentemente el yo interior está escondido y no se ve, excepto por Dios y la persona misma.

El hombre exterior la habitación humana está compuesta por los órganos y miembros del cuerpo físico, el cerebro, el maravilloso e intricado sistema nervioso y los instintos humanos básicos.

Estos instintos, impulsos y deseos[254] son moldeados exteriormente en un patrón de comportamiento de la personalidad, de tendencias de conducta, disposición y temperamento por el yo interior. El yo exterior, particularmente el temperamento de la personalidad, refleja lo que el hombre es dentro de sí. ¡Esta es la razón por la cual las personas "actúan" como lo hacen![255] Muy significativamente, el yo exterior refleja la depravación del yo interior, conforme los deseos son ilegítimamente satisfechos y hasta saciados, y las capacidades normales humanas

---

[253] Vincent Taylor, Forgiveness and Reconciliation (Londres: Macmillan and Co., 1956), p. 170.

[254] Los instintos humanos básicos son el sexo, el temor, la ira, la curiosidad, el amor por lo bello, la ambición, la amistad y la autoestima.

[255] Esto se ve en los siguientes extremos y todas las sombras intermedias: mal humor ——buen temperamento; feliz y con suerte ——serio; alegre ——solemne; sensitivo ——insensible; nervioso, exigente ——descuidado; terco ——voluble; gracioso, cómico ——sobrio; amigable ——distante; excitable ——calmado; conversador ——callado; impulsivo ——deliberado; pensativo ——irreflexivo; indeciso ——pronto; argumentativo ——acorde; etc.

son heridas, cicatrizadas y endurecidas hasta llegar a ser patrones de un comportamiento distintivo.

No solamente hay esta importante distinción entre el yo interior y exterior, pero si el creyente se va a entender a sí mismo debe reconocer que la actividad humana es de dos tipos o clases distintos. Algunas veces los pensamientos del hombre, sus palabras y sus acciones son dirigidas por el yo interior. En términos del Nuevo Testamento esta es actividad del corazón, la que se identifica en términos modernos sicológicos como actividad moral que incluye el conocimiento y la voluntad. La actividad del nuevo hombre que viene del corazón es gobernada por amor del que está viviendo bajo el Espíritu. Esta clase de actividad no es la que presenta el problema crucial.

Sin embargo, mucha de la actividad humana no está en el nivel de una voluntad consciente. Es más bien un instinto y una reacción instintiva "mecánica" sencilla e involuntaria al estímulo del medio ambiente. La naturaleza precisa de tal actividad involuntaria es determinada por la disposición básica de la personalidad y temperamento. Esto se puede ilustrar fácilmente por la amplia y variada reacción al estímulo como lo sería un ruido fuerte, la aparición de un ratón, un relámpago o el trueno de una tormenta, el escuchar una noticia trágica o el presenciar una escena de horror, etc. La respuesta es totalmente involuntaria, determinada por el temperamento y personalidad del individuo.

Es de vital importancia el comprender que la salvación, en esta vida, se relaciona básicamente al hombre interior. "Por tanto, nos desmayamos; antes aunque este nuevo hombre exterior se va desgastando, el interior no obstante se renueva de día en día" (2 Co. 4:16). El hombre interior es transformado a la imagen de Cristo por la renovación de la mente. ¿Pero qué del hombre exterior? Pablo, al igual que el resto de los escritores del Nuevo Testamento, apunta al día de la resurrección como el tiempo cuando el nuevo hombre exterior será recibido. (Esto se examinará en el siguiente capítulo). Pero hasta ese día el nuevo hombre interior se pueda expresar sólo a través del viejo hombre exterior.

Muchos creyentes se confunden, y hasta se desaniman y son derrotados, cuando descubren que todos los deseos viejos no fueron destruidos cuando vinieron a ser hombres nuevos. Desafortunadamente, gran parte de la culpa de esta situación la tiene la predicación descuidada y no bíblica. Dios no destruye los deseos o apetitos humanos básicos, aunque El reemplaza el deseo de satisfacerlos en la manera errónea con el deseo de satisfacerlos en la manera debida.[256] Es imperativo el comprender que el deseo en sí mismo no es pecado, sino que es la

---

[256] Una de las grandes causas de la confusión consiste en no reconocer que nuestros deseos (propensiones, impulsos, deseos, etc.) forman parte de nuestro hombre exterior, por lo cual no están envueltos intrínsecamente en la salvación presente. Esto significa que no recibimos nuevos deseos cuando llegamos a ser nuevas personas. Veremos en la discusión que sigue que más bien nuestros antiguos deseos pueden y deben ser disciplinados. Sin embargo, el creyente experimenta una nueva motivación en el hombre interior que puede ser descrita como deseo, propósito o intención. A esta nueva motivación en ocasiones se le llama deseo, pero no debe confundirse con los deseos del hombre exterior (cf. la discusión del capítulo 5).

avenida de la tentación. El deseo o la tentación se tornan en pecado solamente cuando se le une la voluntad.[257]

Pablo trató repetidamente con este problema con los imperativos para el nuevo hombre relacionados con la carne. La carne, con sus deseos e inclinaciones, aunque moralmente neutra en su estado original, es dejada afectada adversamente por los muchos años de haber vivido en el pecado. El pecado ha hecho algo en los deseos del hombre al haber vivido para la carne, satisfaciendo ilegítimamente sus deseos con el fruto prohibido. Ha desarrollado patrones de comportamiento, que no son destruidos en la salvación. Esto es lo significativo del gráfico contraste que Pablo hace de los deseos de la carne con los del Espíritu en Gálatas 5:17, culminando con las palabras "para que no hagáis lo que quisiereis". El hombre nuevo no se atreve a satisfacer libremente sus propios deseos.

Esto causa consternación a algunos creyentes porque no lograron anticipar esta lucha con las viejas pautas de costumbres forjadas por la vida de pecado. Pero, contrario a la teología de algunos, el nuevo hombre puede vivir victoriosamente. Al vivir bajo la soberanía del Espíritu, él puede destruir los viejos patrones o hábitos. "Porque si vivís conforme a la carne, moriréis: mas si por el Espíritu hacéis morir las obras de la carne, viviréis" (Ro. 8:13). Uno de los resultados de vivir por el Espíritu es que los hechos[258] del cuerpo, o del hombre exterior, son puestos a muerte. En una gráfica metáfora de la disciplina necesaria para competir exitosamente en los juegos griegos de atletismo, Pablo describe con estas palabras la necesidad de la disciplina del cuerpo:

> ¿No sabéis que los que corren en el estadio, todos a la verdad corren, pero uno sólo se lleva el premio? Corred de tal manera que lo obtengáis. Todo aquel que lucha, de todo se abstiene; ellos, a la verdad, para recibir una corona corruptible, pero nosotros, una incorruptible. Así que, yo de esta manera corro, no como a la ventura; de esta manera peleo, no como quien golpea al aire, sino que golpeo mi cuerpo, y lo pongo en servidumbre, no sea que habiendo sido heraldo para otros, yo mismo venga a ser eliminado (1 Co. 9:24-27).

Pablo dice que él golpea (hupopiadzo, "ponerle un ojo morado a") su cuerpo para ponerlo en servidumbre. Los viejos hábitos, a pesar de los años de disipación en el pecado, pueden ser rotos por el poder del Espíritu.

¡Pero la palabra final de Pablo nunca es negativa! No es suficiente el romper viejos hábitos. Es de vital importancia el comprender que cada deseo y propensión humana tiene un propósito santo y realización correcta, que puede ser descubierto bajo el liderazgo del Espíritu. Cada fruto de la carne que se presenta en

---

[257] Esto se describe gráficamente en Santiago 1:14-15: "Sino que cada uno es tentado, cuando de su propia concupiscencia es atraído y seducido. Entonces la concupiscencia, después que ha concebido, da a la luz el pecado; y el pecado, siendo consumado, da a luz la muerte." La palabra "concupiscencia" (epithumia) es palabra griega básica para deseo. Cuando el deseo concibe ——es unido a la voluntad—— nace el pecado.

[258] La palabra griega es praxis y es el término más parecido al concepto castellano de hábito (cf. la interpretación de Vincent, Word Studies, en loc.).

Gálatas 5:19-21 es la corrupción de un deseo potencialmente bueno y santo sin excepción. Dios le enseñará al nuevo hombre el derecho a la expresión del deseo humano normal. La expresión correcta es la expresión normal.

No todos los hábitos que permanecen de la vida vieja de pecado están relacionados a los deseos, así que no son tratados en el nivel de una voluntad consciente. Lo que es más, la disparidad entre el ideal y lo real es experimentada más agudamente en el área de la conducta involuntaria o instintiva, que es gobernada por las características básicas de la personalidad.

Como sugerimos anteriormente, la misma influencia que moldeó al hombre interior, produciendo su carácter, también moldeó su personalidad exterior, formando tendencias de comportamiento, disposición, temperamento, etc. Es de gran importancia el ver que los instintos y patrones involuntarios que componen la expresión externa de la personalidad fueron edificados y profundamente arraigados por largos años en pecado, cuando no había ningún deseo e intención de glorificar a Dios. Más bien, el pecador vivía para satisfacer los dictados de su propio corazón pecaminoso. Cuando tal hombre alcanza la salvación, esos patrones de la personalidad no son cambiados inmediatamente. Sin lugar a duda, todo sincero y sensible creyente ha deseado frecuentemente que Dios hubiera hecho de nuevo su personalidad cuando su alma. (Cuando menos lo ha deseado así cada pastor)

¿Debe sorprendernos que-aun las mejores intenciones de un corazón santo, una personalidad que fue torcida por el pecado malhumorada, susceptible, exigente, necesitada, explosiva den una impresión equivocada, malentendida, y que expresen pobremente lo que hay en el corazón? Hay incontables manifestaciones específicas, pero indudablemente el problema de personalidad que causa más problemas es relacionado con la impaciencia, la irritabilidad y el enojo. Cuando por años esta ha sido la reacción involuntaria para mimar y proteger el corazón pecaminoso, se crea un patrón de hábito. Aun después que el nuevo hombre recibe la gracia de Dios, es muy fácil seguir instintivamente los hábitos y responder por lo tanto con una palabra o hecho de indignación con más frecuencia a los que más amamos. No es un comportamiento moral, ya que no viene del corazón. Es una respuesta involuntaria al estímulo del medio ambiente. Es completamente dejar de ver la realidad y enormemente injusto el identificar una expresión de la personalidad, como la ira, como pecado, y dar excusa por otros rasgos de la personalidad, como sensibilidad, necedad y agresividad, etc., como fallas o debilidades humanas.

La pregunta crucial es: ¿Qué se puede hacer acerca de los problemas de la personalidad? ¿Se pueden resolver? Es correcto que el creyente diga simplemente: "Esta es la manera de ser mía y no puedo hacer nada al respecto." ¿Se pueden reconciliar los problemas de la personalidad con el ideal de la santidad? Esta es la pregunta urgente del alma sensible que en manera auténtica se enfrenta con las verdades de su vida personal y las bien definidas normas de Dios de la santidad. El mismo principio de la disciplina bajo el Espíritu puede ser aplicado aquí. Los antiguos patrones de conducta de la personalidad pueden ser rotos y se pueden crear nuevos hábitos. Hay algunos principios básicos que le ayudarán al creyente ferviente.

Para principiar, no hay substituto para la integridad personal —solamente Dios y el individuo saben qué acciones vienen y qué acciones no vienen del corazón. Más que en cualquier otro lugar, uno debe ser duro con uno mismo y suave con otros. El creyente debe enfrentarse con la verdad de su vida con completa honestidad. El engaño sólo sirve para engañarse a uno mismo. Se debe identificar el problema por lo que es sin hacer algún intento de restarle importancia o excusarlo. Debe ser sacado de ese sitio escondido donde ha estado y enfrentado con valor y honestidad. Lo sorprendente es que con frecuencia todos los demás pueden ver el problema antes que nosotros mismos. Cualquiera que sea el problema de personalidad o de temperamento, Dios lo revelará si el individuo quiere verlo.

Enseguida el problema debe verse en toda su fealdad. Uno debe comprender cómo lastima a otros, deshonra a Dios, y compromete su testimonio de Cristo. El nuevo hombre debe dolerse y con sinceridad verter sus lágrimas ante Dios no necesariamente delante de los hombres. Sin embargo, el creyente debe humillarse; y, si ha lastimado a alguien, debe buscar el perdón de esa persona. ¡Es sorprendente cuán rápidamente una humilde disculpa rompe un viejo patrón de hábitos! Finalmente, el problema debe ser hecho el asunto de oración diaria, ferviente. No hay nada en este mundo que Dios desee más que ayudar a un alma vehemente.

Siempre se debe recordar que Dios promete y provee gracia victoriosa, a pesar de la disipación de años en pecado. Esto incluye el poder para romper los viejos patrones de hábitos y la creación de nuevos, a medida que el hombre de fe vive bajo el Espíritu. Cuando Dios promete tal cosa, El "no os dejará ser tentados más de lo que podéis resistir" (1 Co. 10:13) lo que seguramente incluye las pruebas causadas por el viejo hombre exterior esto incluye lo que se puede llamar la sanidad espiritual. Hay muchas ocasiones cuando los efectos de la vida pasada en pecado dejan al hombre tan debilitado e inclinado hacia el pecado en deseos y rasgos de la personalidad que el nuevo hombre se siente impotente ante el mal. En tales casos la gracia de Dios trae sanidad espiritual a la agobiada alma instantánea y milagrosamente. Algunas veces es la sanidad de un deseo disipado y no es raro que corrija una peculiaridad fuera de lo común de la personalidad. Pero siempre se debe recordar que esto es una sanidad y no es intrínseca a la experiencia de la gracia. Trágicamente, algunos que han sido sanados han puesto en tela de duda la realidad de la experiencia espiritual de otros que han sido abandonados a disciplinar la dificultad de la que quien duda fue instantáneamente sanado (por ejemplo, el hábito del alcohol o de la nicotina).

El propósito y plan de Dios son sencillos. Es su propósito declarado que el nuevo hombre lo glorifique a El, mientras que todavía vive en la carne.

> ¿O ignoráis que vuestro cuerpo es templo del Espíritu Santo, el cual está en vosotros, el cual tenéis de Dios, y que no sois vuestros? Porque habéis sido comprados por precio, glorificad, pues, a Dios en vuestro cuerpo (1

Co. 6:19-20). Llevando en el cuerpo siempre por todas partes la muerte de Jesús, para que también la vida de Jesús se manifieste en nuestros cuerpos. Porque nosotros que vivimos, siempre estamos entregados a muerte por causa de Jesús, para que también la vida de Jesús se manifieste en nuestra carne mortal (2 Co. 4:10-11).

Contrario a la enseñanza de los que pintan el cuadro del nuevo hombre como una víctima impotente de su hombre exterior, el nuevo hombre que vive bajo el Espíritu, tiene la garantía de Dios de gracia suficiente.

Y para que la grandeza de las revelaciones no me exaltase desmedidamente, me fue dado un aguijón en mi carne, un mensajero de Satanás que me abofetee, para que no me enaltezca sobremanera; respecto a lo cual tres veces he rogado al Señor, que lo quite de mí. Y me ha dicho: Bástate mi gracia; porque mi poder se perfecciona en la debilidad. Por tanto, de buena gana me gloriaré más bien en mis debilidades, para que repose sobre mí el poder de Cristo. Por lo cual, por amor a Cristo me gozo en las debilidades, en afrentas, en necesidades, en persecuciones, en angustias: por que cuando soy débil, entonces soy fuerte (2 Co. 12:7-10).

Bajo la disciplina del Espíritu, trabajando a través del hombre exterior, el creyente puede glorificar a Dios y en efecto alabarlo por sus pruebas porque cuando es débil, entonces es fuerte. En el grado en que esta victoria necesite sanidad espiritual, Dios la provee graciosamente. Sin embargo el creyente, como Pablo, tiene en sus manos todo lo que es capaz de manejar por la gracia de Dios.

La norma de Dios de la santidad puede ser reconciliada con la realidad de la fragilidad y debilidad humanas. El nuevo hombre debe entender que el Nuevo Testamento no enseña una perfección de impecabilidad gradual que siempre sin llegar a su meta, sino más bien enseña la perfección en términos de amor que es al mismo tiempo logrado, pero que anticipa desarrollo y crecimiento. Cuando él entiende la distinción entre la expresión de ese amor en el nivel de la voluntad consciente y como la respuesta involuntaria del temperamento de su personalidad que es traída bajo la disciplina del Espíritu, entonces él podrá reconciliar el ideal y lo actual de su propia vida. Entonces compromete su vida a ver el gran cambio, traído al hombre interior, llevado a cabo internamente en su carácter y manifestado en su conducta.

CAPÍTULO 26

Terminemos la carrera

¿Qué dice Pablo acerca de la consumación de la vida que se ha vivido bajo la soberanía del Espíritu? Como se notó antes, en más de una vez él aludió a la vida por medio de la metáfora de una carrera, a la que añadió un discurso de victoria dado en su nombre:

> He peleado la buena batalla, he acabado la carrera, he guardado la fe. Por lo demás, me está guardada la corona de justicia, la cual me dará el Señor, juez justo, en aquel día; y no sólo a mí, sino también a todos los que aman su venida (2 Ti. 4:7-8).

Aún el término salvación tiene una dimensión futura esencial: "Porque ahora está más cerca de nosotros nuestra salvación que cuando creímos" (Ro. 13:11; cf. Ro. 5:9, 1 Ts. 5:9). ¿Cuál es el premio al final de esta carrera? ¿Qué le espera al creyente cuando llegue a la meta?

En teología esto es conocido como escatología, propiamente entendido como la doctrina de las cosas futuras. Empero al término escatología se le ha dado un significado más amplio en muchos de los estudios modernos del Nuevo Testamento que casi lo divorcia por completo de cualquier referencia al futuro. En vez de eso, la escatología es usada para expresar en un sentido sin tiempo los asuntos finales de la vida. Es fácil ver que esto confunde, particularmente al estudiante que no está entrenado en estas disciplinas técnicas. Sin embargo, en este estudio, el término será usado en su significado menos sofisticado de relacionarse con los eventos futuros. Aun en este sentido más sencillo es imposible en este capítulo final tratar el asunto en forma adecuada alguna. En vez de eso, solamente será posible hacer unas pocas de las observaciones más obvias.

Antes que examinemos la dimensión futura de la vida bajo el Espíritu, es necesario que veamos claramente las muy importantes consecuencias presentes de nuestra esperanza en Cristo. Es muy natural para nosotros hablar de los privilegios y las bendiciones que son nuestras ahora como resultado de nuestra fe en Cristo y por ende todo lo que hemos examinado hasta ahora. Pero debemos siempre recordar que todo esto es en fe. Lo que hace esto posible es ambas, la fe y la esperanza de la resurrección. Es fe en la resurrección de Cristo y esperanza en nuestra propia resurrección.

> Porque si no hay resurrección de muertos, tampoco Cristo resucitó. Y si Cristo no resucitó, vana es entonces nuestra predicación, vana es también vuestra fe. Y somos hallados falsos testigos de Dios; porque hemos testifi-

cado de Dios que él resucitó a Cristo, al cual no resucitó, si en verdad los muertos no resucitan. Porque si los muertos no resucitan tampoco Cristo resucitó; y si Cristo no resucitó, vuestra fe es vana; aún estáis en vuestros pecados. Entonces también los que durmieron en Cristo perecieron. Si en esta vida solamente esperamos en Cristo, somos los más dignos de conmiseración de todos los hombres (1 Co. 15:13-19).

A través del Nuevo Testamento, y particularmente en Pablo, hay esta importantísima perspectiva del futuro que se relaciona con la salvación ahora. Todo depende de nuestra resurrección futura, que es lo único que puede traer vindicación total de ambas, nuestra fe y nuestra esperanza en Cristo. Por eso es que la salvación siempre está por venir a la vez que es presente y pasada.

Pues mucho más, estando ya justificados en su sangre, por él seremos salvos de la ira. Porque si siendo enemigos, fuimos reconciliados con Dios por la muerte de su Hijo, mucho más, estando reconciliados, seremos salvos por su vida (Ro. 5:9-10).

La seguridad en la justificación presente nos da la cierta esperanza de que seamos salvos. Pero no podemos ser salvos sin ese triunfo futuro, cuando seamos levantados de entre los muertos y recibamos nuestro nuevo hombre exterior.

Es importante reconocer que Pablo así como el resto del Nuevo Testamento es básicamente judío en su escatología. Para los judíos el tiempo estaba dividido en dos edades: la edad presente, que estaba enteramente pervertida y llena de maldad y bajo el control de las fuerzas del mal; y la edad futura, que se caracterizaría por su esplendor, gloria y justicia. La transición de la edad presente de maldad a la edad futura de gloria sería traída por "el día del Señor" o la venida del Mesías. La escatología paulina puede ser entendida solamente en relación a esta vista básica judía del universo.

No será necesario reexaminar el punto de vista de Pablo de la perversa edad presente, como ya se discutió aquí. Su exhortación a los filipenses es representativa de esta posición.

Haced todo sin murmuraciones y contiendas, para que seáis irreprensibles y sencillos, hijos de Dios sin mancha en medio de una generación maligna y perversa, en medio de la cual resplandecéis como luminares en el mundo (Fil. 2:14-15).

Pablo hace un contraste gráfico entre la edad venidera con la malvada edad presente, un contraste tan distintivo como es la luz con las tinieblas, y la noche y el día.

Y esto, conociendo el tiempo, que es ya hora de levantarnos del sueño; porque ahora está más cerca de nosotros nuestra salvación que cuando creímos. La noche está avanzada, y se acerca el día. Desechemos, pues, las obras de las tinieblas, y vistámonos las armas de la luz. Andemos como de día, honestamente; no en glotonerías y borracheras, no en lujurias y lasci-vias, no en contiendas y envidia (Ro. 13:11-13; cf. 1 Ts. 5:4-8).

La edad futura será una edad de gloria.

Pues tengo por cierto que las aflicciones del tiempo presente no son com-parables con la gloria venidera que en nosotros ha de manifestarse (Ro. 8:18). Se [el cuerpo] siembra en deshonra, resucitará en gloria; se siembra en debilidad, resucitará en poder (1 Co. 15:43). Cristo en vosotros, la es-peranza de gloria (Col. 1:27; cf. Ro. 2:7; 5:2; 1 Ti. 3:16).

Esta gloria será eterna.

Porque esta leve tribulación momentánea produce en nosotros un cada vez más excelente y eterno peso de gloria (2 Co. 4:17). Para que ellos también obtengan la salvación que es en Cristo Jesús con gloria eterna (2 Ti. 2:10).

Aquí se refleja otro aspecto del punto de vista paulino de la edad futura es eterna. El concepto básico de la eternidad es descrito por la palabra griega para edad (aion), de donde se ha tomado el término aeon. Hay varias expresiones que propiamente se podrían traducir como eternidad o para siempre, como se en-cuentran en la mayoría de las versiones en inglés.[259] El concepto importante es el sin fin de la edad venidera.

Además, Pablo usa frecuentemente el adjetivo eterno (aionios), para describir el mismo concepto. Como ya se vio, Pablo habla de la gloria eterna. En contraste a las cosas que se ven, que son temporales, las cosas que no se ven son eternas (cf. 2 Co. 4:18). Esta es una certeza que Pablo está recalcando cuando llega a su cul-minante poema del amor con las palabras: "Y ahora permanecen la fe, la esperan-za y el amor, estos tres; pero el mayor de ellos es el amor" (1 Co. 13:13). Estos tienen una dimensión eterna (cf. 2 Ts. 2:16). Una de las verdades que nos da más seguridad acerca de la resurrección del cuerpo del creyente, que discutiremos en breve, es "si nuestra morada terrestre, este tabernáculo, se deshiciere, tenemos de Dios un edificio, una casa no hecha de manos, eterna, en los cielos" (2 Co. 5:1). En verdad, la más grande apelación de la edad futura es que es eterna.

Indudablemente son muy significativas las referencias que Pablo hace a la vida eterna. El toma una de las más importantes palabras griegas para vida (zoe) y la modifica con el adjetivo "aionis" (eterno).

Mas ahora que habéis sido libertados del pecado y hechos siervos de Dios, tenéis por vuestro fruto la santificación, y como fin, la vida eterna. Porque la paga del pecado es muerte, mas la dádiva de Dios es vida eterna en Cris-

---

[259] El término eternidad tiene suficientes implicaciones teológicas de modo que la frase para siempre es una mejor traducción. Cf. los siguientes: "eterno" (ton aionon), Efesios 3:11; 1 Timoteo 1:17 ——quizá mejor traducido adjetivamente como "eterno", "por los siglos" (eis tous aionas), Romanos 1:25; 9:5; 11:36; 2 Corintios 11:31; "en todas las generaciones de los siglos: ("eterno") (eis pasas tas geneas tou aionas), Efesios 3:11; y "por los siglos de los siglos" (eis tous aionas ton aionon), Romanos 16:27; Gála-tas 1:5; Filipenses 4:20; 2 Timoteo 4:18 ——mejor traducido como "para siempre jamás".

to Jesús Señor nuestro (Ro. 6:22-23). Porque el que siembra para su carne, de la carne segará corrupción; mas el que siembra para el Espíritu, del Espíritu segará vida eterna (Gá. 6:8; cf. Ro. 2:7; 5:21; 1 Ti. 1:16; 6:12, 19; Tit. 1:2 3:7).

Así como la santificación es el resultado presente de la vida del creyente bajo la soberanía del Espíritu, así el beneficio futuro es vida eterna. Es instructivo que, aunque Juan describe la vida eterna como una realidad presente, que los teólogos bíblicos llaman "una escatología realizada", en el pensamiento de Pablo la vida eterna es siempre parte de la edad futura.

Muy ligado al concepto de la vida eterna en la edad venidera es el de la "inmortalidad". Dos palabras griegas se traducen como "inmortalidad". Dos veces en el capítulo crucial "de la resurrección" (1 Corintios 15), el término athanasia (inmortalidad) es contrastado con thnetos (mortal).[260]

> Porque es necesario que esto corruptible se vista de incorrupción, y esto mortal se vista de inmortalidad. Y cuando esto corruptible se haya vestido de incorrupción, y esto mortal se haya vestido de inmortalidad, entonces se cumplirá la palabra que está escrita: Sorbida es la muerte en victoria (1 Co. 15:53-54).

En estos versos la palabra aphtharsia (inperecedero) se usa en contraste directo con phthora, que quiere decir "corruptible" en el sentido específico de perecer por la putrefacción o desintegración. Se ve plenamente que incorruptible no significa básicamente aquello que no está contaminado, sino más bien aquello que no perece o se deteriora. Este mismo término (aphtharsia) se utiliza en otro contexto como sinónimo de inmortal (athanasia): "Pero que ahora [el propósito de Dios] ha sido manifestado por la aparición de nuestro Salvador Jesucristo, el cual quitó la muerte y sacó a luz la vida y la inmortalidad [aphtharsia] por el evangelio (2 Ti. 1:10; cf. Ro. 2:7).[261]

La estrecha asociación entre inmortalidad (athanasia) e incorrupción (aphtharsia) provee una pista en cuanto al significado de inmortalidad. En relación con el hombre, claramente se refiere, no sencillamente a su longevidad, sino a la verdad de que la edad futura encierra la promesa de que el hombre será imperecedero. Esto viene a ser más significativo cuando se comprende que, en referencia con el hombre, la inmortalidad siempre se relaciona con el cuerpo del hombre y nunca con su alma. Se ha visto anteriormente que la palabra inmortalidad (athanasia) se usa solamente dentro del contexto de la resurrección del cuerpo (1 Co. 15), y en las otras referencias a la inmortalidad (cf. Ro. 2:7; 2 Ti, 1:10) que son ambiguas y que podrían referirse al cuerpo del hombre se usa el otro término incorruptible (aphtharsia). Es claro que Pablo, y el resto del Nuevo Testamento,

---

[260] Es significativo que athanasia (inmortalidad) sea sustantivo, en contraste con thnetos (mortal), que es adjetivo. El adjetivo athanatos (inmortal) no ocurre nunca en el Nuevo Testamento. En 2 Corintios 5:4, lo mortal se contrasta con la vida.

[261] El adjetivo incorruptible (aphthartos) es usado para referirse al Dios incorruptible (Ro. 1:23), una corona incorruptible (1 Co. 9:25) y al Dios inmortal (1 Ti. 1:17).

no conciben la inmortalidad en términos del concepto griego de un alma inmortal.

Temprano en la historia de la iglesia, los teólogos, influenciados por su filosofía griega, hicieron tal asociación (entre la inmortalidad y el alma), que ha afectado vitalmente el pensamiento cristiano hasta el presente. Solamente en años recientes los eruditos del Nuevo Testamento han tenido éxito en reconstruir la vista bíblica básica de la inmortalidad del cuerpo y no del alma.

En el punto de vista básico griego de la salvación, el alma, aprisionada en el cuerpo, busca una escapatoria y liberación. Sólo en un tipo nebuloso de existencia que no tenga cuerpo puede el alma encontrar su cabal logro y satisfacción. El concepto clave es liberación del cuerpo. En un pasaje en particular, algunos eruditos del Nuevo Testamento sienten que Pablo se acercó a este concepto griego fundamental.

> Porque sabemos que si nuestra morada terrestre, este tabernáculo se deshiciere, tenemos de Dios un edificio, una casa no hecha de manos, eterna, en los cielos. Y por eso también gemimos, deseando ser revestidos de aquella nuestra habitación celestial, pues así seremos hallados vestidos, y no desnudos. Porque asimismo los que estamos en este tabernáculo gemimos con angustia; porque no quisiéramos ser desnudados, sino revestidos, para que lo mortal sea absorbido por la vida (2 Co. 5:1-14).

Hay sin lugar a dudas algunos elementos de liberación en este pasaje, pero no de una inactividad permanente, que es la idea griega. Es, más bien, la entrada a una vida de servicio: "Para que lo mortal sea absorbido por la vida" (2 Co. 5:4). Además, Pablo aclara que "no quisiéramos ser desnudados [como los griegos] sino revestidos, para que lo mortal sea absorbido por la vida" (2 Co. 5:4). Pablo habla de querer "ser revestido de aquella nuestra habitación celestial; pues así seremos hallados vestidos, y no desnudos" (2 Co. 5:2-3, las cursivas son nuestras).

En vez de que el pasaje anterior describa la idea griega del espíritu (o alma) sin cuerpo, en efecto recalca fuertemente la básica idea semítica de la existencia somática, mencionada en el capítulo 2. A fin de que haya vida y existencia en la edad futura debe haber un cuerpo nuevo, un yo exterior, que se adaptará a la nueva era. Esto es lo significativo de la bien conocida observación de Pablo.

> Se [el cuerpo] siembra cuerpo animal, resucitará cuerpo espiritual. Hay cuerpo animal, y hay cuerpo espiritual (1 Co. 15:44). Pero esto digo, hermanos; que la carne y la sangre no pueden heredar el reino de Dios ni la corrupción hereda la incorrupción (1 Co. 15:50).

Esto no quiere decir que el cuerpo resucitado del hombre será compuesto de espíritu, sino más bien precisamente como el cuerpo natural está adaptado a la existencia presente de carne y sangre, así el nuevo cuerpo se adaptará a la nueva vida del Espíritu. Pablo no puede concebir la vida sin el cuerpo o el yo exterior, puesto que de otra manera estaría desnudo o sin ropa.[262]

Es claro que la promesa de la edad futura depende fundamentalmente en la resurrección del cuerpo. Por sí solo esto hace posible la consumación de la vida bajo el Espíritu. Se ha visto que en la edad presente el nuevo hombre es renovado en su yo interior, a la imagen de Cristo, y el yo exterior es disciplinado por medio del Espíritu. El creyente mira con anticipación hacia el día glorioso cuando reciba su nuevo hombre exterior. Por lo que Pablo escribe así:

> A fin de conocerle, y el poder de su resurrección, y la participación de sus padecimientos, llegando a ser semejante a él en su muerte, si en alguna manera llegase a la resurrección de entre los muertos. No que lo haya alcanzado ya, ni que ya sea perfecto; sino que prosigo, por ver si logro asir aquello para lo cual fui también asido por Cristo Jesús. Hermanos, yo mismo no pretendo haberlo ya alcanzado; pero una cosa hago: olvidando ciertamente lo que queda atrás, y extendiéndome a lo que está delante, prosigo a la meta, al premio del supremo llamamiento de Dios en Cristo Jesús (Fil. 3:10-14).

El premio que Pablo ve como su meta es "si en alguna manera llegase a la resurrección de entre los muertos" (Fil. 3:11).

La resurrección futura del cuerpo, que es lo único que hace posible las glorias de la edad futura, es descrita por Pablo por medio de cuatro metáforas vívidas.

Primero, el cuerpo del hombre será redimido.

> Y no sólo ella, sino que también nosotros mismos, que tenemos las primicias del Espíritu, nosotros también gemimos dentro de nosotros mismos, esperando la adopción, la redención de nuestro cuerpo (Ro. 8:23).

El concepto de la redención ya se ha examinado (c. 8). Esto no solamente incluye la redención presente del hombre interior, sino también la redención futura del cuerpo. Sólo así la salvación es completa.

Segundo, Pablo percibe la resurrección como un intercambio de cuerpos. "Porque sabemos que si nuestra morada terrestre, este tabernáculo, se deshiciere, tenemos de Dios un edificio, una casa no hecha de manos, eterna, en los cielos" (2 Co. 5:1). La presente tienda terrenal será cambiada el día de la resurrección por una morada no hecha con las manos.

Tercero, visto desde otra perspectiva, el cuerpo del hombre será cambiado por medio de la resurrección.

> Así también es la resurrección de los muertos. Se siembra en corrupción, resucitará en corrupción. Se siembra en deshonra, resucitará en gloria; se siembra en debilidad, resucitará en poder (1 Co. 15:42-44). He aquí, os digo un misterio: No todos dormiremos; pero todos seremos transforma-

---

[262] Es interesante que San Pablo haya sugerido una resurrección "cósmica" así como otra personal, corporal (cf. Ro. 8:19-23).

dos, en un momento, en un abrir y cerrar de ojos, a la final trompeta; porque se tocará la trompeta, y los muertos serán resucitados incorruptibles, y nosotros seremos transformados. Porque es necesario que esto corruptible se vista de inmortalidad. Y cuando esto corruptible se haya vestido de inmortalidad, entonces se cumplirá la palabra que está escrita: Sorbida es la muerte en victoria (1 Co. 15:51-54).

¡Todos seremos cambiados! Un cuerpo mortal, natural, que perece, débil y con deshonra será cambiado en un cuerpo imperecedero, espiritual, inmortal de poder y gloria.

Finalmente, este cuerpo terrenal será transformado. "El Señor Jesucristo ... transformará el cuerpo de la humillación nuestra, para que sea semejante al cuerpo de la gloria suya, por el poder con el cual puede también sujetar a sí mismo todas las cosas" (Fil 3:20-21). La palabra griega clave es metaschematidzo, que significa "cambiar la forma de" o "transformar". Y lo que es del más grande significado, el cuerpo del creyente será transformado de acuerdo al cuerpo de su gloria. ¡El cuerpo del hombre no sólo será cambiado, sino que será como el cuerpo del Señor!

Repetidas veces Pablo se refiere a esta posibilidad del creyente de gozar las glorias de la edad futura como su esperanza.

Pues nosotros por el Espíritu aguardamos por fe la esperanza de la justicia (Gá. 5:5). Alumbrando los ojos de vuestro entendimiento, para que sepáis cuál es la esperanza a que él os ha llamado, y cuáles las riquezas de la gloria de su herencia en los santos (Ef. 1:18). A causa de la esperanza que os está guardada en los cielos, de la cual ya habéis oído por la palabra verdadera del evangelio (Col. 1:5; cf. Ro. 5:2; Col. 1:23; 1 Ts. 1:3; 4:13-18; 5:8; 1 Ti. 1:1; Tit. 3:7).

Como se notó antes, no se debe confundir el concepto bíblico de la esperanza con el uso moderno que se le da. La esperanza es certidumbre del futuro. Fue esta esperanza lo que capacitó a los primeros creyentes a ser fieles hasta la muerte.

Como vimos al principio de este capítulo, de acuerdo al punto de vista judío del mundo era "el día del Señor" lo que le daría entrada a la nueva era. Naturalmente Pablo, y el resto de los escritores del Nuevo Testamento, vieron la segunda venida del Señor como el evento que traería el día futuro de la esperanza y la resurrección.[263] "Aguardando la esperanza bienaventurada y la manifestación gloriosa de nuestro gran Dios y Salvador Jesucristo (Tit. 2:13).

Los escritos de Pablo abundan en referencias a la esperanza del regreso de Cristo, o la Paraousia. Sería imposible en este estudio intentar hacer un análisis exhaustivo de dichas referencias. Pablo habla de la venida de Cristo.

---

[263] Aunque el evangelio contiene la clara enseñanza de que la primera venida de Cristo inauguró la era futura, la cual será consumada por su segunda venida, no ocurre tal énfasis comparable en los escritos de San Pablo. Sin embargo, como veremos adelante, San Pablo usa el concepto del reino de Dios en este sentido doble, pero no relaciona directamente el reino de Dios presente con la venida de Cristo.

Porque así como en Adán todos mueren, también en Cristo todos serán vivificados. Pero cada uno en su debido orden: Cristo, las primicias; luego los que son de Cristo, en su venida (1 Co. 15:22-23). ¿Porque cuál es nuestra esperanza, o gozo, o corona de que me gloríe? ¿No lo sois vosotros, delante de nuestro Señor Jesucristo, en su venida? (1 Ts. 2:19). Por lo cual os decimos esto en palabra del Señor: que nosotros que vivimos, que habremos quedado hasta la venida del Señor, no precederemos a los que durmieron. Porque el Señor mismo con voz de mando, con voz de arcángel, y con trompeta de Dios, descenderá del cielo; y los muertos en Cristo resucitarán primero. Luego nosotros los que vivimos, los que hayamos quedado, seremos arrebatados juntamente con ellos en las nubes para recibir al Señor en el aire, y así estaremos siempre con el Señor (1 Ts. 4:15-17); cf. 1 Ts. 5:23).

En manera similar, la Segunda Venida es llamada el "día de Cristo".

Nuestro Señor Jesucristo … os confirmará hasta el fin, para que seáis irreprensibles en el día de nuestro Señor Jesucristo (1 Co. 1:7-8). Estando persuadido de esto, que el que comenzó en vosotros la buena obra, la perfeccionará hasta el día de Jesucristo (Fil. 1:6). Porque vosotros sabéis perfectamente que el día del Señor vendrá así como ladrón en la noche (1 Ts. 5:2; cf. 1 Co. 5:5; 2 Co. 1:14; Fil. 1:10; 2:16; 2 Ts. 2:2).

Aun el término día tiene el significado específico del regreso de Cristo. "La obra de cada uno se hará manifiesta; porque el día la declarará, pues por el fuego será revelada; y la obra de cada uno cuál sea, el fuego la probará" (1 Co. 3:13; cf. Ro. 13:12).

Hay poca duda de que en sus primeras cartas Pablo expresó confianza de que Cristo regresaría durante la vida del Apóstol. El les escribió a los tesalonicenses: "Nosotros que vivimos, que habremos quedado hasta la venida del Señor … " (1 Ts. 4:15, las cursivas son nuestras).[264] El esperaba estar vivo cuando el monumental evento ocurriera. Hay un espíritu de expectación en muchas de sus cartas que en ninguna otra parte se nota con más claridad que en las palabras finales a los corintios. "¡Maranata el Señor viene!" (1 Co. 16:22).[265] Es verdad que hay muy poca o ninguna referencia, a la Parousia en Efesios y Colosenses, que son sus últimas cartas generales.[266] La razón de esta falta de énfasis sobre la Parousia en estas cartas no es claro, pero no es necesario concluir que Pablo dejó de esperar el regreso de Cristo.

---

[264] De hecho, la expectación inminente de San Pablo de la Parousia aparentemente jugó un papel prominente en varias de sus instrucciones específicas a sus convertidos. Cf. su consejo en 1 Corintios, en particular sobre el matrimonio (cf. 1 Corintios 7, especialmente los vv. 26-31).

[265] William Barclay hace la aguda observación de que la palabra aramea se dejó sin traducir, lo cual sugiere fuertemente que incluso en la comunidad griega de Corinto era una palabra común, una consigna, un grito de batalla, o contraseña (Mind of St. Paul, p. 222).

[266] Hay serias preguntas respecto a la fecha de Filipenses. Las epístolas pastorales tienen un carácter enteramente diferente, ya que fueron dirigidas a ayudantes pastorales y no tanto a iglesias.

Una explicación posible en cuanto a lo que parece ser una disminución en el énfasis de la Parousia es que sus cartas reflejan un entendimiento cada vez más hondo de la resurrección del creyente. No hay duda que Pablo siempre vio que la esperanza del nuevo hombre (con certeza) de la resurrección personal dependía totalmente sobre su fe en la resurrección e Cristo.

> Pero si se predica de Cristo que resucitó de los muertos, ¿cómo dicen algunos entre vosotros que no hay resurrección de muertos? Porque si no hay resurrección de muertos, tampoco Cristo resucitó. Y si Cristo no resucitó, vana es entonces nuestra predicación, vana es también vuestra fe. Y somos hallados falsos testigos de Dios; porque hemos testificado de Dios que él resucitó a Cristo, al cual no resucitó, si en verdad los muertos no resucitan. Porque si los muertos no resucitan, tampoco Cristo resucitó; y si Cristo no resucitó, vuestra fe es vana; aún estáis en vuestros pecados. Entonces también los que durmieron en Cristo perecieron. Si en esta vida solamente esperamos en Cristo, somos los más dignos de conmiseración de todos los hombres. Mas ahora Cristo ha resucitado de los muertos; primicias de los que durmieron es hecho (1 Co. 15:12-20).

Este extenso pasaje ha sido citado con el fin de recalcar que la segura esperanza de la resurrección del creyente estaba basada sobre la fe en la resurrección de Cristo y no en la Parousia.

Sin embargo, en la misma forma no hay duda de que en sus primeras cartas, Pablo, que esperaba en manera inminente la Parousia, asoció la resurrección del creyente con la segunda venida de Cristo. Cuando sus convertidos en Tesalónica se perturbaron cuando algunos de ellos habían muerto antes del regreso de Cristo, Pablo les aseguró que los muertos resucitarían cuando Cristo regresara (cf. 1 Ts. 4:25-17). El gran capítulo de la resurrección culmina con estas palabras: "En un momento, en un abrir y cerrar de ojos, a la final trompeta; porque se tocará la trompeta, y los muertos serán resucitados incorruptibles, y nosotros seremos transformados" (1 Co. 15:52). Este pasaje no une explícitamente la resurrección del creyente a la Parousia, pero lo implica fuertemente (cf. 1 Co. 15:23). Lo que es más significativo es su enseñanza de que todos los creyentes serán resucitados al mismo tiempo. Es una resurrección general.

Empero cuando Pablo habla de la esperanza del creyente de la resurrección en 2 Corintios 5:1-9 (previamente discutido en parte), hay una nota enteramente diferente. Tenemos que admitir que este es un pasaje difícil de interpretar, pero Pablo parece no dar lugar a estado intermedio alguno entre la muerte y la segunda venida. El claramente contrasta el estar ausente del cuerpo (muerte) y estar con el Señor. Algunos comentaristas sugieren que el estar con el Señor es otra cosa diferente de la resurrección del cuerpo, pero eso es difícil de demostrar.

Cuando se ve que este pasaje (2 Co. 5:1-9) es una parte esencial del contexto mayor (2 Co. 3:1-6:10), que es la caracterización que Pablo hace de su ministerio, y está íntimamente ligado a la referencia inmediata a tribulaciones y la amenaza de muerte (cf. 1 Co. 4:7-18); entonces se vuelve claro que Pablo está primordialmente confesando que no le tiene temor a la muerte, porque ésta hará posible que él esté en su hogar con el Señor. Esto es muy similar a un pasaje de Filipenses:

Porque para mí el vivir es Cristo, y el morir es ganancia. Más si el vivir en la carne resulta para mí en beneficio de la obra, no sé entonces qué escoger. Porque de ambas cosas estoy puesto en estrecho, teniendo deseo de partir y estar con Cristo, lo cual es muchísimo mejor; pero quedar en la carne es más necesario por causa de vosotros. Y confiado en esto, sé que quedaré, que aún permaneceré con todos vosotros, para vuestro provecho y gozo de la fe (Fil. 1:21-25).

Algunos eruditos del Nuevo Testamento[267] sugieren que la experiencia de Pablo en Efeso, de haber estado cerca de la muerte, trajo como resultado una comprensión más profunda del significado de la muerte y particularmente cómo se relaciona con la esperanza del creyente en la resurrección.[268] Los roces constantes que Pablo tenía con la muerte muy posiblemente le dieron el entendimiento más profundo de que la esperanza del creyente debe primordialmente estar relacionada con su propia muerte. Debe tener esperanza a la hora de su muerte.

Este "debe" se relaciona con el concepto básico antropológico paulino y sus implicaciones con la nueva vida en Cristo. ¡Para Pablo, la inmortalidad no se podía contemplar sin la resurrección del nuevo cuerpo! Un nuevo cuerpo es indispensable para la vida después de la muerte. Pablo no podía concebir una existencia personal en una forma nebulosa, sin cuerpo. Cuando hablamos de un estado intermedio entre la muerte y la Paraousia por definición solamente puede ser un tipo de existencia sin cuerpo, la que Pablo describe como desnudez. Tampoco Pablo puede concebir una existencia subpersonal después de la muerte en un lugar dudoso como el Seol lo que probablemente sería su creencia precristiana de la que en la Parousia los creyentes eran traídos a la vida. El nuevo hombre ya ha compartido en la resurrección de la vida de Cristo en el nuevo hombre interior. El ser traído por la muerte a un estado de existencia semi-inconsciente era aborrecible, incomprensible para Pablo. En vez de eso, Pablo — por medio de una experiencia personal amarga parece haber captado la necesidad de los creyentes de recibir este nuevo cuerpo resucitado a la hora de la muerte.

¿Qué le hace esto a la promesa de la Paraousia? Algunos atentarían espiritualizar o quitarle lo mitológico a la repetida enseñanza del Nuevo Testamento acerca de la Parousia. Pero tal intento menosprecia otra dimensión de la verdad escatológica que estaba muy cerca del corazón de Pablo. El triunfo de Cristo no sólo garantizó la salvación personal, sino que también prometió la redención del

---

[267] Cf. la Conferencia Drew de F. F. Bruce sobre inmortalidad dada el 6 de noviembre de 1970, intitulada "San Pablo diserta sobre la inmortalidad", Scottish Journal of Theology (vol. 24, No. 4), noviembre de 1971. El profesor Bruce defiende fuertemente la teoría de que San Pablo en su pensamiento final consideró que la resurrección de los creyentes ocurriría al momento de su muerte.

[268] Se cree por lo general que la correspondencia de San Pablo con la iglesia de Corinto ocurrió primordialmente durante su estancia aproximada de tres años en Efeso (cf. Hechos 19, en particular los vv. 8, 10). Hay varias referencias a las pruebas severas y al confrontamiento casi diario con la muerte (cf. 1 Co. 15:31).

mundo. Cristo es —por virtud de su resurrección— ¡el Señor de la historia! Pablo tenía un cuadro vívido del día de la consumación.

> Porque la creación fue sujeta a vanidad, no por su propia voluntad, sino por causa del que la sujetó en esperanza, porque también la creación misma será libertada de la esclavitud de corrupción, a la libertad gloriosa de los hijos de Dios. Porque sabemos que toda la creación gime a una, y a una está con dolores de parto hasta ahora (Ro. 8:20-22; cf. Hch. 3:21; 2 P. 3:13).

En este estudio no es posible desviarnos para examinar la verdad del significado histórico de la Parousia. Debe ser suficiente observar que, aun si Pablo separó la esperanza del creyente de la Parousia, esto en ninguna forma haría la Parousia menos esencial para la consumación del propósito salvador de Dios. ¡La Parousia traerá ese glorioso "día" de consumación cósmica!

En varias ocasiones Pablo identifica la edad futura con el "cielo". Cristo vendrá del cielo.

> El primer hombre es de la tierra, terrenal; el segundo hombre, que es el Señor, es del cielo (1 Co. 15:47). Y esperar de los cielos a su Hijo, al cual resucitó de los muertos, a Jesús quien nos libra de la ira venidera (1 Ts. 1:10; cf. 2 Ts. 1:7; Co. 5:2).

La esperanza del creyente era una "esperanza … guardada en los cielos" y "el reino celestial". "Y el Señor me librará de toda obra mala, y me preservará para su reino celestial. A él sea gloria por los siglos de los siglos. Amén" (2 Ti. 4:18). Pablo dice repetidamente que los que hacen el mal no pueden esperar que heredaran el reino de Dios.[269]

Una parte importante de la esperanza del creyente en la edad futura es el ser librado del destino de los que no tienen fe en Cristo. El día de Cristo será un día de ira y juicio para los incrédulos.

> Pero por tu dureza y por tu corazón no arrepentido, atesoras para ti mismo ira para el día de la ira y de la revelación del justo juicio de Dios (Ro. 2:5). Porque es necesario que todos nosotros comparezcamos ante el tribunal de Cristo, para que cada uno reciba según lo que haya hecho mientras estaba en el cuerpo, sea bueno o sea malo (2 Co. 5:10). Porque es justo delante de Dios pagar con tribulación a los que os atribulan, y a vosotros que sois atribulados, daros reposo con nosotros, cuando se manifieste el Señor Jesús desde el cielo con los ángeles de su poder, en llama de fuego, para dar retribución a los que no conocieron a Dios, ni obedecen al evangelio de nuestro Señor Jesucristo; los cuales sufrirán pena de eterna perdición ex-

---

[269] Cf. 1 Corintios 6:9; Gálatas 5:21; Efesios 5:5; 2 Tesalonicenses 1:5. San Pablo hace referencia al reino de Dios como si estuviera presente (cf. Ro. 14:17; 1 Co. 4:20; Col. 4:11), pero es significativo que el mismo (el reino de Dios) nunca se relacione con la Parousia.

cluidos de la presencia del Señor y de la gloria de su poder (2 Ts. 1:6-9; cf. Ro. 2:8-9, 16; 14:10-12).

Pablo puede confiadamente declarar: "Pues mucho más, estando ya justificados en su sangre, por él seremos salvos de la ira" (Ro. 5:9).

Una de las preguntas más intrigantes que ha aquejado la mente del hombre está relacionada con la naturaleza específica de la edad futura. ¿Cómo será el cielo? Se han hecho conjeturas sin fin, pero Pablo sabiamente guarda silencio al respecto. Es imposible describir adecuadamente las verdades eternas por medio de conceptos temporales. Sin embargo, Pablo le da una palabra de mucha seguridad al hombre de fe. ¿Cómo será el cielo? Usted tiene una prueba anticipada en el Espíritu.

Pablo usa algunas de las más vívidas metáforas del Nuevo Testamento para describir esto.

> Y el que nos confirma con vosotros en Cristo, y el que nos ungió, es Dios, el cual también nos ha sellado, y nos ha dado las arras del Espíritu en nuestros corazones (2 Co. 1:21-22). En él también vosotros, habiendo oído la palabra de verdad, el evangelio de vuestra salvación, y habiendo creído en él, fuisteis sellados con el Espíritu Santo de la promesa, que es las arras de nuestra herencia hasta la redención de la posesión adquirida, para alabanza de su gloria (Ef. 1:13-14; cf. 2 Co. 5:5; Ef. 4:30).

En estos pasajes se usan dos bien conocidos términos legales y comerciales: "sellar" (sphragidzo) y "arras o prometer" (arrabon). El Espíritu es el sello del creyente y también las arras. El sello era estampado en algo por ejemplo, un edificio o una carga de leña como marca de identificación, que denotaba propiedad. Era una garantía auténtica de la entrega de lo que alguien había enviado y su contenido estaba intacto. Por lo tanto Pablo dice vívidamente que el Espíritu Santo auténtica al creyente como pertenencia de Dios. Empero el significado del sello sugiere más que una marca de identificación el sello apunta hacia el futuro, lo cual es hecho mucho más claro por la segunda metáfora.

El creyente es sellado por el Espíritu, que es una Promesa de la herencia futura. La palabra "arras o prometer" (arrabaon) significa "el primer pago, depósito, pago inicial".[270] Legalmente una promesa era un pago parcial por adelantado que representa una obligación de las dos partes. Comercialmente era una prueba del producto prometido que le daba seguridad de la calidad del producto al comprador, y comprometía al vendedor a cumplir sus obligaciones.

La aplicación espiritual está a la vista. El Espíritu no solamente es la garantía de la edad futura, pero es un anticipo o preestreno de lo que está por delante. ¿Cómo será el cielo? Será como la presencia del Espíritu en la vida del creyente y mucho más.

---

[270] Cf. A y G. El griego moderno usa la palabra arrabon para referirse a un anillo de compromiso, el cual significa la promesa del matrimonio venidero.

Esta bendita verdad es aún más vívidamente descrita por Pablo con las siguientes palabras: "Y no sólo ella, sino que también nosotros mismos, que tenemos las primicias del Espíritu, nosotros también gemimos dentro de nosotros mismos, esperando la adopción, la redención de nuestro cuerpo" (Ro. 8:23). La palabra clave aquí es "las primicias" (aparche). Esto es exactamente una muestra de la cosecha que se va a levantar. Así el Espíritu es un anticipo en clase de la gloria que será completamente conocida un día.

Aquí el nuevo hombre, viviendo bajo el Espíritu, alcanza el fin de su peregrinación. Está en el hogar con su Señor, habiendo terminado la carrera.

www.ingramcontent.com/pod-product-compliance
Lightning Source LLC
Chambersburg PA
CBHW021925040426

42448CB00008B/918